青少年事务社会工作丛书

青少年事务社会工作

QINGSHAONIAN SHIWU SHEHUIGONGZUO

主编　涂敏霞　副主编　杨慧　赵学慧

全国社会工作标准化技术委员会
中国社会工作学会　组织编写
广州市团校

中国社会出版社
国家一级出版社·全国百佳图书出版单位

图书在版编目（CIP）数据

青少年事务社会工作／涂敏霞主编．—北京：中国社会出版社，2019.11

ISBN 978-7-5087-6247-0

Ⅰ.①青…　Ⅱ.①涂…　Ⅲ.①青少年—社会工作—研究—中国　Ⅳ.①D432.6

中国版本图书馆CIP数据核字（2019）第252012号

书　　名：青少年事务社会工作
主　　编：涂敏霞

出 版 人：浦善新
终 审 人：李　浩
责任编辑：张　杰

出版发行：中国社会出版社　**邮政编码**：100032
通联方式：北京市西城区二龙路甲33号
电　　话：编辑室：（010）58124815
销售部：（010）58124853
（010）58124849
网　　址：www.shcbs.com.cn
shcbs.mca.gov.cn

社工图书专营店

印刷装订：中国电影出版社印刷厂
开　　本：170mm×240mm　1/16
印　　张：17.75
字　　数：300千字
版　　次：2020年4月第1版
印　　次：2020年4月第1次印刷
定　　价：60.00元

中国社会出版社微信公众号

前　言

2018年12月28日，国家标准化管理委员会发布了社会工作领域首个国家标准《青少年社会工作服务指南》，并于2019年7月1日起实施。为配合做好《青少年社会工作服务指南》的宣贯工作，在共青团中央社会联络部、民政部慈善事业促进和社会工作司的大力支持下，在广州市团校的资助下，全国社会工作标准化技术委员会、中国社会工作学会组织编写了“青少年事务社会工作丛书”。

该套丛书包括《青少年事务社会工作》《青少年事务社会工作实务案例》和《〈青少年社会工作服务指南〉解读》。其中，《青少年事务社会工作》系统梳理了有关青少年事务社会工作的概念、内容和方法，是青少年事务社会工作领域培训和学习的基础教材；《青少年事务社会工作实务案例》在征集全国青少年事务社会工作真实案例的基础上深入剖析而成，凝聚了理论界和实务界的原创智慧；《〈青少年社会工作服务指南〉解读》可以更好地帮助读者把握指南的制定原意和标准条款。

我们相信，该套丛书的出版将有力推动我国青少年社会工作服务的专业化和规范化进程，更好地促进青少年事务社会工作的发展。

丛书编写组

目录

MULU

第一章　青少年事务社会工作概述

第一节　青少年概述

一、青少年界定

（一）青少年的年龄界定

青少年是一个多维度且较为复杂的概念，由于社会条件、种族和地域文化等差异，目前世界各国对青少年尚没有统一的年龄界定。《中华人民共和国婚姻法》明确规定，男性结婚年龄不得早于 22 周岁，女性结婚年龄不得早于 20 周岁，如果以是否可以登记结婚为区分青少年与成年人的标准，则可认为女性 20 周岁以下、男性 22 周岁以下为青少年①。根据青少年的身心成长状况，女性在 12—21 岁将经历一个由青春期开始到身心渐臻成熟的发展时期，男性则约在 13—22 岁，即儿童后期到成年期之间的大约十年时间可称为青少年期②。随着社会和时代的发展，关于青少年的理解和年龄界定的范围在不断变化，主要表现之一是年龄范围不断扩展，例如，由民政部、共青团中央共同提出的《青少年社会工作服务指南》将青少年的年龄界定为 6—35 周岁。

青少年时期是从未成熟的儿童期向成熟的成年期转变和发展的一个时期，青少年群体已成为生理学、心理学、教育学、社会学和社会工作等众多学科的重要研究对象。

---

① 陆士桢，王玥．青少年社会工作［M］．北京：社会科学文献出版社，2005：3.

② 于晶利，杨奎臣．青少年社会工作实务［M］．上海：格致出版社、上海人民出版社，2012：1.

（二）不同学科关于青少年的界定

1. 生理学意义的青少年

生理学主要是从生理发育状态来界定青少年，特别强调青少年时期是以第二性征开始发育为起点、以性发育完全成熟为终点，最大的特点就是性成熟。

2. 心理学意义的青少年

心理学意义上的青少年时期主要是指心智开始达到一定成熟的状态，具有不同于儿童期的抽象与逻辑思考的能力，情绪相对稳定，世界观和人生观逐渐形成的时期，同时也是更加倾向于发展独立意识的自我和个性的时期。处于青少年时期的个体的抽象逻辑思维开始占主导地位，自我意识高涨，自我评价趋于成熟，但也会出现自我同一性的发展与同一性危机①。皮亚杰从智力发展的角度将个体的心理发展分为四个阶段，其中青少年处于形式运算阶段，会发展出一种在抽象和假设的水平上有条理地进行运算的能力。埃里克森从心理发展的角度认为青少年主要是注重发展同一性，避免同一性混乱，并且积极发展亲敏感、克服孤独感的个体。总之，心理学认为青少年时期是心智成熟和形成个性的阶段，其结束的标志是形成了相对独立的自我意识和独立完整的个性。

3. 教育学意义的青少年

教育学认为青少年时期是生理和心理等各方面都趋于成熟的时期，青少年的兴趣、能力、气质和性格等都开始快速发展，给青少年教育提供了科学依据。青少年时期是青少年学习各种知识、动作技能、智力技能和社会行为规范的时期②，通过各种教育途径促使其将所需知识不断进行学习和内化，最终发展成为社会所期待的个体。

4. 社会学意义的青少年

青年社会学认为，从更本质的意义上来讲，青少年是一个社会范畴，任何人进入青少年期以后，在被社会承认的同时总是要相应地按照社会规范行事。但由于青少年的生理、心理发展特点及社会结构和社会文化的不

① 刘爱书，庞爱莲．发展心理学［M］．北京：清华大学出版社，2013：239—249.

② 连榕，李宏英．发展与教育心理学［M］．福州：福建教育出版社，2007：266.

同，青少年在社会化的过程中会表现出不同的社会特征和社会行为方式[①]。从社会学的角度来看，个体成长发展的过程实际上就是社会化的过程，青少年时期是个体社会化过程中非常重要的一个阶段，是其价值规范、思维和行为方式及人格倾向等快速形成的时期。为维持社会的正常运行，社会需要通过多种社会化的方式将文化、价值、规范、风俗、道德伦理等内化于青少年的发展过程中，促使其成为社会所认可的个体。

5. 社会工作意义的青少年

社会工作意义上的青少年是指个体从儿童向成人过渡的时期，青少年的成长是一个不断改变和发展的过程，受自然因素、社会环境和个人选择等方面的影响，大多数个体将经历身体、社会、情感、性、家庭和心理的变化与发展[②]。青少年在生理、心理和社会适应等方面的过渡时期难免会出现偏差，社会工作者在这一阶段为他们提供帮助，以协同工作的形式帮助青少年认识自己、找到自己在社会群体中所处的位置，从不成熟走向成熟，顺利度过转变期，成为一个真正“合格的”社会人。

二、青少年的生理、心理发展特征

青少年时期是一个生理与心理急剧变化的时期，是量变与质变相结合的时期，也是人的一生中拥有各种可能的时期，如何平稳度过这一时期尤为重要。埃里克森认为青少年时期最主要的两个问题是“我是谁”“我将走向何方”，即建立同一性的问题[③]。但是，青少年时期生理和心理上的剧烈变化极易使青少年遇到各种各样的困惑与矛盾，无法建立对自己的正确认知，从而影响青少年的正常发展。

（一）生理特征

在人的生命前期会出现两次发育高峰期。从成胎到 2 周岁为第一次高峰，在这短短的时间里身体的生长极其迅速；2 周岁到 9 周岁之间身体生长比较平缓稳定；9 岁至 16 岁为第二次高峰，也就是所谓的青春期，身体

---

① 平章起，杨桂华．青年社会学［M］．北京：解放军出版社，1988：37.

② Kate Sapin. 青少年社会工作基本技巧［M］．赵凌云，陈元元，等，译．上海：华东理工大学出版社，2015.6.

③ 朱月琴．简述青少年的生理特征与心理健康［J］．金色年华：教学参考，2012（2）．

外形和内在器官、机体功能均得到快速发展①。青少年进入青春期主要有以下变化：

1. 身体外形变化

身高的快速增长是青春期身体外形变化最明显的特征，平均每年长高约6—8厘米，甚至达到10—12厘米之多；同时，身高增长存在着明显的性别差异，一般女性少年12岁为成长最快期，男性少年14岁为成长最快期。体重是身体发育的另一个重要标志，同样也存在着性别差异，女性少年体重增加高峰期在12—13岁，平均每年增加4.5公斤；男性少年体重增加的高峰期在14岁，平均每年增加5.5公斤。由于身体各部分发育顺序的不一致，青少年在体貌特征上常常会出现比例失调的现象，如长臂长腿的不协调体态，对于这种体貌不协调的状态，许多青少年可能会感到窘迫②。当然，这是暂时的，随着躯干长度及横径增长，各部比例将恢复正常。

2. 身体机能健全

第一，心血管系统的发育。心血管系统包括心脏和全身血管。在这一时期，心血管系统迅速健全，如心脏重量会达到成人的水平，心脏的容量在青春期也会迅速增快。此外，血压、心率等也都有提升。第二，呼吸系统的发育。青春期的呼吸系统发育主要表现为肺活量已接近成人水平，呼吸频率随着年龄的增长、呼吸器官的发育逐渐减慢。第三，神经系统的发展。大脑和神经系统的过度发达是青春期的重要特征之一，青少年的脑重量在12—14岁时已经接近成人水平。青春期是神经系统机能生长力最强的时期，青少年的抽象逻辑能力和理论思维能力都得到了充分发展，表现出记忆力强、理解力快、想象力丰富等特征③。

3. 性的发育和成熟

第一，生殖器官发育。一般来说，男女生殖器官在出生后的10年内发育较慢，进入青春期后生殖器官的发育速度呈直线上升④。生殖器官的不

---

① 徐应隆．青少年生理心理特征与教育方法［M］．上海：上海人民出版社，1982：13.

② 司继伟．青少年心理学［M］．北京：中国轻工业出版社，2010：41.

③ 陆士桢，王玥．青少年社会工作［M］．北京：社会科学文献出版社，2010：50.

④ 司继伟．青少年心理学［M］．北京：中国轻工业出版社，2010：43.

同是男女性在生理上的根本区别，睾丸与卵巢功能是否正常决定个体的发育状态、第二性征的出现及生殖功能。第二，第二性征出现。第二性征包括区分两性的各种特征，如毛发的生长、乳房发育、变声、皮肤变化、月经和遗精①。第二性征在青春期前处于未发育状态，进入青春期后才开始发育。第二性征出现的年龄存在显著的性别差异，女性一般要比男性早1—2 年②。

（二）心理发展特征

青春期生理上的急剧变化冲击着心理的发展，使身心发展在这个阶段失去平衡。生理发育的早晚、外部环境的优劣、学习成绩的好坏和异性接触的密切与否都会对青少年的心理产生巨大影响。其中矛盾性是青少年的显著特征，主要包括：

1. 成人感与半成熟的矛盾

身体的迅速成长、性机能的快速成熟使青少年从心理上产生自己已经发育成熟的体验，觉得自己是成年人了，这就是成人感。具有了成人感，认为自己的思想和行为就属于成人水平，应该被社会、环境和周围的成人一样平等相待；有了成人感，便要求与成人相应的社会地位，渴望社会、学校和家长给予他们成人式的信任和尊重。由于心理发展速度相对缓慢，心理水平尚处于从幼稚的童年向成熟发展的过渡阶段，实际上青少年的认知能力、思维方式、社会经验等都处于半成熟状态，于是就出现了自我感知的心理发展水平与实际的心理发展水平之间的矛盾，即成人感与半成熟状态的矛盾。

2. 闭锁与开放的矛盾

青春期青少年一般具有心理闭锁性，将自己的内心世界封闭起来，不向外袒露，特别是不向成人袒露，这是成人感和独立意识所致，认为成人不理解他们而对成人产生不满和不信任，进而增加闭锁性程度。与此同时，诸多苦恼又使他们倍感孤独和寂寞，希望与他人交流、沟通，并得到他人的理解，这种开放胸怀的愿望促使他们愿意向同龄朋友推心置腹，其

---

① 查尔斯·H. 扎斯特罗，卡伦·K. 柯斯特－阿什曼. 人类行为与社会环境（第六版）［M］. 师海玲，孙岳等译. 北京：中国人民大学出版社，2006：302.

② 徐应隆. 青少年生理心理特征与教育方法［M］. 上海：上海人民出版社，1982：19－20.

实也希望向自己认为可信赖的成人朋友倾吐心声①。

3. 自我认知的矛盾

自我意识是个体对自我的认识，或者说是对自我及与周围人的关系的认识。个体进入青少年时期，随着对外界认识的不断提高，生活经验的不断积累，开始对自己的内心世界和个性品质方面进行关注和评价，并且凭借这些来支配和调节自己的言行。由于对事物识别能力不足，看问题时往往片面主观，加上心理的脆弱性，一旦遇到暂时的挫折和失败，往往会走入另一个极端，灰心丧气，怯懦自卑，抑郁不振，甚至自暴自弃。评价别人时也常带片面性、情绪性和波动性，并且对于周围人给予的评价非常敏感和关注，哪怕一句随便的评价都会引起情绪波动和应激反应，以致自我评价发生动摇。如获得成功或良好成绩，就会产生超越一般的优越与成就感；如果遇到失利或失败，就会产生自暴自弃的挫折感。

4. 情绪控制的矛盾

青春期少年的情绪表现，有时相当激烈、粗暴甚至失控，可以用“疾风暴雨”来形容，人们认为很平常的是是非非，却在他们那里引发高强度的反应。有时情绪高涨、热情洋溢，有时又会消极低沉、孤独压抑。这些烦恼和激情是他们自己难以控制的。如果消极情绪转化为心境，会使他们长期处于焦虑的情绪状态之中。在这种心境下，遇到不满之事，遇到挫折或对抗，很容易爆发突发式的情绪，尤其是在父母面前更容易失控。虽然在平静下来时也会感到后悔，但又常会复发②。随着第二性征和性功能的发展，出现性好奇和接近异性的欲望，又由于环境和舆论的限制，这种朦胧的好奇心和欲望感不得不被压抑，使之处于莫名的烦躁与不安之中。这是青春期突出的困扰问题，他们要面临性骚动带来的欲望，又要面对压抑，还要在他人面前进行掩饰③。

三、青少年的权利及青少年观

（一）青少年的权利

青少年的权利是现代青少年概念的重要组成部分，也是青少年事务社

① 张进辅．现代青年心理学［M］．重庆：重庆出版社，2002：223－225.
② 张进辅．现代青年心理学［M］．重庆：重庆出版社，2002：223－225.
③ 司继伟．青少年心理学［M］．北京：中国轻工业出版社，2010：250－251.

会工作的基础价值之一。青少年作为一个独立的个体，应和成年人一样享有平等的权利。这是基本的青少年价值平等性观念。此外，由于青少年所处的特殊阶段，具有特殊的价值和独特的需求，我们必须尊重他们的特殊权利。

1. 青少年的基本权利

青少年作为自然人群的组成部分，他们的权利与人权的内容是相切合的，既包括生存权、平等权，也包括政治、经济和文化等方面的权利和自由。他们所享有的基本权利与公民所享有的基本权利是相同的，是国家通过宪法和法律所保障的、公民实现某种愿望或获得某种利益的资格。这些基本权利包括：

第一，政治参与权利。这类权利是国家保障公民直接参与国家政治生活的可能性。我国是实行人民代表大会制度的国家，国家权利由人民代表大会行使，而公民个人享有参与政治的权利是国家权力属于人民的体现。政治参与的权利体现为平等权、选举与被选举权、政治自由、批评、申诉、控告或检举的权利。

第二，人身自由和信仰自由的权利。人身自由和信仰自由是公民参与社会活动的前提条件，主要包括人身自由、人格尊严不受侵犯、通信自由和通信秘密受法律保护、宗教信仰自由等。

第三，社会经济、教育和文化方面的权利。社会经济、教育和文化方面的权利是个人参与国家政治生活的物质保证和文化条件保证，这些权利享有得越充分，获得享有其他权利和自由的可能性越大。具体表现为受教育权、劳动权、休息权、获得物质帮助权、科学研究、文学艺术创作和其他文化活动的自由。

2. 青少年的特殊权利

青少年作为一个生理、心理上有特殊之处的社会群体，在社会生活中居于特殊地位，并形成一个特殊群体。一方面他们由于身心尚未成熟，面临适应社会等问题；另一方面，他们也需要社会为之提供福利帮助，完成社会化进程。鉴于其特点和需求，青少年具有以下特殊权利：

第一，发展的权利。青少年时期是人生发展中非常重要的一个阶段。此阶段青少年的发展不仅有量的积累，而且随时可能发生质的变化，这种量变和质变相统一的过程是人生发展阶段最独特的时期。青少年的发展是非常复杂的过程，成长和变化会出现在不同的方面，包括生理、认知、人格和社会方面的发展。青少年有权接受一切形式的教育，有权享有一切促进身体、心理、精神、道德和社会发展的生活条件，这表现为受教育的权利、咨询和获得信息的权利、娱乐休闲的权利、参与文化活动的权利以及性格发展的权利等。

第二，受保护的权利。青少年一方面由于生理、心理、智力的特点，属于社会上的特殊群体，需要获得成人社会的特殊保护；另一方面，不良的政治、经济和社会环境极易对青少年的权利造成侵害，而他们也无力实施有效的自我保护，因此需要获得特别的保护。

第三，社会保障和福利权利。社会保障权通常包括社会保险、社会福利、社会救济、社会优抚。青少年作为一个迅速走向成熟的社会自立群体面临着现实和未来的双重生存危机，因而青少年的社会保障是现代社会的突出问题。社会福利权指除青少年在教育、劳动就业、居住、社会保障以外针对青少年群体特有的利益需要提供的社会福利，包括对特殊青少年群体的福利和一般青少年群体的福利，以婚姻家庭服务和矫治服务等为主要内容。

（二）青少年观

1. 青少年观的内涵

青少年观是社会对青少年的基本看法和基本观点，是对青少年群体的社会期待。社会秉持的青少年观对青少年群体的发展具有深远影响，决定着青少年工作的理念、方法和效果。青少年观包括宏观青少年观和微观青少年观①。宏观青少年观是社会对整个青少年群体的看法和观点，例如，青少年群体在社会中的地位和作用。微观青少年观是对青少年个体本质的理解和认识，是宏观青少年观在具体工作中的应用，例如，在具体的青少年工作中的指导思想等。

青少年观具有较强的主观性，但这种主观意识形态也具有客观特征。首先，青少年观体现出鲜明的时代特征。在不同的社会时代，青少年所处的地位不同，社会对青少年的看法和期待也有所不同。在传统社会中青少年大多处于被动地位，而在现代社会中青少年是国家的希望和未来，

① 王玉香. 科学发展视阈下的青少年观［J］. 当代青年研究，2010（7）.

在社会发展中发挥着越来越重要的作用。其次，青少年观具有明显的代际伦理色彩。例如，阶级社会以伦理纲常的形式强调青少年的遵从意识。但随着社会的发展，这种伦理不再以权威为主，而是更注重和关心青少年的成长和发展。另外，青少年观还体现一定的社会意识形态，主流的青少年观体现社会对青少年的看法和肯定与否定。这种社会意识形态可以通过国家制定政策、制度等方式来影响，也可以借助社会舆论等传媒手段加以改变。

2. 社会工作的青少年观

青少年事务社会工作者应在科学发展观和基本专业价值观的指导下秉持以人为本、以青少年为本的科学的、专业的青少年观，主要体现在以下方面：

第一，尊重并且相信每一位青少年都是独特的个体，都有与生俱来的价值、尊严和权利；第二，每一位青少年都有无限的潜能，青少年事务社会工作者应帮助其挖掘并尽可能实现青少年自身的潜能；第三，每一位青少年都有自身发展的需要，尽管这种需要可能有所不同，但其需要有权利获得尊重和满足；第四，充分了解青少年在生理和心理等方面的发展规律，了解其在不同时期可能面临的发展问题，只有充分了解和理解才能真正做到尊重，做到以青少年为本；第五，每一位青少年都有自己的缺点和不足，这些局限性应该被充分接纳，并得到帮助和尊重；第六，每一位青少年都是社会发展的成员之一，青少年有权利平等地使用社会资源满足自身发展的需要；第七，每一位青少年都是权利的主体，也是义务的主体，在享有获得帮助的同时也有帮助他人的义务，有向自己、他人和社会负责的义务。

第二节　青少年事务社会工作

一、青少年事务社会工作的基本概念

青少年事务社会工作是以青少年为对象，整合运用社会工作专业价值、理论、方法和技巧，协助其提升解决问题的能力，恢复、改善及提高

其社会功能，促进其健康成长和全面发展的社会服务活动[①]。

青少年事务社会工作的概念包含以下特点：

第一，服务对象是明确的。以青少年群体为服务对象，帮助青少年正确地面对和解决青少年时期产生的问题。

第二，工作方法是专业的。在社会工作专业价值观和伦理的指导下，从微观、中观和宏观层面为青少年提供服务。微观层面指通过个案社会工作、小组社会工作以及社区社会工作的方法为青少年群体提供直接的服务；宏观层面指社会工作者倡导完善青少年福利系统；中观层面指微观和宏观层面的中间环节，将青少年福利政策与服务提供协调、联系起来。

第三，工作内容是广泛的。涉及青少年的生理、心理和社会层面，包括价值观教育、心理辅导、职业生涯规划、偏差行为矫正、犯罪青少年的矫治以及特殊青少年的支持等服务。

第四，工作目标是渐进的。通过专业社会工作方法的运用，帮助青少年解决生理、心理和社会层面的问题，促进个人潜力的挖掘与发挥，提高社会适应能力以实现个人的全面发展，从而很好地完成从儿童到成年人的过渡。

第五，工作特点是鲜明的。与其他社会工作实务相比，青少年社会工作更加强调对青少年的保护，具有预防性、发展性、治疗性以及矫正性的特点。

二、青少年事务社会工作的专业价值观和伦理

（一）青少年事务社会工作的专业价值观

专业价值是一整套指导专业行为和认知活动的思想、观念和基本原则。社会工作专业价值是社会工作专业或社会工作者基于社会公平、平等、和谐、公正的理想和人类基本需求的满足而奉行的一套基本理念、态度及行为准则的总称[②]。

青少年事务社会工作价值观是在社会工作专业价值观的指导下，基于青少年发展、社会公平以及青少年权利等，为满足青少年基本发展需要、

---

① 民政部，共青团中央．青少年社会工作服务指南（征求意见稿）［EB/OL］．http：//yjzj. mca. gov. cn：8280/consult/noticedetail. do? noticeid = 50，2018.

② 李迎生．社会工作概论［M］．北京：中国人民大学出版社，2004：62－78.

促进青少年健康成长而奉行的一套基本理念①。青少年事务社会工作专业价值观包括关于青少年个体的价值观、关于社会的价值观、青少年事务社会工作专业价值观以及青少年事务社会工作者的价值观。

1. 关于青少年个体的价值观

第一，青少年个体有作为人的价值和尊严。每个个体都有作为人的价值和尊严，青少年也不例外。青少年在发育阶段对于他人是否尊重自己十分敏感。因此，在开展青少年事务社会工作时要把尊重放在第一位，尊重青少年是一个独特个体，拥有独特的能力与天赋。

第二，青少年个体具有改变和发展的潜能。社会工作的核心价值观之一就是相信每个人都有改变和发展的潜能。青少年正处于成长发展的关键期，有着巨大的潜能。青少年事务社会工作者应利用多种专业方法进行积极辅导，帮助青少年通过不断学习，充分发挥个人的潜能。

第三，青少年有能力对自己和他人负责。青少年已经具有一定的行为能力，有能力对自己和他人负责。在青少年事务社会工作中，涉及青少年案主的事件应发挥其主体性，而不应将其看作没有行为能力的个体。

第四，青少年兼具群体相同需求与个体特殊需求。青少年处于迅速成长的特殊时期，追求个性解放是其天性。青少年事务社会工作者应秉持个别化的原则，用差异化的观点来看待青少年的需求，给予青少年充分的理解并满足其不同类型的需求。

第五，每个青少年都具有平等的权利。这既是国家的法律规定，同时也是社会工作行业的职业要求。

2. 关于社会的价值观

第一，为青少年提供平等参与社会的机会。最基本的一点在于保证青少年正确行使政治权利的机会以及促使其参与社区生活，通过提供平等参与社会的机会来塑造青少年的人生观、价值观。

第二，提供各种资源，协助青少年自我价值的实现。社会应该为青少年的健康发展提供各种资源，保证青少年有充足的机会和能力接触社会、锻炼能力从而达到自我价值的实现的目标。

第三，提供良好的外部发展环境。我国为保障青少年的成长不断制定

① 陆士桢，王玥．青少年社会工作［M］．北京：社会科学文献出版社，2017：18.

和完善相关制度。

3. 青少年事务社会工作专业价值观

第一，致力于追求社会正义。与社会工作专业的核心追求相同，青少年事务社会工作同样追求社会正义。针对特殊青少年群体的特点，如残疾青少年、贫困青少年、流动青少年等，社会工作者应致力于倡导提升福利保障程度，保证其生活质量与幸福水平，进而维护社会公平与正义。

第二，为青少年群体提供专业服务。在具体的实务过程中，青少年事务社会工作者应始终保持超越个人利益的服务意识，最大限度地保障青少年案主的利益，为青少年提供各种满足其成长需要的服务。

第三，增强青少年自身解决问题的能力。助人自助是社会工作专业的根本目标，青少年事务社会工作也以此为工作核心，通过辅导、培训使其逐渐习得解决问题的技巧，树立自信自强的生活信念，实现助人自助的目标。

4. 青少年事务社会工作者的价值观

第一，持续为服务对象的利益而努力。青少年事务社会工作者要能够保持工作热情，以积极的态度投身到维护案主利益的行动中。同时，青少年事务社会工作者还需要通过自省反思不适当行为，或寻求同事和督导的帮助总结相关经验，从而不断提高为案主服务的能力。

第二，高标准的个人要求与专业要求，保持个人行为与专业行为的统一。这既是对案主负责的体现，也是社会工作专业得以良好发展的基本要求。

第三，必要知识和技能的传授。青少年在成长过程中会遭遇一系列生理、心理、社会等方面的问题，青少年事务社会工作者应向服务的青少年群体传授必要的知识与技能，提升其解决问题的能力。

（二）青少年事务社会工作的专业伦理

专业伦理源于个人自愿，选择成为一个专业人员而具有的特殊义务。专业伦理为从业人员提供了指南，使他们能够把专业的价值观转化到实践活动中[①]。社会工作专业伦理是社会工作专业本身对全体社会工作者处理与服务对象、工作伙伴、工作机构、自身发展、专业要求以及社会要求之

① 许莉娅．个案工作［M］．北京：高等教育出版社，2003：20－41．

间相互关系的行为规范。这是对社会工作者行为标准和道德理想的统一要求，集中反映了社会工作专业的价值，是社会工作制度化的必要内容和显著标志之一①。

青少年事务社会工作伦理是以社会工作专业价值观为指导，以社会工作专业伦理原则和伦理守则为依据，要求青少年事务社会工作者在实务过程中遵守的一系列行为规范和准则要求。它将青少年事务社会工作价值观转化为具体可操作的行为操守，旨在帮助社会工作者认识到如何在实际工作中做到道德上的正确无误，做到在任何专业工作情形下的思想行为符合伦理要求②。

1. 对案主的伦理责任

青少年事务社会工作者对服务的青少年群体有直接的伦理责任，应致力于促进保护案主的利益、尊重案主的自决权、尊重案主知后同意的权利、在自己的能力范围内提供服务、妥善处理处遇过程中可能的利益冲突、尊重案主的隐私权并加以保密、与案主保持安全适当的距离、采取合理步骤协助缺乏决定能力的案主、努力确保服务中断后的持续服务以及持守服务的终止原则。

2. 对专业的伦理责任

青少年事务社会工作者应致力于专业价值、知识和技巧的追求，推动专业的发展，坚守评估和研究的相关伦理原则。作为专业人员，应注重自身专业形象的维护、专业能力的体现、促进专业发展。

3. 对同事的伦理责任

在开展青少年事务的相关服务过程中，团队合作对于工作的顺利开展有重要意义，青少年事务社会工作者应尊重同事、承担同事共有资料的保密责任、妥善处理发生在同事与案主间或同事间的争议、遭遇困难时寻求同事的建议与咨询、有必要时将案主转介给其他同事、与同事保持安全的关系距离、协助同事提高工作能力以及妥善处理同事的不当行为。

4. 在机构中的伦理责任

社会工作机构是青少年事务社会工作者所处的重要环境，社会工作者

---

① 章友德. 青少年社会工作［M］. 天津：天津大学出版社，2010：14.

② 多戈夫. 社会工作伦理［M］. 北京：中国人民大学出版社，2005：20－25.

应严格遵守机构的规章约定，对受督导者提供符合自己能力的咨询与督导，工作中注重体现机构服务的宗旨与原则。

5. 对社会的伦理责任

青少年事务社会工作者应参与公共事务，参与社会和政治行动，促进社会福祉和正义，协助解决公共紧急事件。

三、青少年事务社会工作的历史和现状

（一）西方青少年社会工作的历史和现状

青少年社会工作起源于近代西方社会，伴随工业化、城市化发展产生的一系列问题应运而生。青少年社会工作在西方的发展可以分为三个阶段：萌芽时期、产生与初始发展时期和专业化发展时期①。

1. 萌芽时期

17 世纪英国《济贫法》颁布后，社会救济工作开始有组织地兴起，青少年逐渐成为政府救济对象的重要组成部分。例如英国的《健康与道德法案》作为第一个保护童工的立法就对贫困儿童的工作年龄和工作时间作出了明确规定。这一时期是青少年社会工作的萌芽时期，主要是在慈善理念下展开针对青少年的救助和救济。

2. 产生与初始发展时期

工业革命促进了资本主义社会迅速发展，工业的发展对劳动力的需求逐渐增长，使得青少年这一特殊群体成为主要的劳动对象。而劳动强度的不断增大、社会化大生产导致的社会关系变化、青少年生理的发展以及残酷的社会现实使得青少年社会问题越发严重，青少年自杀、青少年犯罪等现象的频繁发生催生了青少年群体组织以及小组活动的出现。1855 年，英国成立了基督教青年会世界协会，成为青少年社会工作产生的标志。1876 年，美国纽约开办“男孩俱乐部”，基督教青年会与男孩俱乐部通过有组织的群体活动影响青少年成员，成为青少年群体独立性活动的主要载体，对社会的稳定与青少年的健康发展起到了重要的作用。19 世纪下半叶，童子军运动的组织、开展作为一种青少年小组活动，在青少年的能力提升与成长教育上发挥了重要作用。另外，在对青少年的社会控制与社会保护

① 王玉香．青少年社会工作［M］．济南：山东人民出版社，2012：94－248.

上，西方各国开始采取一系列措施并颁布政策法规，比如延长学校教育时间、实施青少年保护与宵禁、建立青少年法庭等。

这一时期，人们开始关注青少年这一独立的社会群体，开始有针对性地通过群体组织、活动开展、社会控制等方式解决青少年社会问题。

3. 专业化发展时期

从19世纪末20世纪初开始，西方社会工作进入专业化、制度化发展阶段。随着对青少年群体的认识不断深入，人们开始从不同的学科角度研究青少年，并结合青少年的发展特点采用专业理论和方法开展青少年社会工作服务。这一阶段西方青少年社会工作的发展特征主要表现为五个方面：

第一，学校社会工作迅速发展，成为重要的青少年社会工作领域①。第二，专业理论和方法在青少年社会工作中得到应用和深化，成长理论、系统理论、功能理论等被广泛应用在实际工作中，个案、小组、社区作为核心社会工作方法不断促进青少年社会工作的开展。伴随社会工作专业介入模式的不断成熟，青少年社会工作也发展出不同的工作模式，如社会心理模式、危机介入模式、游戏治疗模式等②。第三，青少年研究的学科化得到发展。在青少年研究的发展过程中相继出现了更具理论意义与现实意义的作品，如弗洛伊德的《性欲三论》《梦的解析》等著作，并由此形成生物进化理论、精神分析理论、学习理论、认知发展理论、社会文化理论、角色扮演理论等，为正在发展中的青少年社会工作奠定了理论基础③。第四，青少年社会工作的视野和领域不断扩大，服务对象不断扩展，内容日趋积极和深入，由针对问题少年的消极补救逐渐发展到关注所有青少年的发展需要。第五，青少年社会工作作为一种职业不断发展，政府对从业者的标准、资格认定、承担的责任等都做了明确要求。

（二）我国青少年社会工作的历史和现状

我国青少年社会工作的发展历程与社会工作专业本土化发展历程

---

① 王玉香．西方青少年社会工作的历史沿革研究［J］．中国青年研究，2012（2）．

② 文军．社区青少年社会工作的国际比较研究［M］．上海：华东理工大学出版社，2006：67－68．

③ 闫俐．中国青少年社会工作初探［J］．山西师大学报，2014（4）．

基本一致。

1. 我国青少年社会工作的发展历史

我国台湾地区的青少年社会工作发端于20世纪50年代。1950年，基督教儿童福利基金会成立（现为“台湾儿童暨家庭扶助基金会”），以经济扶助和儿童保护为两大服务主轴开启了慈善救济为主的青少年社会工作服务[①]。香港地区的青少年社会工作始于20世纪60年代。1966年和1967年相继发生的动乱事件使得政府开始关注青少年这一群体，并提供相应的教育和社会福利服务，包括免费的义务教育、“一校一社工”政策等。除政府所做的工作外，香港成立大量的民间社会工作服务机构，这些社会组织积极开展青少年外展社会工作服务[②]。

我国内地青少年社会工作起步较晚，发展时间短，与西方相比呈现出显著的差异性和本土特征。1986年，国家教育委员会决定在北京大学等学校设立社会工作与社会管理专业。1988年，团中央出台《关于共青团体制改革的基本设想》，明确提出团组织要“积极承担政府委托的青少年事务”。1993年底，共青团中央实施中国青年志愿者行动，中央政府开始重视和支持青少年社会工作的发展[③]。实务开拓方面，20世纪90年代，上海、广州等地区率先进行了青少年事务管理模式的探索和研究。2003年，上海团市委设立上海市社区青少年事务办公室，并推动成立上海市阳光社区青少年事务中心等专业社会工作组织。上海在社区青少年服务的制度理论、实践模式、服务成效等方面的探索标志着我国青少年社会工作专业化发展阶段的开始[④]。

2. 我国青少年社会工作的现状

近年来，我国青少年社会工作更加强调通过扩大服务范畴为青少年提

---

① 张伶，吴美琦. 社会工作者组织承诺提升策略——台湾儿童暨家庭扶助基金会的案例研究［J］. 南京大学学报，2015（11）.

② 徐从德. 香港青少年社会工作服务及对内地的启示［J］. 社会工作，2014（1）.

③ 张佳华. 青少年社会工作：学科、实务与制度建设［J］. 青年学报，2015（4）.

④ 费梅苹. 上海青少年社会工作专业化发展的十年回顾与展望［J］. 青年学报，2014（4）.

供全面服务，重视青少年自身的价值和权利，促进青少年的全面健康发展[①]。

经过多年的发展，我国香港地区已经建立起领域广泛、工作方式多样的青少年社会工作服务体系。特区政府通过社会福利署资助一些社会工作机构为青少年提供一系列具有预防性、发展性和补救性的福利性社会工作专业服务，包括建立综合青少年服务中心、学校社会工作服务、课余托管计划、青少年外展社会工作服务、边缘青少年社会工作服务等[②]。台湾地区已设有23个“家扶”中心、12个儿童及少年机构[③]，服务的内容包括协助制定青少年政策、解决“边缘青少年问题”、推动青少年全面发展等，青少年社会工作已经具备了制度化、专业化、体系化的特征。

随着政府相关政策相继出台，内地青少年社会工作迅速发展。2006年，党的十六届六中全会在《中共中央关于构建社会主义和谐社会若干重大问题的决定》中明确提出建设宏大社会工作人才队伍的目标。2010年，中共中央、国务院印发《国家中长期人才发展规划纲要（2010—2020年）》。2011年，中央组织部、中央政法委、民政部等18个部门联合发布《关于加强社会工作专业人才队伍建设的意见》。2014年，共青团中央、中央综治办、民政部等6部门印发《关于加强青少年事务社会工作人才队伍建设的意见》。2017年4月，中共中央、国务院印发并实施《中长期青年发展规划（2016—2025年）》；同年7月，团中央联合民政部、财政部制定下发《关于做好政府购买青少年社会工作服务的意见》，列出了政府购买青少年社会工作服务清单，同时明确了这项工作的指导思想、基本原则、主要目标和主要内容。这一系列政策的出台与实施促进了我国青少年事务社会工作制度化、系统化、规范化发展。但是，青少年社会工作在我国的本土化发展仍然存在困境和问题。随着新时代社会生活立体化、多元化和网络化发展，以往部门分割的青少年事务工作模式面临严峻挑战。青少年

---

① 陆士桢，王玥．青少年社会工作［M］．北京：社会科学文献出版社，2017：205－212.

② 徐从德．香港青少年社会工作服务及对内地的启示［J］．社会工作，2014（1）．

③ 张伶，吴美琦．社会工作者组织承诺提升策略——台湾儿童暨家庭扶助基金会的案例研究［J］．南京大学学报，2015（11）．

事务社会工作人才队伍薄弱，且发展存在地域差异，青少年社会工作服务机构如何规范化发展、如何保证服务效果等问题同样需要探索和解决①。

四、青少年事务社会工作的具体内容

青少年事务社会工作的具体内容主要包括青少年思想道德建设、青少年权益维护服务、青少年违法犯罪预防与矫治服务、青少年社会融入和社会参与服务、青少年身心健康促进服务、青少年婚恋交友支持服务、青少年就业创业服务以及青少年社会保障服务②。本节仅对各项服务内容进行概括性介绍，后续章节将进行详细论述。

（一）青少年思想道德建设

青少年的思想道德建设水平决定着青少年未来发展的方向。青少年事务社会工作中思想道德建设的目标在于，通过思想道德教育与辅导，引导青少年积极践行社会主义核心价值体系，形成正确的世界观、人生观与价值观③。

思想建设的主要内容包括开展理想信念教育，开展国情政策教育和党史国史改革开放史教育，开展中华优秀传统文化、革命文化、社会主义先进文化教育，开展社会主义核心价值观教育。道德建设的主要内容包括通过多种方式培养青少年的道德意识与道德能力，建立完善规范的道德理念与思想基础，帮助青少年在日常生活中提高自身道德境界、形成健康的道德综合素养，拓展道德实践情境，使青少年道德发展的实践成为日常自发的行动④。

（二）青少年权益维护服务

1. 困难帮扶

残障青少年、流浪青少年、贫困青少年等群体的普遍问题在于处于特

---

① 郑艳艳．浅析新时代下的我国青少年社会工作［J］．社会学研究，2012（11）．

② 民政部，共青团中央．青少年社会工作服务指南（征求意见稿）［EB/OL］．http：//yjzj. mca. gov. cn：8280/consult/noticedetail. do？noticeid＝50，2018.

③ 史柏年．社会工作实务（中级）［M］．北京：中国社会出版社，2015：109－118.

④ 黄志坚．青年学新论［M］．北京：中国青年出版社，2005：147－176.

殊社会地位，困难处境对其全面发展产生了直接负面的影响。社会需要对困难处遇中的这些青少年进行帮扶。青少年事务社会工作中的困难帮扶可以利用现有社会救助体系，调动多方面的资源与力量帮助青少年摆脱困难处境，在缓解困境的基础上提升其内在心理动力、发掘自身潜能，增强其社会适应能力①。

2. 权益保护

青少年群体享有诸多的基本权益，如生命权、发展权、寻求安全与幸福的权利等，这些权益是普适且不容侵害的。相较于其他社会群体，青少年群体在自身权益保护过程中处于特殊地位，需要其他社会力量的介入。青少年事务社会工作的一项重要内容就是通过专业系统的工作方法有效维护青少年群体的各项权益，如开展青少年权益保护相关政策法规宣传教育服务，拓展青少年权益表达渠道，支持普遍性利益诉求表达和反馈，开展侵害青少年合法权益行为预防和干预服务，协助青少年提升自我保护能力，倡导营造家庭、校园和社区的安全环境。

3. 法律服务

为青少年群体提供法制宣传教育和法律咨询服务，帮助青少年增强学法、遵法、守法、用法意识，提高自我保护意识和能力，必要时帮助联系法律援助部门给予支持②。

（三）青少年违法犯罪预防与矫治服务

防范青少年违法犯罪是青少年事务社会工作的底线，对此要重点抓好正面联系、临界预防、行为矫治、社会观护等工作。

第一，进行正面联系。通过个案工作、小组工作和社区工作等方法，加强对闲散青少年的接触联系，提供有针对性的引导和帮扶。要会同有关部门做好家庭监护监督和干预工作，通过开展家庭监护随访、家庭教育指导、监护情况和监护能力评估等服务，保证未成年人得到妥善的家庭监护照料，筑牢预防青少年违法犯罪的家庭屏障。第二，开展临界预防服务。关注普通青少年向不良行为青少年转化的边界，重视早期典型越轨行为，及时采取有针对性的预防工作，防止青少年与家庭和学校关系紧张、联系

① 王玉香．青少年社会工作［M］．济南：山东人民出版社，2012：94－248.

② 共青团中央，中央综治办，财政部等．关于加强青少年事务社会工作专业人才队伍建设的意见［EB/OL］．http：//www.mca.gov.cn/article/xw/tzgg/，2014.

断裂，避免青少年受外界不良行为影响产生不正常的社会化倾向。第三，开展行为矫治活动。对有不良行为或有严重不良行为的青少年，通过进驻社区、学校、戒毒所、拘留所、看守所等工作项目，加强制度规则意识教育和法制底线教育，纠正和改变其不良行为习惯。第四，进行社会观护。协助公安、法院、检察院等单位开展取保候审观护帮教、社会调查等工作，帮助掌握未成年犯罪嫌疑人的基本情况，减少涉罪未成年人再犯罪①。

(四) 青少年社会融入和社会参与服务

促进青少年群体的社会融入、提高社会参与程度，将有助于推动青少年与社会的深入接触，提高社会参与能力，从而能够积极投身于新时代社会主义建设事业之中。同时，也有利于增强青少年群体的公民意识，塑造自立自强的人格，推动青少年的综合多元发展。社会融入与社会参与服务的主要内容包括健全青少年组织体系，协助青少年建立良性社会支持系统；促进青年更好地实现社会融入，营造青少年社会融入的良好环境；引领青少年有序参与政治生活，提升青少年社会融入和社会参与的能力；引领青少年有序参与社会公共事务，提升青少年参与社会公益和志愿服务的意识与能力。

(五) 青少年身心健康促进服务

青少年在成长的过程中会遭遇生理或心理上的问题或困扰，并对其身心发展产生较大的影响。因此，促进青少年身心健康发展是青少年事务社会工作的重要任务。其主要内容包括社会实践教育和活动支持，体育、文化教育和活动支持，心理健康教育和心理咨询服务，安全保护、自我防护教育，引导青少年珍惜生命、尊重生命，帮助青少年学习保护生命的方法，以及毒品预防教育和艾滋病防治宣传教育②。

(六) 青少年婚恋交友支持服务

婚姻恋爱是青少年人生旅程中的一件大事，对青少年的生活乃至一生发展都有重要的影响。为青年人婚恋交友提供服务也是青少年事务社会工

---

① 共青团中央，中央综治办，财政部等．关于加强青少年事务社会工作专业人才队伍建设的意见［EB/OL］．http：//www.mca.gov.cn/article/xw/tzgg/，2014.

② 共青团中央，民政部，财政部．关于印发《关于做好政府购买青少年社会工作服务的意见》的通知［EB/OL］．http：//www.ccgp.gov.cn/gpsr/zcfg/201710/t20171009_ 8948772.htm，2017.

作的重要任务[1]，主要工作在于婚恋交友服务支持、正确婚姻观的树立、性健康和优生优育宣传教育等。

（七）青少年就业创业服务

劳动就业创业是人类社会普遍存在的社会经济现象，也是青少年人生发展的重要范畴。它既关系到青年期社会化是否能够顺利完成，又关系到社会的发展与稳定[2]。青少年就业创业服务的主要内容包括：第一，进行相关就业创业政策宣传解读，使青少年明晰相关优惠政策，确定具体发展目标，获得就业创业的政策服务助力；第二，协助链接就业创业资源；第三，通过多形式的培训活动综合提升青少年就业创业的技能与素质，更好地适应就业形势。

（八）青少年社会保障服务

青少年在成长过程中容易遭受外界不良因素的影响而陷入困境。青少年事务社会工作应立足社会保障的视角为各类青少年困境群体提供服务，例如开展残疾青少年关爱和扶持保障服务，开展流浪未成年人社会救助服务，开展进城务工青年与其未成年子女帮扶服务，以及农村留守儿童关爱和救助服务。

第三节 青少年事务社会工作的理论和方法

一、青少年事务社会工作的常用理论

（一）相关外借理论

外借理论是指来源于其他领域，但是对社会工作的开展具有基础性和指导性作用的理论。本节选择生理学、心理学和社会学领域能够解释青少年行为和问题成因的一些理论，用于指导青少年事务社会工作以跨学科的理论视角开展服务。

1. 生物学理论

生物学领域进化论和复演论的相关观点能够帮助我们科学地认识青少

① 王思斌．社会工作概论［M］．北京：高等教育出版社，2014：183－198.

② 孟庆国．青年学概论［M］．呼和浩特：内蒙古人民出版社，2005：187.

年发展的规律，判断青少年问题出现的生物学根源。

（1）达尔文进化论

达尔文认为，所有生物物种的产生和发展都是通过微小的遗传变异的自然选择，这些变异增强了个体竞争和生存的能力。达尔文的进化论更多的是强调环境对人的作用，即物竞天择、适者生存。在青少年事务社会工作中，进化论给了我们一种方向，即青少年的行为是环境的产物，所以我们工作的一个重要任务就是改变青少年生存的小环境和大环境，提升他们对环境的适应能力，更好地挖掘他们的潜能。

（2）霍尔复演论

美国心理学家霍尔在进化论思想的基础上发展出了“复演论”①。复演论将儿童时期的发展过程分为五个阶段，分别是动物阶段、原始阶段、游牧阶段、农业家族制阶段和部落阶段。在儿童身上可以找到与每一阶段相应的游戏行为表现。例如，爬树、荡秋千是处于动物阶段的人类祖先的行为，用铲子铲东西的游戏是处于农业家族阶段的人类祖先的行为，分队进行的规则游戏是处于部落阶段的人类祖先的行为等。在游戏中，每个词和每个动作都是由遗传得到的本能，所以我们复演祖先的活动，回溯我们不知道有多远的过去，用概括的、简略的方式重复他们的生活活动，一个阶段接着一个阶段重演他们的生活。儿童在这个发展过程中本能的东西通过游戏得以宣泄，进步成为一个文明的人。个体成长过程中也会有不同的阶段，不同的阶段有不同的行为特征，青少年事务社会工作将青少年发展分为不同的阶段可以更好地发现青少年问题的来源。

2. 心理学理论

（1）埃里克森人格发展理论

埃里克森将自我意识的形成和发展过程划分为婴儿期、儿童期、学龄初期、学龄期、青春期、成年早期、成年期和成熟期八个阶段。这八个阶段的顺序是由遗传决定的，但是每一阶段能否顺利度过却是由环境决定的，所以这个理论可称为心理社会阶段理论。一个人在生命的八个阶段中不断前进，这是他在生物和社会文化力量之间进行谈判的结果。每一阶段都以这两种冲突力量带来的心理社会危机为特征。如果一个人成功地调和

① Hall G. Stanley. A General Survey of Child Study. The Pedagogical Seminary, 1918 (25): 308 - 318.

了这些力量，他就会带着相应的美德出现在舞台上[1]。例如，如果一个婴儿带着更多的信任而不是不信任进入蹒跚学步的阶段，他就将希望的美德带进了余下的生命阶段。没有成功完成阶段带来的挑战，可能在将来作为问题再次出现。一个阶段的结果不是永久的，可以通过以后的经验加以修正。埃里克森认为，没有建立自我同一的人很难确定明确的目标，这样的青少年往往出现盲从等行为，需要通过帮助他们建立自我同一来认识新的自我。

（2）皮亚杰认知发展理论

认知发展理论是关于人类智力的本质和发展的综合性理论。它是由瑞士发展心理学家简·皮亚杰创立的。该理论研究的是知识本身的性质以及人类如何逐渐获得、建构和使用知识。皮亚杰将儿童认知发展的过程划分为四个主要阶段：感知运动阶段、前运算阶段、具体运算阶段和形式运算阶段。

0—2 岁为感知运动阶段，是婴儿的认知能力初步发展时期，婴儿靠感觉与动作认识周围的世界。在这一阶段婴儿发展出若干重要的认知概念，其中之一就是所谓的“客体永存性”概念。2—7 岁为前运算阶段，儿童开始学习并逐渐能够熟练地运用符号象征事物，并用符号从事简单的思考活动。在这一阶段，儿童还倾向于从自己的角度出发看待事物和进行思考。皮亚杰将这一思维称为“我向思维”和“自我中心”的思考，即儿童认为别人的思考和运作方式应该与自己的思考完全一致。这是儿童还没有意识到别人可以有与自己完全不同的思考方式。皮亚杰认为，当儿童开始认识到这一点时，他们就进入了具体运算阶段。7—12 岁为具体运算阶段，儿童能够运用符号进行有逻辑的思考活动。前运算阶段的儿童可以形成对事物的初步符号表征，但他们的认知活动还与身体经验密切相关；而具体运算阶段的儿童则在分类、数字处理、时间和空间概念上有了很大的进步。12 岁以后进入形式运算阶段，典型特征是抽象思维的发展与完善。这时青少年不再将思维局限于具体的事物上，他们开始运用抽象的概念，能提出合理的假设并进行验证，知道事物的发生有多种可能性，因而思维具有更大的弹性和复杂性，已经具有纯逻辑的思维能力。但是这种思维能力需要

---

① William C. Crain. Theories of Development: Concepts and Applications (6th ed.). Boston, MA: Prentice Hall, 2011.

不断地教育和引导才能最大限度地开发出来。我们要认识到青少年这种逻辑思维能力的重要性，并鼓励他们进行独立的思维活动。

（3）马斯洛需求层次理论

需求层次理论是亚伯拉罕·马斯洛 1943 年在《心理学评论》上发表的论文《人的动机理论》中提出的心理学理论[①]。他以反映社会的普遍需求为基础建立了一种分类体系，即用生理、安全、归属与爱或社会需求、尊重和自我实现等术语来描述人类动机的一般运行模式。这意味着，为了使动机发生在下一个层次，每个层次必须在个人内部得到满足。生理需求是指基本人类生活所必需的长期不变的需求。为了追求更高层次的内在动机，首先必须满足生理需求。如果一个人正在努力满足他们的生理需求，那么他们就不太可能从本质上追求安全、归属感、尊重和自我实现。一旦一个人的生理需求得到相对满足，他们的安全需求就会优先并支配行为。安全和保障需要是为了保护我们免受伤害，包括住所、工作保障、健康和安全的环境。如果一个人在一个环境中感到不安全，他们会在试图满足更高水平的生存之前寻求安全，但对安全的需求不像基本的生理需求那么重要。在生理和安全需求得到满足后，人类的第三层次需求被认为是人际需求，涉及归属感。这种需要在儿童时期尤其强烈。尊重需要是自我需要或地位需要，大多数人都需要被尊重。自我实现层次的需求指的是一个人的全部潜力是什么，以及这种潜力如何实现。马斯洛将这一层次描述为一种想要完成自己所能完成的一切、成为自己所能成为的最好的人的欲望[②]。

青少年处于人生发展的不稳定时期，各种需求层次也是不稳定的，往往会因为需要的变化和不满足而出现各种成长问题。该理论指导我们分析青少年问题出现的内在原因，寻找缺失的需要，引导青少年向正确的方向发展。

（4）社会学习理论

社会学习理论最初是由班杜拉和沃尔特斯在 1963 年提出的，1977 年

① Abraham H. Maslow. A Theory of Human Motivation. Psychological Review, 1943 (50): 96.

② Abraham H. Maslow. Motivation and Personality. New York: Harper, 1954: 91 - 93.

又做了进一步阐述[①]。该理论指出，学习是一种认知过程，通过观察和模仿他人可以获得新的行为。这一过程发生在社会环境中，可以纯粹通过观察或直接指导，即使在没有运动再生或直接强化的情况下也可以发生[②]。除了观察行为外，学习还通过观察奖惩发生，这一过程被称为替代强化。当一个特定的行为定期得到奖励，它很可能会持续下去；相反，如果一个特定的行为经常受到惩罚，它很可能会停止。学习者不是信息的被动接收者，认知、环境和行为能相互影响。

行为是通过学习得来的，不良行为也可以通过学习正确的行为来改变。青少年的发展是通过观察外界的行为并不断强化的过程，对于出现问题的青少年，只要找到他们问题出现的根源以及行为学习的过程，就可以通过学习正确的行为建立起新的行为模式。

3. 社会学理论

这里，我们选取了社会学领域中的社会角色理论、镜中我理论、社会群体理论、标签理论、社会越轨理论进行初步阐述，目的在于指导我们探索青少年行为和问题产生的社会性因素。

（1）社会角色理论

角色理论是社会学和社会心理学中的一种观点，它认为日常生活中的大多数活动和行为都来源于社会定义的范畴（如母亲、经理、教师）。每个角色都是一个人必须面对和履行的权利、义务、期望、规范和行为的集合。角色这一概念通过乔治·赫伯特·米德、雅各布·L·莫雷诺、塔尔科特·帕森斯和拉尔夫·林顿的理论著作在社会学话语中变得更为突出。该理论提出了以下关于社会行为的命题：第一，社会分工的形式是不同专业职位之间的相互作用，我们称之为角色；第二，社会角色包括以社会规范为指导的“适当”和“允许”的行为形式，这些社会规范是众所周知的，因此决定了期望；第三，角色由个体所占据，这些个体被称为“行动者”；第四，当个人认同一种社会角色，他们会为遵守角色规范而付出代价，也会为惩罚那些违反角色规范的人而付出代价；第五，条件的改变会使社会角色过时或不合法，在这种情况下，社会压力很可能导致角色的改

① Bandura Albert. Social Learning Theory. England: Prentice - Hall, 1977.

② Bandura Albert. Social learning and personality development. New York: Holt, Rinehart, and Winston, 1963: 242.

变；第六，对奖赏和惩罚的预期，以及以亲社会方式行事的满足感，解释了为什么行为主体符合角色要求。

青少年在成长的过程中会不断承担多种社会角色，同时也要面临很多角色转换的过程。诸多青少年的社会问题都可以在社会角色理论指导下进行分析和干预。

（2）镜中我理论

镜中我理论是由查尔斯·霍顿·库利在1902年《人性与社会秩序》的著作中提出的社会学概念①。镜中我理论通过一个人在社会背景下的人际交往描述自我和身份的发展，包括三个主要部分：第一，我们想象自己在一个社会环境中以什么样的形象出现在他人面前；第二，我们想象并回应我们所感觉到的他人对我们外表的判断；第三，我们发展出自我意识，并对他人的感知判断作出反应②。

社会交往就像一面“镜子”，个人会根据别人对自己的看法来改变行为，尽管这种看法可能在一定程度上存在偏差。镜中我理论提供了通过他人来认识自身的一面镜子，青少年通过这面镜子可以在社会交往中认识自我并根据他人的评价来调整自身行为。但同时我们也应该看到，通过这种方式去评价自身的行为是不全面的。在现代社会，人与人之间的交往不仅仅局限于“面对面”的形式，多元化的社交媒体提供了多种不同的“镜子”，社交媒体的公开性和互动性使青少年在平台上展示的形象更易受到他人评价的左右，对青少年产生了不同程度的影响③。

（3）社会群体理论

社会群体由两个或两个以上的人构成，他们彼此之间相互作用，有共同的认同和确定的目标与期望④。社会群体可以分为初级社会群体和次级

---

① Charles H. Cooley. Human Nature and the Social Order. New York：Scribner’s，1902：152.

② Shaffer，L.，Henriques，R. Gregg. From Mirror Self – recognition to the Looking – glass Self：Exploring the Justification Hypothesis. Journal of Clinical Psychology，2005（61）：47 –65.

③ Julie Jones. The Looking Glass Lens：Self – concept Changes Due to Social Media Practices. The Journal of Social Media in Society，2015（4）：100.

④ 戴维·波普诺. 社会学（第十版）［M］. 北京：中国人民大学出版社，1999：173.

社会群体。初级社会群体的概念由库利于1909年提出。初级社会群体的成员之间有着亲密的、持久的关系，有经常的、直接的、面对面的交往[①]。初级社会群体的存在可以满足成员的情感需要并使成员社会化，如家庭影响青少年价值观的形成和行为方式的塑造。朋辈群体在青少年行为塑造和选择中也起着重要作用，这些作用既可以是正向的，也可以是负向的。次级社会群体是人们为了某种功能或目的而组合在一起的，这类群体成员之间通常缺乏深层次的情感沟通和交流，这样的群体也被称之为社会组织。在这类组织和群体中，青少年可以学习社会行为和规范，由生物人转变为社会人。

（4）标签理论

标签理论是关于个体的自我认同和行为如何被用来描述或决定个体分类的理论。该理论认为，偏差不是固有的一种行为，而是多数人对少数人或那些被视为偏离标准文化规范的人所贴上的负面标签，这些负面标签导致了偏差。

弗兰克·坦纳鲍姆被认为是标签理论的鼻祖，他在对青少年犯罪进行研究时发现负面标签或标记往往会推动青少年进一步参与犯罪活动。这种最初的标记可能会导致个体采用它作为其身份的一部分，人们对这个标签的关注越多，这个人就越有可能认为自己就是这个标签[②]。当青少年个体在被贴上标签时，他们很有可能将这种标签内化，从而作出标签所展示的非规定性行为。标签理论较多地运用在青少年违法犯罪与矫治服务中，避免给青少年服务对象贴标签或发挥标签的正向引导作用是其主要理论主张。

（5）社会越轨理论

越轨指的是不符合社会文化或规范的行为方式。默顿从目标和手段的角度讨论了偏差，认为社会失范是指社会目标和实现社会目标的合法手段之间不相匹配的情况，并根据文化目标（即社会对理想生活的认知）和制度化手段（即个人追求文化目标的合法手段）来决定对社会的适应。他依

① 李斌．社会学［M］．武汉：武汉大学出版社，2009：84.

② 吴宗宪．西方犯罪学史（第二版）［M］．北京：法律出版社，2006：395.

据接受或拒绝社会目标和实现这些目标的制度化手段划分了5种越轨行为[①]：一是创新。创新者接受社会的目标，但拒绝接受实现目标的方法。默顿认为，创新者大多与墨守成规的人有着相似的世界观，但却被剥夺了合法实现社会目标所需的机会。二是服从。文化目标与制度手段具有良好的整合性，即个人认同社会的目标同时也拥有获取目标的符合规范的方法。三是仪式主义。虽不认同社会的文化目标，但仍然遵循社会上既定的行为规范，是一种隐性的越轨行为。四是逃避主义。对社会上的文化目标和合法手段都采取拒绝和否认的态度。五是反叛。既拒绝文化目标也拒绝合法手段，同时创造出一种"反主流文化"来取代原有的文化目标和社会所规定的手段。

在处于转型期的中国社会，对社会行为起指导作用的文化与社会规范也在经历持续的转变与重构。在这一阶段，青少年越轨已经成为一个被高度关注的社会问题。社会越轨理论可以为研究青少年的越轨行为并进行社会工作介入提供理论依据和指导。

（二）相关社会工作理论

社会工作理论的落脚点在于如何解决问题。基于青少年事务社会工作开展的实际需要，我们选取了优势视角理论、社会生态系统理论和社会支持网络理论，并对其进行初步阐述。

1. 优势视角理论

优势视角理论由萨利贝提出，是对病态模式的反思和批判。优势视角认为将服务对象问题化会对服务对象造成蚕食效应，强调服务对象虽然在现阶段可能面临一些无法解决的问题，但其自身仍然具有优势。优势词典包括：赋权、抗逆力、成员资格、合作与对话、悬置怀疑[②]。其中，抗逆力是优势视角理论的核心，该理论假设服务对象在面临挫折和困难时不会退缩不前，而是会激发内在的潜能和优势去克服困难，这种内在的潜能和优势可以称之为抗逆力。逆境是一种主观感受，每个人在生命历程中的任何一个阶段都会遭遇。对于青少年来说，如果家庭和学校在日常学习和生

① 郑杭生．社会学概论新修（第四版）［M］．北京：中国人民大学出版社，2009：414－415.

② 丹尼斯·萨利贝．优势视角：社会工作实践的新模式［M］．李亚文，等，译．上海：华东理工大学出版社，2004：16－20.

活中没有对其进行过挫折教育，他们在面对困难时就容易停滞不前或选择放弃。

优势视角理论从青少年所具有的优势和资源出发，将青少年所遭遇的困难看作是其改变和成长的契机，注意挖掘青少年自身的潜能和优势，鼓励服务对象勇敢面对和自主解决问题。社会工作者链接资源帮助服务对象渡过难关，在此过程中注重青少年抗逆力的挖掘和培养，以优势为基点开展服务。

2. 社会生态系统理论

社会生态系统理论也称生态系统理论或人类生态学理论，由美国学者布朗芬布伦纳提出后，查尔斯·扎斯特罗等人又对其进行了发展。社会生态系统理论将系统论与社会工作实务相结合，致力于发展出解决人与社会环境系统之间互动问题的分析框架，把人所处的社会环境看作是一种社会性的生态系统，并将这种生态系统分为微观系统（直接影响个人生理心理的子系统）、中观系统（家庭、单位、其他社会群体）和宏观系统（组织、社区、社会文化）三个层面。个人与所处的社会生态系统之间相互作用，各个系统及其构成要素之间相互支持和相互协调，环境系统才得以维持平衡并获得整体发展，而这种环境系统的协调或平衡也是个人生活、发展所必需的基本条件。当整个环境系统内部的各个子系统或系统之间不能有效配合、相互协调，系统平衡就会受到破坏，个人的生存与发展就会出现问题①。社会生态系统理论不把个人问题产生的原因归咎于个人，而是把案主放在其所处的生态系统中去理解和解决问题。

社会生态系统理论为社会工作者解决问题提供了一种较为全面和具有互动性的模式指导。青少年群体问题产生的原因除了个人的微观系统影响外，还与其所处的中观系统和宏观系统有关。社会工作者要把青少年案主所具有的问题与家庭、社区和社会文化等相联系，协调各个系统之间的关系，从不同的系统层面开展工作。

3. 社会支持网络理论

社会支持网络是个人生命过程的组成部分，每个人都拥有自己的社会支持网络，个体的社会支持网络越强大，抵抗风险和不确定因素的能力就

---

① 付立华．社会生态系统理论视角下的社区矫正与和谐社区建设［J］．中国人口·资源与环境，2009（4）．

越高。服务对象的社会支持网络可以分为正式的社会支持网络和非正式的社会支持网络[①]。社会工作者在提供服务时主要依托机构或政府部门，所以社会工作者作为一种正式的社会支持网络发挥作用，运用所掌握和可以链接的社会资源为服务对象提供直接的帮助，以满足服务对象较为紧迫的需求。此外，社会工作者可以帮助服务对象弥补和扩展非正式的社会支持网络，提高服务对象建立和使用非正式社会支持网络的能力，也可以在非正式社会支持网络不能有效发挥作用时进行暂时性替代。

社会支持网络理论为社会工作者解决问题提供了两种思路。社会工作者应该注意到青少年群体面临的各种问题往往是其非正式社会支持网络出现了断裂，所以在提供服务时要特别注重其非正式社会支持网络的链接，引导发挥非正式社会支持网络的正向支持作用。

二、青少年事务社会工作的常用方法

青少年事务社会工作的常用方法既包括以个案、小组、社区工作方法和社会工作行政等为主的一般专业方法，也包括历奇辅导、外展服务等特色服务和方法。

（一）青少年事务社会工作的一般方法

青少年事务社会工作中的个案工作方法以个体和家庭为对象，通过直接一对一的服务，帮助青少年解决困难，并预防新问题的产生，增进其全面发展，为处于生理和心理成长过程中的青少年提供咨询和指导，为处于特殊困难环境中没有自救能力的青少年提供特别的救助、保护、矫治服务。在情境配合与追踪辅导的原则指导下，可以相应地选择心理与社会治疗模式、危机干预模式、行为修正模式、结构家庭治疗和萨提亚家庭治疗等工作模式。

小组工作的方法以青少年团体为对象，借助团体动力帮助青少年达到社会功能的恢复、社会性的发展和行为的改变等目标。例如，以工作目标为导向可以组织教育性小组、成长小组、支持性小组、任务小组、治疗小组等不同类型的小组。小组工作可以选择运用社会目标模式、互惠模式、治疗模式等介入模式，发挥资料传递、灌输希望、发现问题的普遍性、修

---

① 王思斌，孙莹，顾东辉．社会工作综合能力（中级）［M］．北京：中国社会出版社，2014：79.

正个体早期经验、发展社交技巧、净化情感等积极作用[①]。

社区工作的方法是以青少年所在社区成员为对象，通过居民共同参与和提高社区资源利用率，营造社区青少年健康成长的环境和开发社会互助渠道，促进青少年社会融入与社区健全发展。例如，为满足青少年需求方面的服务需要采用教育性介入、社会舆论建设介入和资源链接介入等方法，对于越轨青少年的介入主要以社区矫治为主，提供行为指导、行为矫正服务等。社区工作的优越性在于帮助青少年借助社区共同资源实现自身的功能再生和社会融入。

此外，还有社会政策与社会工作行政等方法。青少年社会政策是涉及青少年生存状况、针对青少年问题及需求而提出的、有利于青少年成长与发展的政策总称，是一套谋求青少年健康发展的方针政策或行动准则。社会工作行政是指在青少年社会政策的框架下，社会服务机构协调运用各种资源，以具体的社会服务实现青少年社会福利目标的过程。

我们还可以将社会工作研究视为一种专业工作方法。社会工作研究是对青少年群体和青少年事务社会工作本身进行研究，发现问题和新的可能性，以促进青少年社会工作理论和方法的发展。

（二）青少年事务社会工作的具体方法

1. 危机干预

危机干预是针对可能危及青少年自身和他人生命安全的问题实施的紧急干预策略，属于短期介入，一般持续1—6周。干预着眼于调动受助者的优势和资源来克服面临的危机，并提高受助者的应对水平、信心和解决问题的能力。其中以Roberts的七阶段模式运用最广，即评估处于危机或遭受危机后果影响的人，探索危机状况、建立专业关系，了解案主的应对方式，面对情感、探索情绪、挑战适应不良的应对方式，探索解决方案并指导案主最佳应对实践，制订具体的治疗计划以及后续行动[②]。

危机经历对个体可能是创伤性的，但也可能是一个成长和发展的机

---

① 马灿．社会工作方法与共青团工作［M］．北京：中国青年出版社，2013：112－113.

② Roberts. A. R. Conceptualizing Crisis Theory and the Crisis Intervention Model. In A. Roberts eds. , Contemporary Perspectives on Crisis Intervention and Prevention. Englewood Cliffs , NJ: Prentice Hall, 1991: 3－17.

会。针对危机经历进行的干预具体可以通过多专业合作方式协调资源，以中途之家、类家庭、收寄养等方式为不适合家庭居住的青少年提供安置服务，进行综合援助。短期干预适用于危机情境，有利于和其他理论与方法有效结合；局限在于不能解决导致危机的根本问题，不利于社会工作者与不善于接纳的案主建立关系①。

2. 家庭治疗

青少年常因为直接的家庭困扰或更大范围的社会环境困扰而导致行为问题。家庭治疗以家庭为介入单位探索青少年问题背后的家庭结构和互动关系，促进家庭内在系统的改变，优化青少年成长的家庭环境。这种方法主要适用于改善并重建青少年和家庭成员之间的关系，实现家庭成员的良性互动。目前结构家庭治疗和萨提亚家庭治疗在解决青少年问题中的应用比较广泛。

3. 外展服务

外展服务是专业社会工作者走出机构到服务对象聚集的地方为潜在的案主提供帮助的一种服务手法②。这种方法主要针对较少参与主流青少年活动并容易受不良影响的青少年，深入其经常出入的场所，主动与青少年接触并发现其问题和需要，并及时联系有关部门共同对处于风险状态的青少年进行保护、辅导和安置。

4. 历奇辅导

历奇辅导是有目的地将服务对象放在一个新奇的环境中，让他们跳出生理及心理的舒适区域，互相合作、解决问题，主要适用于帮助青少年提高自信、提升自尊、培养团队合作精神。在经历外界挑战的时候，服务对象会形成心理上的边缘经验，此时是一个最佳的受教时刻。通过总结经验，服务对象获得成就感，并将成功的经验转化为对未来生活的参照，促进自我探索、自我觉察与自我成长。历奇辅导主要包含历奇、野外、经验式学习法和个案/小组辅导四部分，整合野外历奇的独特信息和辅导的历程为参加者带来成长机会。社会工作者本身也是一个重要的影响因素，在整个历奇辅导过程中，社会工作者的策划、介入和本身的气质也会启动影

① 芭芭拉·赛特．社会工作理论与方法［M］．余潇，等，译．上海：华东理工大学出版社，2013：231－249.

② 范明林．社会工作方法与实践［M］．上海：上海大学出版社，2005：55.

响受众的机会。所以，社会工作者需要将自身与历奇辅导整合，依据参加者的需要和进度协助他们成长①。

5. 朋辈辅导

朋辈辅导是一种类似于心理辅导的活动，也可以称为“非专业心理辅导”。朋辈辅导员通过发现、培训和搭建平台，组织年龄相仿、生活环境和经历、文化相似，或具有共同语言的朋辈青少年交流互动、分享经验、唤起共鸣、持续支持和互助成长。朋辈辅导包括个体辅导和团体辅导两种类型，常用的活动方式有热线电话、成长小组、心理沙龙等。

这种方法主要适用于帮助青少年改善朋辈关系、建立朋辈支持。除朋辈辅导员具备专业资质外，朋辈之间相互就对方提供的情况与要求进行非专业的分析与商讨，提供解决问题的建议。这就要求受助者要有一定的智力基础、交流能力，辅导内容本身也应合理且具有可信度②。

6. 成长向导服务

成长向导服务又叫 mentor，是由年长、有爱心的志愿者在一段时间内陪伴引领青少年成长的社会干预方式。这种方法最早在美国开始运用，例如著名的“大哥哥大姐姐”（BBBS）项目。我国也有类似项目，例如台湾的教育百人团、香港的儿童发展基金（CDF）先导计划等。

专业的成长向导服务是由受过训练的成年志愿者或同龄志愿者在社会工作者的督导下，为青少年提供“一对一”的长期陪伴，通过关爱且富有支持的积极人际关系来促进青少年的健康成长与发展。成长向导服务主要适用于引导青少年树立正确的价值观和养成积极健康的行为习惯。

---

① 李德诚，麦淑华．整全的历奇辅导［M］．香港：香港突破出版社，2002.

② 颜农秋．朋辈心理辅导理论与技巧［M］．广州：中山大学出版社，2007：3－8.

第二章　青少年思想道德教育

2015 年 6 月 1 日，习近平总书记在中国少年先锋队第七次全国代表大会上强调：要做一个好人，就要有品德、有知识、有责任，要坚持品德为先。你们现在都是小树苗，品德的养成需要丰富的营养、肥沃的土壤，这样才能茁壮成长。现在把自己的品德培育得越好，将来人就能做得越好。

青少年是早晨八九点钟的太阳，关心下一代，任重而道远。德是人之魂，加强青少年思想道德教育，是关心下一代工作的首要任务。加强青少年的思想道德教育，使之树立正确的价值观、道德观，关乎国家的未来，其意义重大而深远。

党的十八大以来，以习近平同志为核心的党中央高度重视青少年和共青团工作，亲切关怀青少年健康成长。习近平同志围绕青少年和共青团工作发表的一系列重要论述，立意高远，内涵丰富，思想深刻，全面论述了新形势下青少年和共青团工作的重大理论和实践问题，指明了当代青年的历史使命和成长道路，对于准确把握青少年和共青团工作的基本要求和重点任务，引导青少年树立远大理想、树立和践行社会主义核心价值观，教育团员增强“四个意识”、增强先进性和光荣感，动员广大青少年为实现“两个一百年”奋斗目标、实现中华民族伟大复兴的中国梦而勤奋学习、努力工作，具有十分重要的指导意义。

社会工作者和青少年工作者要按照习近平总书记的要求，帮助青少年扣好人生的“第一粒扣子”，主动适应新时代，科学把握新规律，深入推动青少年思想道德建设创新发展。

第一节　青少年思想道德教育概述

一、青少年思想道德教育的内涵

青少年思想道德教育包含思想、政治、道德等方面的教育。思想政治教育是思想道德教育的核心内容，其目的在于引导青少年树立正确的思想观念，坚持党的基本理论、路线、纲领，树立中国特色社会主义的共同理想和信念，树立正确的世界观、人生观和价值观。道德教育是思想道德教育的重要内容，道德是调整人们之间以及个人和社会之间关系的行为规范的总和，它没有强制的法律效力，而是依靠社会舆论的力量，依靠人们的信念，以及习惯、传统和教育的力量来维持①。对青少年进行思想道德教育的目的在于使青少年弘扬社会主义道德精神，正确处理个人、集体、国家之间的利益关系，热爱祖国，奉献人民，引导青少年在遵守基本行为准则的基础上，追求更高的思想道德目标，促进社会主义新型人际关系的形成和发展。

二、青少年思想道德教育思想

思想道德建设是社会主义精神建设包含的一个方面，中国公民道德建设服从和服务于党的路线、纲领，从意识形态、理论指导上讲，就是必须坚持马克思主义的根本指导地位，这是青少年思想道德建设必须始终坚持的一个基本立场。党的十八大以来，习近平总书记根据时代新变化和实践的发展，围绕青少年思想道德教育发表了一系列的重要论述，提出了富有创造性的新思想、新论断和新要求，这些讲话蕴含着丰富的思想道德教育思想，对加强和改进青少年思想道德教育具有重要的指导意义。

（一）注重青少年社会责任感的培养

习近平总书记认为，把青少年培养成为有社会责任感和社会担当的人是当前思想道德教育的重要目标。青少年是国家的希望，青少年的责任意识影响着国家的未来和发展，它是国家对青少年的要求以及青少年自身成长和发展的需要。青少年思想道德教育坚持以培养有社会责任感和担当意识的公民为目标，既是对优良传统的继承，也是现实的需要。习近平总书记指出："实现中华民族伟大复兴的中国梦，需要一代又一代有志青年接续奋斗。广大青年要以国家富强、人民幸福为己任，胸怀理想、志存高远，积极投身中国特色社会主义伟大实践，并为之终生奋斗。"这段重要

① 吴忠观．人口科学辞典［M］．成都：西南财经大学出版社，1997. 转引自 https：//baike. baidu. com/item/% E6% 80% 9D% E6% 83% B3% E9% 81% 93% E5% BE% B7% E7% B4% A0% E8% B4% A8/22599946？fr = aladdin 百度词条．

论述指明了青年所肩负的历史重任，并对当代中国青年寄予了殷切期望。习近平总书记在给华中农业大学“本禹志愿服务队”的回信中表示：“历史和现实都告诉我们，青年一代有理想、有担当，国家就有前途，民族就有希望，实现我们的发展目标就有源源不断的强大力量。”①

（二）加强以“中国梦”为核心的理想信念教育

理想信念是人类特有的精神现象，是人们心灵世界的深层核心。坚定的理想信念是一个人的积极世界观、人生观和价值观的根本表现，是完成各项事业的思想基石。崇高的理想和坚定的信念是人生的奋斗目标、前进动力和精神支柱。习近平总书记指出：“为实现中华民族伟大复兴的中国梦而奋斗，是中国青年运动的时代主题。”“中国梦”是青少年思想道德教育的新课题，习近平总书记在多个场合对“中国梦”进行了阐释，突出了“中国梦”为中心的理想信念教育，丰富了青少年思想道德教育的内容。“中国梦”本质上是全体人民的共同理想和信念，在青少年中加强“中国梦”教育具有极其重要的意义。

习近平总书记对“中国梦”平实而富于意蕴的阐释表明，“中国梦”是一个民族的梦想，是全体中国人民的梦想，它是对全体中国人民理想信念的具体化。习近平总书记对“中国梦”的阐释和一系列的观点，根据时代条件变化对青少年的要求，丰富了青少年思想道德教育的内容，彰显了思想道德教育的价值追求，为青少年思想道德教育及中华民族的伟大复兴奠定了思想基础。在青少年思想道德教育中融入“中国梦”教育，有利于激发青少年的精神动力，引导青少年选择正确的成长和成才之路，从而为社会主义现代化建设奉献自己的青春和智慧②。

（三）加强社会主义核心价值观培养

社会主义核心价值体系以及社会主义核心价值观是青少年思想道德教育的重要内容，党的十八大报告创造性地提出了“富强、民主、文明、和谐、自由、平等、公正、法治、爱国、敬业、诚信、友善”的社会主义核心价值观，分别从国家、社会和个人层面阐述了社会主义的价值规范和价

① 习近平给华中农业大学“本禹志愿服务队”回信：勉励青年志愿者以青春梦想用实际行动为实现中国梦作出新的更大贡献［N］. 人民日报，2013-12-06.

② 杨业华，符俊. 十八大以来习近平的青少年思想道德教育思想探析［J］. 中南民族大学学报（人文社会科学版），2015，35（2）.

值追求。社会主义核心价值观，是社会主义社会倡导的价值观念的集中体现，是社会主义核心价值体系的高度凝练，承载着中华民族深层次的精神追求。习近平总书记指出：“核心价值观，其实就是一种德，既是个人的德，也是一种大德，就是国家的德、社会的德。国无德不兴，人无德不立。如果一个民族、一个国家没有共同的核心价值观，莫衷一是，行无依归，那这个民族、这个国家就无法前进。这样的情形，在我国历史上，在当今世界上，都屡见不鲜。”习近平总书记反复强调，要引导青少年树立正确的价值观，在北京市海淀区民族小学主持召开座谈会时指出：“任何一个思想观念，要在全社会树立起来并长期发挥作用，就要从少年儿童抓起。”在与北京大学师生代表座谈会上指出，青年的价值取向决定了未来整个社会的价值取向，而青年又处在价值观形成和确立的时期，抓好这一时期的价值观养成十分重要。这就像穿衣服扣扣子一样，如果第一粒扣子扣错了，剩余的扣子都会扣错。人生的扣子从一开始就要扣好。“凿井者，起于三寸之坎，以就万仞之深。”他要求青年从现在做起、从自己做起，使社会主义核心价值观成为自己的基本遵循，并身体力行大力推广到全社会去。

（四）加强中国传统文化教育

习近平总书记非常重视中国的优秀传统文化，把传统文化的继承和创新放在文化发展的战略位置，要求将优秀传统文化与中国特色社会主义融合起来。中华文化源远流长、博大精深，蕴含着丰富的哲学思想、人文精神、道德理念，其中讲仁爱、重民本、守诚信、崇正义、尚和合、求大同的思想有着穿越时空的恒久魅力。习近平总书记在主持中共中央政治局第十三次集体学习时指出：“对历史文化特别是先人传承下来的价值理念和道德规范，要坚持古为今用、推陈出新，有鉴别地加以对待，有扬弃地予以继承，努力用中华民族创造的一切精神财富来以文化人、以文育人。”习近平总书记本人也非常重视对传统文化的学习和总结：“历史是最好的教科书，中国传统文化博大精深，学习和掌握其中的各种思想精华，对树立正确的世界观、人生观、价值观很有益处。”因此，青少年思想道德教育应将优秀传统文化纳入思想道德教育内容之中，一方面可以丰富青少年思想道德教育的内容，提升青少年思想道德教育的活力，另一方面又可以在继承传统文化的同时创新传统文化，为文化软实力的提高提供丰富的精神滋养①。

三、青少年思想道德教育的相关政策

（一）青少年思想道德建设的政策

青少年是国家的未来、民族的希望，他们的理想信念、思想意识、道德修养和价值取向的正确确立，直接关系着中华民族伟大复兴的顺利实现。加强青少年思想道德建设，是培养中国社会主义事业合格建设者和接班人、确保党和国家事业后继有人的重要举措。习近平总书记指出，只要中华民族一代接着一代追求美好崇高的道德境界，我们的民族就永远充满希望。2019 年中共中央、国务院印发了《新时代公民道德建设实施纲要》和《新时代爱国主义教育实施纲要》，并发出通知，要求各地区各部门结合实际认真贯彻落实。《新时代公民道德建设实施纲要》对新时代公民道德建设的总体要求、重点任务以及道德教育、实践养成、网络道德建设、制度保障、组织领导等作出了明确具体的阐述。《新时代公民道德建设实施纲要》指出，道德教育引导要抓好重点群体的教育引导，青少年是国家的希望、民族的未来，要坚持从娃娃抓起，引导青少年把正确的道德认知、自觉的道德养成、积极的道德实践紧密结合起来，善于从中华民族传统美德中汲取道德滋养，从英雄人物和时代楷模身上感受道德风范，从自身内省中提升道德修为，不断修身立德，打牢道德根基。全社会都要关心帮助支持青少年成长发展，完善家庭、学校、政府、社会相结合的思想道德教育体系，引导青少年树立远大志向，热爱党、热爱祖国、热爱人民，形成好思想、好品行、好习惯，扣好人生第一粒扣子。

《新时代爱国主义教育实施纲要》围绕实现中国梦的奋斗目标，明确提出新时代爱国主义教育的指导思想、总体要求、基本内容，并对开展新时代爱国主义教育作出全面部署，是新时代开展爱国主义教育的根本遵循。《新时代爱国主义教育实施纲要》明确指出，新时代爱国主义教育要面向全体人民，聚焦青少年。坚持全员全过程全方位育人，在广大青少年中开展深入、持久、生动的爱国主义教育，让爱国主义精神牢牢扎根，是新时代对爱国主义教育提出的更高要求。

---

① 杨业华，符俊．十八大以来习近平的青少年思想道德教育思想探析［J］．中南民族大学学报（人文社会科学版），2015，35（2）．

（二）《中长期青年发展规划（2016—2025 年）》

中共中央、国务院印发的《中长期青年发展规划（2016—2025 年）》是新中国第一个青年发展规划，也是我国青年发展事业的重要顶层设计，专门面向青年群体制订和出台的规划。该规划明确了思想道德、教育、健康、婚恋、就业创业、文化、社会融入与社会参与、维护合法权益、预防违法犯罪、社会保障等我国青年发展的十大领域，并据此确定了十大重点项目，包括青年马克思主义者培养工程、青年社会主义核心价值观培养工程、青少年事务社会工作专业人才队伍建设工程等。青年思想道德建设是青年发展的重要领域，发展目标为：广大青年积极践行社会主义核心价值观，中国特色社会主义道路自信、理论自信、制度自信、文化自信进一步增强，思想道德水平和文明素质进一步提高，为实现中国梦而奋斗的共同思想道德基础更加巩固。发展措施体现在四个方面。

1. 加强青年理想信念教育

深入开展共产主义、中国特色社会主义和中国梦学习宣传教育，开展习近平总书记系列重要讲话精神和治国理政新理念新思想新战略学习教育，使中国梦成为青年共同追求的奋斗目标，使中国特色社会主义成为青年衷心拥护的发展道路，使共产主义成为青年矢志追求的远大理想，增进青年对党的信赖、信念、信心。注重引导青年学习马克思主义基本原理，树立辩证唯物主义和历史唯物主义的世界观、方法论。注重加强宣传教育、示范引领和实践养成，引导广大青年增强使命意识和责任意识，自觉把人生追求融入党和国家事业。深入实施青年马克思主义者培养工程，充分发挥思想政治理论课在青年学生思想政治教育中的主渠道作用。实施高校思想政治理论课建设体系创新计划，建设学生真心喜爱、终生受益的高校思想政治理论课。

2. 在青年中培育和践行社会主义核心价值观

引导青年勤学、修德、明辨、笃实，使社会主义核心价值观内化为青年的坚定信念，外化为青年的自觉行动。大力弘扬以爱国主义为核心的民族精神和以改革创新为核心的时代精神，把爱国主义教育贯穿国民教育和精神文明建设全过程，引导青年学习了解党史国史、近现代史和改革开放史，继承“五四运动”以来的革命文化传统，坚持爱国、爱党、爱社会主义相统一，自觉培养爱国之情、砥砺强国之志、实践报国之行。引导青年传承弘扬中华民族优秀传统文化，增强文化自信和价值观自信。深入开展形式多样的青年群众性精神文明创建活动，引导青年大力弘扬社会公德、职业道德、家庭美德，培养良好个人品德，积极倡导和培育诚信品格，争当“向上向善好青年”，在引领社会文明风尚中发挥积极作用。加强民族团结宣传教育，推动各族青年交往交流交融，树立正确的国家观、民族观、历史观、文化观、宗教观，自觉抵制宗教极端思想，共同维护祖国统一和各民族繁荣发展。开展青年国防教育，推动军地青年共建共育，教育适龄青年自觉履行兵役义务。

3. 分类开展青年思想教育和引导

面向中学中职学生，广泛开展“与人生对话”主题活动，引导他们从小确立人生奋斗的远大志向，培养爱国、爱党、爱社会主义的感情。面向大学生，广泛开展“与信仰对话”主题活动，引导他们认识马克思主义的真理性，坚定走中国特色社会主义道路的信念。面向企业青年，广泛开展岗位建功活动，引导他们正确看待个人、企业、社会、国家的关系，以积极、务实、理性的态度面对职业生涯中遇到的具体问题。面向进城务工青年，注重把解决思想问题与解决实际问题相结合，在排忧解难、传递关怀中引导他们心向党和政府、矢志拼搏奋斗。面向农村青年，广泛宣传党和政府的支农惠农政策，引导他们树立“农村天地广阔、青年大有可为”的思想认识。

4. 强化网上思想引领

把互联网作为开展青年思想教育的重要阵地，团结、带动和壮大网上积极力量，大力开展正面宣传，实施“青年好声音”系列网络文化行动，增强网络正能量，消解网络负能量。提升网络舆情分析和引导能力，疏导青年情绪，澄清误解和谣言，引导青年形成正确认知。在青年群体中广泛开展网络素养教育，引导青年科学、依法、文明、理性用网。广泛开展青年网络文明志愿者行动，组织动员广大青年注册成为网络文明志愿者，参与监督和遏制网上各种违法和不良信息传播，为构建清朗网络空间作贡献。

（三）社会工作服务介入的相关政策

建构符合现实发展需要的教育范式，创新青少年思想政治教育，是时代赋予我们的历史使命。专业社会工作在我国的发展为社会工作介入青少年思想政治教育提供了一定的理论和实务前提，而中国特色社会主义社会管理体系的构建，为社会工作介入青少年思想政治教育提供了新的发展空间和赖以生长的现实土壤①。

2014 年 1 月 10 日，共青团中央、中央综治委预防青少年违法犯罪专项组等 6 部门印发了《关于加强青少年事务社会工作专业人才队伍建设的意见》，指出针对当代青少年面对的新问题和发展需要，必须大力加强青少年事务社会工作专业人才队伍建设，广泛在青少年工作中引入专业社会工作，有效满足青少年的个性化社会服务需求。思想道德建设和发展是青少年成长发展的需要，是青少年事务社会工作专业人才的主要服务领域，该意见将思想引导作为服务青少年成长发展领域的重要内容，并指出要为青少年提供思想道德教育辅导，引导青少年积极践行社会主义核心价值体系，形成正确的世界观、人生观、价值观。2017 年共青团中央、民政部、财政部制定下发了《关于做好政府购买青少年社会工作服务的意见》，明确了政府购买青少年社会工作服务的指导思想、基本原则、主要目标和主要内容。同时列出了政府要购买的青少年社会工作服务清单，青少年思想引导服务作为一项重要的政府购买服务内容被列入到清单第一项，其中包括理想信念宣传教育、社会主义核心价值观培育践行；网络舆情分析和引导支持、网络素养教育服务；网络文化产品生产服务。

2018 年 12 月，中国国家标准化管理委员会发布了国家标准《青少年社会工作服务指南》，为青少年社会工作服务提供指引，进一步推进青少年社会工作服务规范，促进青少年社会工作专业的发展。在《青少年社会工作服务指南》中，思想引导服务列为青少年社会工作服务的重要内容，主要包括以下内容：开展理想信念教育；开展国情政策教育和党史国史改革开放史教育；开展中华优秀传统文化、革命文化、社会主义先进文化教育；开展社会主义核心价值观教育。

第二节　社会工作视角下的青少年思想道德教育

一、青少年发展理论及特点

青少年思想道德教育要符合和顺应青少年道德品质发展特点，从青少

---

① 王玉香．社会工作介入青少年思想政治教育的可行性分析［J］．中国青年研究，2013（9）．

年的特点和需要出发，进行思想道德教育。

(一) 科尔伯格的道德发展理论

科尔伯格（L. Kohlberg）提出了系统的道德发展阶段理论，将其归纳为三个水平六个阶段，三个水平是指前习俗水平、习俗水平、后习俗水平，六个阶段是指三个水平中又可各划分为两个不同阶段。

1. 前习俗水平（0—9 岁）

处于这一水平的儿童对道德观念的认识是纯外在的，他们为了免受惩罚或获得奖励而顺从权威人物规定的行为准则，但是仅仅顺从而没有充分理解为什么要遵从他人的愿望。这一水平包括两个阶段：第一阶段，惩罚与服从定向阶段；第二阶段，相对功利取向阶段。

2. 习俗水平（9—15 岁）

此时的道德取向将会由以往的利己角度转变成什么是对社会整体的运作有帮助的判断标准。个体能够着眼于社会的希望和要求，并以社会成员的角度思考道德问题，已经开始意识到社会规范和准则的意义，能够了解社会规范，并尽量遵守和执行社会规范。规则已被内化，按规则行动被认为是正确的，对行为的评判以行为是否符合社会规范为标准。这一水平包括两个阶段：

第一阶段，寻求认可定向阶段，也称好孩子取向阶段。处在该阶段的儿童和青少年，道德价值以行为是否符合他人要求为导向。他们能够考虑到他人和社会对“好孩子”的要求，并尽量按照这种要求去思考。他们对行为的评判以行为是否使人喜欢或被人赞赏为标准。

第二阶段，遵守法规和秩序定向阶段。处于该阶段的儿童或青少年，其道德价值以服从准则和法律、维护社会秩序为导向。他们服从社会规范、遵守公共秩序，尊重法律的权威，以法律来判断行为的道德性。

3. 后习俗水平（15 岁以后）

达到这一道德水平的人，道德判断已超出世俗和法律与权威的标准，而以一种广义的正义原则来评判是与非。他们向往的是人类的正义和个人尊严，并以此内化为自己内部的道德标准。这一水平包括两个阶段：

第一阶段，社会契约定向阶段。处于这一水平阶段的人认为法律和规范是大家商定的，是一种社会契约，用以保障社会中每个个体的权利。他们看重法律的效力，认为法律可以帮助人维持公正。但同时认为契约和法律的规定并不是绝对的。在强调按契约和法律规定享受权利的同时，认识到个人应尽义务和责任的重要性。

第二阶段，普遍性伦理准则阶段。这是道德判断的最高阶段，表现为能以公正、平等、尊严这些普遍的原则为标准进行思考。这一阶段的人所在意的是自己内心对公平正义的遵守，认为人类普遍的道义高于一切。

道德发展是连续地按照不变的顺序由低到高逐步展开的过程。个体逐渐由一个阶段进入另一个阶段，要达到任何阶段都需要通过前面几个阶段，而且后续阶段高于前面阶段。

科尔伯格的道德发展理论的基本设想是：道德教育的目的是促进个体道德判断能力不断向更高水平和阶段发展，道德教育应遵循发展性原则。主要观点认为，道德教育不能直接讲授道德概念、灌输行为，而应促进个体的道德认知能力，促进道德判断能力的发展，以促进道德发展作为道德教育的目的。

根据科尔伯格的道德发展理论，青少年思想教育工作不是通过简单地教授固定青少年思想、想法和行为，而是结合青少年的发展特点，提升青少年道德认知力，促进青少年的思想道德发展向更高水平和阶段发展。

（二）青少年道德发展特点

1. 青少年阶段特点

青少年期是人生发展的关键期，是一个从不成熟的自我逐步走向成熟的自我的过程。青少年身体的迅速发育也伴随着认知的变化。他们可以抽象地思考问题，具有逻辑思考的能力，且能自由思考、推理和判断，参与复杂问题的解决。他们可能显得更加以自我为中心和具有更强的自我意识，但同时也更为注意他人。青少年在这一时期非常渴望为同辈所接纳，他们追求成为有选择性的同辈群体中的一员，并努力从父母身边独立出来。这个阶段是初步形成人生价值观的重要时期，需要帮助处于该阶段的青少年及时建立正确的是非道德观念，培养其独立发展、自我负责的能力。

2. 青少年道德品质发展特点①

青少年处于伦理观形成的时期，道德品质迅速发展。在少年期品德形

---

① 邱服兵，唐勇，赵学慧，李林子．青少年社会工作［M］．北京：中央广播电视大学出版社，2015：59.

成的过程中，伦理道德观已开始形成，但在很大程度上却表现出两极分化的特点。而青年初期的伦理道德观则带有很大程度的成熟性，他们可以比较自觉地运用一定的道德观念、原则、信念来调节自己的行为，伴之而来的是世界观的初步形成。

（1）少年期品德发展的动荡性。从总体上看，少年期的品德虽然具备了伦理道德的特征，但仍旧是不成熟、不稳定的，具有较大的动荡性。少年期品德动荡性特点的具体表现是：道德动机逐渐理想化、信念化，但又有敏感性、易变性；道德观念的原则性、概括性不断增强，但还带有一定程度具体经验的特点；道德情感表现得丰富、强烈，但又好冲动而不拘小节；道德意志虽已形成，但又很脆弱；道德行为有了一定的目的性，渴望独立自主地行动，但是愿望与行动又有一定的距离。所以，这个时期既是人生观开始形成的时期，又是容易发生两极分化的时期。品德不良、走歧路、违法犯罪行为多发生在这个时期。

（2）青年初期是品德逐步趋向成熟的阶段。这个时期的品德发展进入了以自律为形式、遵守道德准则、运用信念来调节行为的品德成熟阶段。所以青年初期是走向独立生活的时期，成熟的指标有两个：一是能较自觉地运用一定的道德观点、原则、信念来调节行为；二是人生观、世界观初步形成。这个阶段的任务是形成道德行为的观念体系和规则，并促使其发展进取和开拓精神。然而，这个时期不是突然到来的。

二、社会工作专业价值理念在思想道德教育中的应用

（一）社会工作专业价值观的应用

社会工作价值观是社会工作实践的灵魂，是社会工作者的精神动力。社会工作视角下的思想道德教育核心是秉持社会工作专业价值观并遵循专业实践原则。传统的思想政治教育更注重“自上而下”的教育，注重对青少年的“塑造”；社会工作视角下的思想政治教育实践中更强调尊重、接纳、个别化等实践原则的遵循，强调根据服务对象的发展特点和需要对青少年进行引导和影响。

尊重是指社会工作者要能够将青少年视为平等的个体，能够理解青少年生命存在的价值，重视青少年成长和发展的需要。在认识、掌握青少年的发展特征和需要以及青少年思想、道德发展规律的基础上，为其提供专业服务，满足其生存和发展需要。将尊重纳入青少年思想教育中，会增强

思想政治教育工作者与青少年之间良好互动关系的构建，有利于充分发挥青少年的主体作用①。

接纳是指社会工作者能够包容青少年的价值观和个性特征，包括他们的价值观和人生观，个体的长处和弱点，各种感受、态度与行为等。特别是价值观和人生观，思想政治教育就是引导青少年树立正确的世界观、人生观、价值观的过程，接纳青少年，包容青少年的价值观、人生观，并不是对不正确价值观念的认同，更不是鼓励青少年错误的行为，而是帮助青少年从自我防卫中解脱出来，使其感到安全并与社会工作者建立信任关系，青少年可以自由地表达思想与感情，主动地参与到服务过程中，发挥主体作用，融入主流社会，从而树立正确的世界观、人生观、价值观。

个别化是指社会工作者相信每个青少年都是独特的，每个人都有不同的生命经验、不同的人格特征和潜质。在服务过程中要尊重这种独特性，强调精准了解每个青少年的特点和个性，针对性地提供服务。在开展思想道德教育过程中，针对不同青少年群体开展普遍性教育时，要考虑不同青少年的特点和需要，避免用单一的方法和工作模式来开展。

（二）社会工作专业理念的应用

社会工作的核心理念是“助人自助”，是社会工作者致力于对服务对象心灵的一种支持，帮助服务对象“自救自助、自主人生”的过程，是社会工作者本着坚信服务对象的领悟力、自决力和创造性，发挥自身主导作用的一个过程。协助服务对象用自己的意志，自主决策，从“由他助”转向“自助自主”，增强服务对象的独立性和自主性。思想道德教育不能局限于把受教育者培养成为有正确的世界观、人生观、价值观和良好品德素养的栋梁之材上，还应该使之成为有丰富的内心世界、独立的人格、巨大的生命潜能及充满生命活力的人。思想道德教育应培养学生具有积极的生命情感，激发起学生生命的潜能。生命情感即个体对自己生命的体验、肯定、接纳和真爱，及对自己生命意义的自决。积极的生命情感能引人振奋、达观、昂扬向上，思想道德教育必须重视受教育者生命情感的培养。通过培养青少年积极的生命情感、启迪青少年的精神世界，思想道德教育

① 王玉香．社会工作视角下青少年思想政治教育的创新研究［J］．青少年研究，2013（6）．

不仅可以使受教育者成为有丰富的内心世界、有独立人格因而充满生命活力的活生生的人，而且可以使蕴藏于受教育者生命之中的巨大精神和潜能得以迸发①。社会工作价值理念强调从青少年道德发展入手来强调思想道德教育对青少年成长的重要性，强调青少年的自主性，社会工作者在工作过程中扮演着使能者和引导者的角色。

三、社会工作理论在青少年思想道德教育中的运用

将社会工作理论引入到青少年思想道德教育中，能够给予青少年事务工作者实践指导，开拓工作思路、创新工作方式。青少年思想道德教育作为青少年社会工作的一个主要内容，社会工作的相关理论对实践具有指导意义，在此介绍几个主要理论的运用。

（一）生态系统理论

生态系统理论的关键在于将服务对象放在一个有层次的系统之中，将服务对象与其所生活的环境作为一个完整的整体来看待，通过改变系统来实现个人需要的满足。该理论给工作者一个概念框架，帮助青少年事务工作者更好地了解服务对象系统模式中的互动关系，意识到青少年所处生态系统对其成长的重要性，注重以系统的视角和观点来对待青少年，而不是割裂青少年与周围环境的关系。

将生态系统理论运用于青少年思想道德教育工作中，要注意以下几个方面。

（1）以“人在情境中”的视角看待青少年。在了解青少年尤其是面对一些困难和问题青少年时，在对青少年自身情况了解的基础上，要对其所处的环境及环境与青少年的互动情况资料进行收集分析，通过多方面的了解和工作，才能真正地、全面地了解问题的根源，才能从根本上解决问题，从而促进青少年的成长和发展，而不是简单的说服和教育。

（2）进行思想道德教育时要从青少年个体和环境多方面着手。社会工作者要认识到青少年的社会问题是社会问题在青少年群体的投射，真正的根源不在青少年自身，还有深层的社会结构等原因。在开展思想道德教育过程中，除关注青少年个体认知方面的提升外，还要强调改变外在环境的

---

① 李文英，刘淑珍．论思想政治教育对人的生命价值的“应然”提升［J］．教育探索，2013（4）．

重要性，多途径、多方面实施教育影响。

（二）优势视角理论

优势视角理论是对传统的问题视角、伤害视角的社会工作的一种更正，要求社会工作者不能孤立或专注地集中于问题，而应看到服务对象的内在潜力和可能性。优势视角更积极地看待服务对象，并注重服务对象的优势资源，真正实现了社会工作者与服务对象之间平等的专业关系。将优势视角理论运用到思想道德教育工作中，能够使工作者看到青少年的优势和潜能，从而更好地尊重、认可和理解青少年的价值和尊严，在平等的工作关系中有利于工作者对青少年的影响，有利于青少年追求积极的自我认同，有利于青少年形成正向的人生观和价值观。

将优势视角理论运用于青少年思想道德教育工作中，要注意以下几个工作原则。

（1）每个青少年个体、青少年群体、家庭都是有优势的。工作者要不断提示自己，自己所面对的青少年是有潜能的，拥有丰富的资源。优势视角工作就是要甄别、利用这些资源和优势，发挥他们的特长，给青少年创造自我价值得到认可和实现的机会和场合，提升青少年对自己的正向认识，帮助其树立自信心、发挥潜能、正向发展。

（2）与青少年合作，可以最好地为服务对象服务。传统的思想道德教育工作虽然也强调平等，但在实务工作中，工作者和青少年之间往往形成“自上而下”的情形，将外在的标准和规范强加给青少年，青少年处于被动状态。而优势视角更强调工作者是服务对象的潜能发掘者和欣赏者。在特定的情境下，只有服务对象自己才最了解自己的优势资源和能力，所以工作者最佳的选择就是与服务对象合作。

（3）专业关系。在优势视角的实务工作中，由于真正的优势和资源蕴含于服务对象之中，因此专业关系必须是真正平等合作的伙伴关系。

（三）社会支持理论

社会支持理论认为，一个人所拥有的社会支持网络越强大，就越能很好地应对来自环境的调整。社会支持网络不仅能够为服务对象提供心理、情绪、自尊、情感、认可等表达性支持，而且也能够提供引导、协助、解决问题的行动等工具性支持。重视服务对象的社会网络以及获得的支持，有利于对服务对象社会支持网络的建设和修复，有利于形成服务对象良好的支持系统。将社会支持理论运用到思想道德教育工作中，有利于使工作者认识到青少年的成长与其所处的社会支持系统之间的关系，认识到青少年的社会支持系统对青少年产生的影响。在开展思想道德教育工作的过程中，要从了解青少年的社会支持系统的现状入手，了解青少年思想道德教育状况及青少年发展状况，注重青少年社会支持系统的构建，促使青少年的生活环境与教育形成合力，推进青少年更好成长和发展。

将社会支持理论运用于青少年思想道德教育工作中，要注意以下几个方面：

（1）对青少年社会支持网络进行评估。社会支持网络反映的是个人及其生活环境的关系状态，青年社会工作者首先要对社会支持网络作出必要的评估，确定原有的社会支持网络多大程度上为其提供支持，能够帮他们链接哪些资源，使社会支持网络对青少年切实能够发挥支持功能。

（2）运用和改善社会支持网络。在实务工作过程中，社会支持网络不仅是一个有效的工作手段，也是工作者的工作对象。要注意运用和完善社会支持网络，使社会支持网络能够促进和帮助青少年成长和发展。同时也要注意帮助青少年学会认识和利用社会支持网络。

第三节　青少年思想道德教育的主要内容

青少年阶段是人生发展的重要阶段，是世界观、人生观和价值观形成的关键时期。在这个阶段需要处理好理想与现实、个人与集体、竞争与合作、权利和义务、自由与纪律等多种关系，做什么样的人、怎样做人、什么样的生活才有意义、怎样的人生追求才有价值等人生课题是青少年成长发展过程中所必须面对的。青少年思想道德教育能够帮助青少年树立正确的世界观、人生观和价值观，帮助其完成好上述人生任务，其内容是非常广泛和丰富的，下面主要介绍以下几个方面的内容。

一、青少年理想信念教育

（一）理想的内涵

1. 理想的含义与特征

理想是人们在实践中形成的具有现实可能性的对未来的向往和追求，

是人们的世界观、人生观和价值观在奋斗目标上的集中体现①。

第一，理想具有超越性。理想来源于现实，但又高于现实，是对现实生活的超越。理想作为未来图景具有超前性，是对现在的超越。人类能够根据自己的需要和对世界的认识形成未来的理想目标，并努力去实现这个目标。第二，理想具有现实可能性。理想不是无法实现的臆想和空想，而是经过努力能够在将来变成现实的合乎规律的想象。第三，理想具有实践性。理想作为一种现象，不只是对未来目标的一种想象，而是一个包括理想的形成和确立、理想的追求和实现的完整过程。不能把理想和对理想的追求分开，离开了对理想的追求实践，理想也就不能称之为理想了。第四，理想具有时代性。理想是随着社会的发展而不断发展的，在不同的时代会有不同的理想。

2. 理想的类型

理想贯穿于人们生活的方方面面，概括地说，理想可以分为生活理想、职业理想、道德理想和社会政治理想等。

生活理想是人们对幸福生活的想象和向往。在引导青少年构建生活理想时，要把富裕的物质生活与高尚的精神生活结合起来。

职业理想是关于工作、职业方面的理想。要引导青少年对职业有全面的认识，要帮助其树立“选择为社会所需要、为自己所喜爱的工作，并努力把它做好，造福于社会、造福于他人”的思想。

道德理想是指青少年在做人方面所向往和追求的目标。青少年认为自己应该具有怎样的道德品质、形成怎样的人格形象，这是青少年在道德修养方面的理想追求。要引导青少年追求高尚的理想人格，使自己富有人格魅力，成为一个为社会需要、被他人喜欢的人。

社会政治理想是青少年对于理想的社会和制度的向往和追求。作为社会主义国家的青少年，要自觉确立起正确的社会政治理想。

（二）信念的含义

信念同理想一样，也是一种精神现象。信念是认知、情感和意志的有机统一体，是人们在一定认识基础上确立的某种思想或对事物坚信不疑并

① 夏伟东．思想道德修养［M］．北京：中国人民大学出版社，2013：276.

身体力行的心理态度和精神状态[①]。信念与理想密切联系、互相依存，信念是理想的支持，是青少年追求理想目标的强大动力。

信念包含了认识、情感和意志。信念的形成需要一个人有明确的认知和强烈的情感，并要表现出坚强的意志和坚决的行为。信念是在人生实践中逐步形成的，包含了社会环境对个人的长期影响。某种信念一旦形成，就不会轻易改变，因此信念具有一定的稳定性。不同的人由于个人特质的差异性及所处社会环境对其的影响不同，会形成不同的信念，因此信念具有多样性。

（三）理想信念对青少年成长的意义

第一，引导个人成长。理想信念反映的是人对社会和个人自身发展的期望。青少年有什么样的理想信念，就意味着青少年以什么样的期望和方式塑造和成就自己。理想信念与青少年要成为怎样的人、做什么样的人有很大关系，也是青少年成长过程中的重要任务。树立崇高的理想信念有利于青少年形成良好的自我认同。

第二，指引奋斗目标。理想信念是人生的奋斗目标，为人生指明了前进的方向和道路，青少年的未来具有不确定性，需要有意义的奋斗目标指引而沿着正确的人生道路前进。理想信念一旦确立，会使青少年精神振奋，能够调整和控制自己的行为与理想和奋斗目标相一致，并勇于克服前进道路上的各种挫折。

第三，提供前进动力。当青少年坚定正确的理想信念，就会有力量和毅力为实现目标而努力。理想信念是激励青少年向着既定目标奋斗前进的动力，具有推进的力量，是成长和发展的力量源泉。

第四，提高精神境界。理想信念作为个人精神生活的重要组成部分，有利于丰富青少年的精神生活，提升青少年的精神境界。理想信念在教育过程中，能够使青少年把物质生活和精神生活统一起来，帮助青少年把内心世界形成一个健康有序的系统，避免内心世界的空虚和迷茫，并能不断追求更高的人生目标，提升精神境界，塑造高尚人格。

---

① 卢杨．素质修养与人生——思想道德修养导论［M］．上海：华东理工大学出版社，2015：22.

（四）加强以中国梦为核心的理想信念教育

1. 中国梦的内涵

中国共产党自成立以来便致力于为广大人民谋幸福。中国梦是个体梦与群体梦的辩证统一，国家富强与民族振兴的最终落脚点都是人民的幸福。只有人民过上了幸福的生活，民族才会振兴，国家才能真正强大。中国梦首先是强国之梦，是实现国家富强之梦。民族振兴是中国梦的核心内容。中国梦也是中华民族觉醒和崛起之梦，所要实现的是要让中华民族再一次屹立于世界民族之林，将自立、自强的面貌呈现给世界人民。

2. 加强青少年理想信念教育

理想信念是一个思想认识问题，更是一个实践问题。理想不等于现实，现实是此岸，理想是彼岸，要想实现理想，就要努力追求理想，脚踏实地，持之以恒地奋斗。

在辅导青少年树立崇高的理想信念时，要把握以下几点：

（1）协助青少年树立远大志向，立志高远。

（2）协助青少年把个人理想与社会理想统一起来。

（3）协助青少年认识到理想实现的长期性、艰巨性和曲折性。

（4）协助青少年正确看待理想与现实的矛盾。

（5）协助青少年用实际行动把理想转化为现实。

二、社会主义核心价值观的培育

（一）社会主义核心价值体系

社会主义核心价值体系是社会主义制度的内在精神和生命之魂，是社会主义制度在价值层面的本质规定，它揭示了社会主义国家经济、政治、文化、社会的发展动力，体现了富强、民主、文明、和谐的社会主义现代化国家的发展要求，反映了全国各族人民的核心利益和共同愿望。社会主义核心价值体系包括四个方面的基本内容，即马克思主义指导思想、中国特色社会主义共同理想、以爱国主义为核心的民族精神和以改革创新为核心的时代精神、社会主义荣辱观。社会主义核心价值体系四个方面的内容各有侧重、相互联系，是有机统一的整体。

马克思主义指导思想是社会主义核心价值体系的灵魂。马克思主义是我们立党立国的根本指导思想，提供了科学的世界观和方法论，决定着社会主义核心价值体系的性质和方向。

中国特色社会主义共同理想是社会主义核心价值体系的主题。这一共同理想就是在中国共产党的领导下，走中国特色社会主义道路，实现中华民族的伟大复兴。它反映了我国最广大人民的根本利益、共同愿望和普遍追求。

民族精神和时代精神是社会主义核心价值体系的精髓。它是一个民族赖以生存和发展的精神支撑。在五千年历史演进中，中华民族形成了以爱国主义为核心的团结统一、爱好和平、勤劳勇敢、自强不息的伟大民族精神。在改革开放新时期，中华民族形成了勇于改革、敢于创新的时代精神。二者相辅相成、相互交融，已深深熔铸在中华民族的生命力、创造力和凝聚力之中，共同构成中华民族自立自强的精神品格，成为推动中华民族伟大复兴的精神动力。

社会主义荣辱观是社会主义核心价值体系的基础。一个社会是否和谐，一个国家能否实现长治久安，很大程度上取决于全体社会成员的思想道德素质。只有分清荣辱、明辨善恶，一个人才能形成正确的价值判断，一个社会才能形成良好的道德风尚。以“八荣八耻”为主要内容的社会主义荣辱观，概括精辟、内涵深刻，贯穿社会生活各个领域，覆盖各个利益群体，涵盖了人生态度、社会风尚的方方面面。

（二）社会主义核心价值观的科学内涵

党的十八大报告提出，要倡导富强、民主、文明、和谐，倡导自由、平等、公正、法治，倡导爱国、敬业、诚信、友善，积极培育和践行社会主义核心价值观。社会主义核心价值观是社会主义核心价值体系的内核，体现社会主义核心价值体系的根本性质和基本特征，反映社会主义核心价值体系的丰富内涵和实践要求，是社会主义核心价值体系的高度凝练和集中表达。其中，富强、民主、文明、和谐是国家层面的价值目标，自由、平等、公正、法治是社会层面的价值取向，爱国、敬业、诚信、友善是公民个人层面的价值准则，这24个字是社会主义核心价值观的基本内容。

“富强、民主、文明、和谐”，是我国社会主义现代化国家的建设目标，也是从价值目标层面对社会主义核心价值观基本理念的凝练，在社会主义核心价值观中居于最高层次，对其他层次的价值理念具有统领作用。富强即国富民强，是社会主义现代化国家经济建设的应然状态，是中华民族梦寐以求的美好夙愿，也是国家繁荣昌盛、人民幸福安康的物质基础。

民主是人类社会的美好诉求。我们追求的民主是人民民主，其实质和核心是人民当家做主。它是社会主义的生命，也是创造人民美好幸福生活的政治保障。文明是社会进步的重要标志，也是社会主义现代化国家的重要特征。它是社会主义现代化国家文化建设的应有状态，是对面向现代化、面向世界、面向未来的民族的、科学的、大众的社会主义文化的概括，是实现中华民族伟大复兴的重要支撑。和谐是中国传统文化的基本理念，集中体现了学有所教、劳有所得、病有所医、老有所养、住有所居的生动局面。它是社会主义现代化国家在社会建设领域的价值诉求，是经济社会和谐稳定、持续健康发展的重要保证。

“自由、平等、公正、法治”，是对美好社会的生动表述，也是从社会层面对社会主义核心价值观基本理念的凝练。它反映了中国特色社会主义的基本属性，是我们党矢志不渝、长期实践的核心价值理念。自由是指人的意志自由、存在和发展的自由，是人类社会的美好向往，也是马克思主义追求的社会价值目标。平等指的是公民在法律面前一律平等，其价值取向是不断实现实质平等。它要求尊重和保障人权，人人依法享有平等参与、平等发展的权利。公正即社会公平和正义，它以人的解放、人的自由平等权利的获得为前提，是国家、社会应然的根本价值理念。法治是治国理政的基本方式，依法治国是社会主义民主政治的基本要求。它通过法制建设来维护和保障公民的根本利益，是实现自由平等、公平正义的制度保证。

“爱国、敬业、诚信、友善”，是公民基本道德规范，是从个人行为层面对社会主义核心价值观基本理念的凝练。它覆盖社会道德生活的各个领域，是公民必须恪守的基本道德准则，也是评价公民道德行为选择的基本价值标准。爱国是基于个人对祖国依赖关系的深厚情感，也是调节个人与祖国关系的行为准则。它同社会主义紧密结合在一起，要求人们以振兴中华为己任，促进民族团结、维护祖国统一、自觉报效祖国。敬业是对公民职业行为准则的价值评价，要求公民忠于职守，克己奉公，服务人民，服务社会，充分体现了社会主义职业精神。诚信即诚实守信，是人类社会千百年传承下来的道德传统，也是社会主义道德建设的重点内容，它强调诚实劳动、信守承诺、诚恳待人。友善强调公民之间应互相尊重、互相关心、互相帮助、和睦友好，努力形成社会主义的新型人际关系。

（三）培育和践行社会主义核心价值观

青少年正处于心理发展和价值观形成的关键期，思想观念容易形成也容易反复改变，因此，培育青少年社会主义核心价值观，要善于把社会主义核心价值观同青少年社会心理发展特点相结合，以便实现青少年对社会主义核心价值观的认同和内化。

在青少年中培育和践行社会主义核心价值观，要把握以下几点：

1. 将社会主义核心价值观培育视为青少年发展的一部分

传统的思想道德教育习惯于把正确的价值体系作为一种理念和思想传递、灌输给青少年，青少年处于被动地位，主流价值观教育与青少年自身社会性发展相脱离，青少年缺少主动性。在对青少年进行社会主义核心价值观培育过程中，要从青少年发展角度确立教育目标，把社会主义核心价值观融入青少年的社会性发展需求中，将这些抽象的理论与青少年的发展需要结合起来，将正确的价值体系与青少年成长发展统一起来，成为青少年乐于接受、能够理解的内容，把社会主义核心价值观转化为青少年自身道德发展的需要。

2. 从辅导青少年发展的角度进行社会主义核心价值观培育

传统青少年思想道德教育的工具性特征使青少年思想道德教育简化为道德价值、伦理、观念、信条的传递和灌输，习惯于对青少年的行为进行限制、规定和惩戒，青少年的内在需求容易被忽视。但现在的青少年成长环境已有不同，他们更加追求和重视自我发展，追求自由和独立，他们经历了经济、社会的快速发展，生活在高科技快速发展的时代，视野开阔、思维敏捷、崇尚创新。现在的青少年更重视人性体验，更需要全面的发展。因此，在进行社会主义核心价值观培育过程中要改变“塑造”“培养”“教育”青少年的理念和思想，从青少年发展视角，回应青少年成长发展需要，辅导青少年价值观念、行为能力、道德情感更好发展。

3. 社会主义核心价值观培育要提升青少年的主动性

在社会主义核心价值观培育过程中，要变青少年被动接受为主动学习，当我们以一定的规范与要求去教育培养青少年或者以一种理想化的意识形态与观点去对照青少年的现实表现时，青少年的主体性会受到一定的限制，青少年就成为需要进一步进行规范、教育培养的对象，主体与主体间的平等与尊重则得不到真实的体现，而教育与被教育、规范与被规范、培养与被培养的关系得以确立，青少年成为被动的客体和对象①。而强调青少年的主体性是思想道德教育的核心理念，即真正把青少年放在教育的主体性地位，真正实现青少年积极主动探索状态，避免将社会主义核心价值观强行灌输给青少年并对青少年进行“塑造”，避免青少年被动消极接受，而要与青少年的学习、生活、实践结合起来，使青少年在实践、体验和创造的过程中积极主动地学习、感悟、内化并得以践行。

三、中国传统文化教育

（一）中华优秀传统文化的核心思想理念②

中华优秀传统文化是中华民族语言习惯、文化传统、思想观念、情感认同的集中体现，蕴含着丰富的哲学思想、人文精神、道德理念，具有极为丰富的思想内涵。习近平总书记在中共中央政治局第十三次集体学习时指出，要深入挖掘和阐发中华优秀传统文化讲仁爱、重民本、守诚信、崇正义、尚和合、求大同的时代价值，使中华优秀传统文化成为涵养社会主义核心价值观的重要源泉。“讲仁爱、重民本、守诚信、崇正义、尚和合、求大同”，是中华优秀传统文化中思想道德、政治理念、价值追求、人格修养、独特品质、社会理想的精华，是中华传统美德和民族精神的高度概括，集中体现了中华优秀传统文化的思想精华、道德精髓、根本精神和核心思想理念。加强中华优秀传统文化教育，必须围绕“讲仁爱、重民本、守诚信、崇正义、尚和合、求大同”这一核心思想理念逐步展开，不断深化，与时俱进。

仁爱：中华文化的核心力量。思想道德建设是中华优秀传统文化的核心力量。中国人崇奉以儒家“仁爱”思想为核心的道德规范体系，讲究和谐有序，倡导仁义礼智信，追求“修身、齐家、治国、平天下”全面的道德修养和人生境界，崇尚“己所不欲，勿施于人”“己欲立而立人，己欲达而达人”的“仁爱”原则。加强中华优秀传统文化教育，就是要在全社

---

① 王玉香．社会工作介入青少年思想政治教育的可行性分析［J］．中国青年研究，2013（9）．

② 翟博．加强中华优秀传统文化教育——深入学习习近平总书记教育思想［EB/OL］．http：//www. moe. edu. cn/jyb_ xwfb/moe_ 2082/zl_ 2017n/2017_ zl37/201708/t20170831_ 312814. html.

会，特别是在广大青少年中开展以仁爱共济、立己达人为重点的社会关爱教育。

民本：中华文化的价值追求。民本是中国古代政治思想的基本理念，孟子曰："民为贵，社稷次之，君为轻。"中华优秀传统文化中仁民爱物的仁爱精神、以民为本的人文精神、深厚绵长的家国情怀等集中体现了中华优秀传统文化的人民性，反映了广大人民群众的基本价值追求。

诚信：中华文化的做人准则。诚信既是个人的立身之本，也是一个民族、一个国家的生存之基。"言必信，行必果"历来是中国人待人处事的人生哲理。加强中华优秀传统文化教育，就是要开展以诚实守信、正心笃志、崇德弘毅为重点的人格修养教育。

正义：中华文化的伦理原则。正义是人立身处世的根本，体现了社会的整体利益与个人的人格尊严。公平正义历来是人类孜孜以求的社会理想，中华民族是崇尚公平与道义的民族，孔子在2000多年前就抒发了"朝闻道，夕死可矣"的壮烈感慨和精神追求。

和合：中华文化的独特品质。爱国主义的民族深情、团结统一的价值取向、贵和尚中的思维模式、厚德载物的博大胸怀等，是中华民族精神的基本内容，彰显了中华优秀传统文化的特质。

大同：中华文化的社会理想。"大同"是古人最高的社会政治理想，激励了一代代仁人志士为其矢志不渝、奋斗不息，"大同"理想是中国梦的文化根基。习近平总书记在第十二届全国人民代表大会第一次会议闭幕会上指出："实现中华民族伟大复兴的中国梦，就是要实现国家富强、民族振兴、人民幸福，既深深体现了今天中国人的理想，也深深反映了我们先人们不懈追求进步的光荣传统。"

（二）让青少年在传承优秀传统文化中成长

习近平总书记在主持中共中央政治局第十三次集体学习时指出："对历史文化特别是先人传承下来的价值观念和道德规范，要坚持古为今用、推陈出新，有鉴别地加以对待，有扬弃地予以继承，努力用中华民族创造的一切精神财富来以文化人、以文育人。"要让中国古代经典成为广大青少年的民族文化基因，在青少年中传承和弘扬传统文化的思想精华，让他们在传承优秀传统文化中健康成长。

在传承优秀传统文化过程中要把握以下几点：

1. 传承优秀传统文化，引导青少年树立正确价值取向

传承中华优秀传统文化是涵养社会主义核心价值观的重要源泉，是保持中华民族独特精神标识的根基。必须认真学习领悟、深入阐发中华优秀传统文化的思想精华和文化精髓，讲清楚中华优秀传统文化的历史渊源、发展脉络、基本走向，讲清楚中华文化的独特创造、价值理念、鲜明特色。以此来提升青少年对传统文化的认知，掌握中华优秀传统文化所承载的道德理念和伦理规范，学会运用这些理念和规范来评判价值的是非曲直，潜移默化地影响着青少年的行为，正确引导青少年的价值取向。

2. 传承优秀传统文化要贴近青少年的特点和需要

传统文化教育要熟悉当代青少年的特点和需要，研究方法和途径，将优秀传统文化融入青少年的学习和生活，让青少年在实践中感知它、领悟它，用青少年喜爱的语言和形式，循序渐进，教化于无形。现代青少年生活在互联网时代，新媒体的出现使青少年以QQ、微博、微信、网络论坛、短信为载体，快速通过文字、语言、图片、视频、动漫等方式，在任何地点、任何时间、自主自愿地获取所需的知识和教育内容。要根据互联网和新媒体的发展不断创新方法和途径，研究优秀传统文化教育的好形式，运用好互联网这个新载体，把优秀传统文化教育开展得更新颖、更活泼，让青少年从互联网中汲取正能量。

第三章　青少年权益维护服务

情境

小王所在的机构最近承接了一个青少年事务社会工作服务项目，机构安排小王负责项目的管理工作。这个项目主要是接听青少年热线。运行一周下来，小王手下年轻的社会工作者们已经遇到不少令他们感到棘手的个案：一个在学校被同学欺凌的学生打电话来倾诉，一个来自贫困家庭的学生打电话来咨询怎么得到教育和生活方面的资助，还有一个特殊的个案是，媒体最近曝光了本市一起虐待儿童的新闻，热心市民纷纷打电话来要求相关部门进行干预。

这些个案之所以棘手，是因为这对社会工作者的知识储备和资源链接能力是一大考验。具体而言，社会工作者面临如下挑战：

我的知识储备全面吗？能否把那些与青少年权益维护相关的法规政策熟记于心？是否了解各个法律、法规和政策的主旨、主要条款及其适用范围？

我能为个案找到最适合的政策资源吗？在众多法规政策中，哪个或哪些政策最适合这个个案？这些政策资源能够为个案解决哪些困难？如何按照需求的轻重缓急来为个案提供最优的建议？

我应该把个案转介给谁？个案所涉及的这类青少年权益受侵害事件的主管部门是谁？管理体制是如何分工的？哪些部门或组织能为个案提供所需要的保护？

这些问题，将在本章进行解答。

《中长期青年发展规划（2016—2025年）》指出，在党和国家的关心、支持和推动下，我国青年发展事业取得了巨大进步和历史性成就，青年发展权益得到了更好的维护，但青年发展事业与社会主义现代化建设的新要求、经济社会发展的新形势、广大青年的新期待相比仍然存在不少亟待解决的突出问题。因此，该规划将维护青年发展权益作为指导思想和发展目标之一。本章将围绕青少年权益维护服务，介绍我国青少年权益维护的现状、相关政策以及社会工作介入青少年权益维护服务的主要内容。

第一节 青少年权益维护现状

一、青少年权益维护工作概况

（一）法规制度建设

《中华人民共和国未成年人保护法》于 1991 年 9 月 4 日发布、1992 年 1 月 1 日起正式实施，并分别于 2006 年、2012 年进行两次修订。根据 2012 年最新修订的《中华人民共和国未成年人保护法》的规定，未成年人的基本权利包括：

其一，未成年人享有生存权、发展权、受保护权、参与权等权利，国家根据未成年人身心发展特点给予特殊、优先保护，保障未成年人的合法权益不受侵犯。

其二，未成年人享有受教育权，国家、社会、学校和家庭尊重和保障未成年人的受教育权。

其三，未成年人不分性别、民族、种族、家庭财产状况、宗教信仰等，依法平等地享有权利。

《中华人民共和国未成年人保护法》也提出了保护未成年人工作的原则，包括：

一是尊重未成年人的人格尊严。

二是适应未成年人身心发展的规律和特点。

三是教育与保护相结合。

在《中华人民共和国未成年人保护法》及其他法律法规的指引下，我国制定出一系列涉及青少年权益维护工作的政策，包括《九十年代中国儿童发展规划纲要》《中国儿童发展纲要（2001—2010 年）》《中国儿童发展纲要（2011—2020 年）》《中长期青年发展规划（2016—2025 年）》等中长期规划，以及《国务院办公厅关于加强孤儿保障工作的意见》《国务院办公厅关于加强和改进流浪未成年人救助保护工作的意见》《国务院关于加强农村留守儿童关爱保护工作的意见》《国务院关于加强困境儿童保障工作的意见》等专门性文件。

（二）工作体系建设

根据2012年修订的《中华人民共和国未成年人保护法》的规定，未成年人权益维护工作是全体社会成员的共同责任，即“保护未成年人，是国家机关、武装力量、政党、社会团体、企业事业组织、城乡基层群众性自治组织、未成年人的监护人和其他成年公民的共同责任”。该法律同时指出，共青团组织在未成年人权益维护工作中的作用，即“共产主义青年团、妇女联合会、工会、青年联合会、学生联合会、少年先锋队以及其他有关社会团体，协助各级人民政府做好未成年人保护工作，维护未成年人的合法权益”。

从我国青少年权益维护工作体系的实践看，这一体系包括两个方面：组织化维权和社会化维权。组织化维权是指在党委、政府的统一领导下，以共青团的组织网络和工作体系为基础，依托相关部门的组织体系和工作力量，逐级满足青少年的权益需求并解决青少年的权益问题，其工作渠道包括党委渠道、政府渠道、人大渠道和政协渠道。社会化维权则是指以不同层级的共青团组织为核心，引导和动员社会各方力量，运用和吸引各类社会资源，直接面向青少年提供有针对性的维权服务，其工作渠道包括社会参与、青年动员和舆论宣传。在青少年权益维护工作中，组织化维权是基础和根本，社会化维权是重要组成部分，二者构成了一个紧密联系、相互促进的统一体系①。

（三）我国青少年权益状况

当前我国青少年的权益状况如下：在维权体系方面，青少年权益保护法律体系逐渐完善，基本形成“家庭、学校、政府、社会”共同参与的维权体系；在工作模式方面，青少年权益保护工作形成了法治化维权、组织化维权、专业化维权和社会化维权等创新的工作模式；在权益保障方面，青少年的生存权、发展权、受保护权、参与权等基本权利得到有效保障②。

与此同时，青少年维护自身权益的意识也在增强。一项针对我国都市

---

① 张传慧，孟芳兵，何晓阳．中国特色维护青少年权益工作体系研究［J］．中国青年研究，2009（8）．

② 王建敏．新中国70年来青少年权益保护变迁与发展［J］．中国青年社会科学，2019（3）．

青少年维权情况的调查发现，我国青少年的维权意愿和意识普遍较强。该调查结果显示：不同群体的都市青少年大多赞同市场经济条件下应当树立依法维权的意识（赞同度超过80%），其中，在职青年群体对此的赞同度最高，达到87.1%；其次是在校学生的赞同度，达到83.0%；最后是社会青年的赞同度，为82.4%[①]。

二、青少年权益维护工作存在的不足与面临的挑战

（一）青少年总体权益维护工作面临的挑战

第一，在生命健康权方面，我国青少年体质状况在总体向好的前提下，部分指标存在下滑现象，如青少年学生视力不良检出率居高不下，部分青少年心理健康出现问题，影响青少年生命健康权的实现[②]。另外，未成年人遭受人身伤害的事件也并非罕见，有研究显示，未成年人遭受到不同程度的家庭伤害和校园伤害[③]。在家庭环境方面，有关机构通过对《中华人民共和国反家庭暴力法》实施两周年的媒体报道进行检测，显示在2016年3月1日到2017年10月31日期间，我国由家暴导致的死亡案件为533起，共导致635名成人和儿童死亡[④]。在校园环境方面，根据中国司法大数据研究院的统计数据显示，2015年全国各级人民法院一审审结校园暴力案件共计1000余件，2016年的案件量同比下降16.51%，2017年的案件量同比下降13.37%[⑤]。陕西的一项调查结果显示，陕西未成年人在校期间经常受到来自同学和校外社会分子的多重欺凌，44.5%的受访初中生表示存在被体罚的现象，58.4%的受访初中生认为在自己的学校里存在同学

---

① 黄洪基. 2014年中国都市青少年发展报告［M］. 上海：上海交通大学出版社，2015：265.

② 郗杰英. 当代中国青年权益状况研究报告［M］. 北京：研究出版社，2009：24.

③ 中国青少年研究中心. 中国未成年人数据手册［M］. 北京：科学出版社，2007：164－182.

④ 冯媛，曹苧予. 宣传，处置，保护：国家意志尚需增强——《中华人民共和国反对家庭暴力法》实施2周年观察［EB/OL］. http：//www. chinadevelopmentbrief. org. cn/news－21050. html，2018－3－6.

⑤ 中国司法大数据研究院发布报告 校园暴力案件数量逐年下降［EB/OL］. http：//courtapp. chinacourt. org/zixun－xiangqing－116631. html，2018－9－6.

之间的暴力事件，39%的受访高中生表示存在校外社会分子与校内同学之间发生暴力事件的现象①。

第二，青少年受教育权的充分实现还面临不少困难。教育部发布的《2018年全国义务教育均衡发展督导评估工作报告》显示，部分地方在义务教育均衡发展方面仍然存在以下问题：一是认识不足，重视不够，地方政府推进机制不健全；二是规划不科学，布局不合理，大校大班问题较重；三是投入不足，改薄不力，学校标准化建设仍有短板；四是政策不落实，保障不到位，教师队伍建设滞后；五是理念落后，管理不强，学校内涵发展水平不高②。

第三，在劳动权方面，青年就业竞争激烈、压力大、就业难，失业率较高，高校毕业生等青年群体结构性失业问题比较突出，且很难在短期内彻底解决，对青年劳动权的保障提出新挑战③。

第四，还存在青年公共参与的渠道相对较窄，参与效能有待提高；青年在婚姻家庭中的合法权益被侵害的现象时有发生；青年农民、青年农民工及高校毕业生等群体的社会保障机制有待健全和完善；文化投入与青年文化需求不相适应，优秀青年文化娱乐产品供给不足；青年权益保护的法律体系不够健全，针对困难青年群体的法律服务尚有不足等问题，影响青年权益的进一步实现④。

（二）部分青少年群体权益维护工作面临的挑战

在青少年群体中有一些群体处于相对特殊地位，其权益更容易受损，需要得到更多的支持和服务，例如困境儿童、农村留守儿童、残障青少年等。下面以困境儿童保障工作和农村留守儿童关爱保护为例进行介绍。

1. 困境儿童保障工作

困境儿童包括三种情况：一是因家庭贫困导致生活、就医、就学等困

① 白敏，张慧．陕西青少年社会抽样调查蓝皮书［M］．北京：中国社会科学出版社，2017：134.

② 教育部．2018年全国义务教育均衡发展督导评估工作报告［EB/OL］．http://www.moe.gov.cn/fbh/live/2019/50415/sfcl/201903/t20190326_375275.html. 2019-3-26.

③ 郗杰英．当代中国青年权益状况研究报告［M］．北京：研究出版社，2009：24.

④ 郗杰英．当代中国青年权益状况研究报告［M］．北京：研究出版社，2009：24.

难的儿童；二是因自身残疾导致康复、照料、护理和社会融入等困难的儿童；三是因家庭监护缺失或监护不当遭受虐待、遗弃、意外伤害、不法侵害等导致人身安全受到威胁或侵害的儿童。《国务院关于加强困境儿童保障工作的意见》提出，通过构建县（市、区、旗）、乡镇（街道）、村（居）三级工作网络，建立部门协作联动机制，充分发挥共青团组织作用，以及鼓励支持社会力量参与等体系建设，加强困境儿童分类保障工作。

民政部发布的《2017 年社会服务发展统计公报》显示，截至 2017 年底，全国共有孤儿 41.0 万人，其中集中供养孤儿 8.6 万人，社会散居孤儿 32.4 万人。虽然目前尚未得到困境儿童总数的官方数据，但据媒体报道称，全国困境儿童总数达数百万①。困境儿童中的困境类型具有较大的差异性，对资源和服务提出了较高的要求。

2. 农村留守儿童关爱保护工作

留守儿童是指父母双方外出务工或一方外出务工另一方无监护能力、不满十六周岁的未成年人。《国务院关于加强农村留守儿童关爱保护工作的意见》指出，农村留守儿童问题是我国经济社会发展中的阶段性问题，是我国城乡发展不均衡、公共服务不均等、社会保障不完善等问题的深刻反映。该意见提出，通过建立强制报告机制、完善应急处置机制、健全评估帮扶机制以及强化监护干预机制来完善农村留守儿童关爱服务体系。

民政部 2018 年 9 月 1 日发布的数据显示，目前全国共有农村留守儿童 697 万余人，与 2016 年全国摸底排查数据 902 万余人相比，全国农村留守儿童总体数量下降 22.7%。从监护情况看，绝大多数农村留守儿童接受隔代照顾，即 96% 的农村留守儿童由祖父母或者外祖父母照顾，4% 的农村留守儿童由其他亲戚朋友监护。另一个需要关注的是，留守儿童中残疾和患病的人数达到 4.5 万人②。

综上所述，这部分迫切需要权益维护服务的青少年群体人数规模大、需求异质化程度高，这就对服务体系中的人、财、物资源和组织管理提出了新的挑战。

---

① 中国困境儿童达数百万 61 万名儿童无人抚养［EB/OL］. http：//news. sohu. com/20151108/n425637170. shtml.

② 民政部. 图表：2018 年农村留守儿童数据［EB/OL］. http：//www. mca. gov. cn/article/gk/tjtb/201809/20180900010882. shtml.

（三）共青团组织在维护青少年权益中的作用有待加强

1. 服务体系有待健全

如前所述，想要解决青少年中普遍性和特殊性的权益维护需求，就需要一个强大的服务体系，体系中既包括人、财、物的资源配置问题，也包括组织管理问题。仅以社会工作人才为例，为了充实基层力量，2016 年中共中央办公厅印发的《共青团中央改革方案》中提出，要建设一支“团干部 + 社工 + 青年志愿者”队伍[①]。因此，在青少年权益维护的服务体系建设中，需要注重岗位开发与人才激励相匹配、不同区域间协调发展等问题。

2. 亟须提高青少年的认同度

一项关于陕西青年维权途径的调查结果显示，当权益受到侵害时，陕西青年最主要的维权途径是公检法等司法机构，比例为 43.5%；其次是本地政府，比例为 16.7%；而向单位、人民团体、社会社团、亲戚朋友等寻求支持的比例较低。其中，选择求助于工会、共青团、妇联等人民团体的比例仅为 2.9%[②]。因此，有必要进一步提高青少年对共青团组织维护青少年权益工作的认识。

3. 维权法治教育尚未全覆盖

一项关于我国都市青年的调查结果显示，都市青少年接受维权法制教育的比例不太高。该调查发现，都市的在校学生中接受过维权法治教育的比例是 60.9%，在职青年中接受过维权法治教育的比例是 53.1%，社会青年中接受过维权法治教育的比例是 57.5%。虽然过半的都市青少年接受过维权法治教育，但尚未做到法制教育全覆盖。具体而言，都市在校学生中学习过《联合国儿童权利公约》《中华人民共和国预防未成年人犯罪法》《中华人民共和国未成年人保护法》《中华人民共和国义务教育法》的比例分别是 12.6%、54.3%、72.4% 和 60.3%，都市在职青年和社会青年学习

---

① 中共中央办公厅印发〈共青团中央改革方案〉［EB/OL］. http://www.xinhuanet.com/politics/2016-08/02/c_1119325051.htm.

② 白敏，张慧. 陕西青少年社会抽样调查蓝皮书［M］. 北京：中国社会科学出版社，2017：141.

过上述法律法规的比例更低①。

第二节 青少年权益维护的相关政策

一、青少年权益维护的相关规划

（一）儿童权益保护的相关规划

早在1992年国务院印发的《九十年代中国儿童发展规划纲要》中就提出以“完善保护儿童合法权益的立法，健全相应的执法机构和队伍”为20世纪90年代我国儿童生存、保护和发展的主要目标之一，并提出4项儿童权益保护的举措：

一是切实执行全国人大常委会批准的《儿童权利公约》。

二是切实执行《中华人民共和国未成年人保护法》。

三是各省、自治区、直辖市于1995年前制定出本地区执行《中华人民共和国未成年人保护法》的实施细则。

四是制定、完善有关保护儿童权益的专项法律、法规，如优生保健法、家庭教育法、儿童健康管理条例、中国母乳代用品销售守则等。

进入21世纪后，国务院于2001年印发《中国儿童发展纲要（2001—2010年）》，将儿童法律保护的主要目标定为：依法保障儿童生存权、发展权、受保护权和参与权；依法打击侵害儿童合法权益的违法犯罪行为；预防和控制未成年人犯罪，在诉讼中依法维护未成年人的合法权益。比较三个纲要的内容可以发现，首先，改革开放后我国对儿童政策的重视是持续性的；其次，突出优先领域，目标梯次推进②。

国家对儿童权益保护的规划，随着社会环境的发展而不断拓展。在2011年国务院印发的《中国儿童发展纲要（2011—2020年）》中，就儿童法律保护提出12项主要目标，分别是：

（1）保护儿童的法律法规和法律保护机制更加完善。

---

① 黄洪基．2014年中国都市青少年发展报告［M］．上海：上海交通大学出版社，2015：268－269.

② 张天雪．生存·保障·发展：国家儿童政策体系研究［M］．北京：中国社会科学出版社，2013：35.

（2）贯彻落实保护儿童的法律法规，儿童优先和儿童最大利益原则进一步落实。

（3）依法保障儿童获得出生登记和身份登记。

（4）出生人口性别比升高趋势得到遏制，出生人口性别比趋向合理。

（5）完善儿童监护制度，保障儿童获得有效监护。

（6）中小学生普遍接受法制教育，法律意识、自我保护意识和能力明显增强。

（7）预防和打击侵害儿童人身权利的违法犯罪行为，禁止对儿童实施一切形式的暴力。

（8）依法保护儿童合法财产权益。

（9）禁止使用童工（未满16周岁儿童）和对儿童的经济剥削。

（10）保障儿童依法获得及时有效的法律援助和司法救助。

（11）预防未成年人违法犯罪，降低未成年罪犯占刑事罪犯的比重。

（12）司法体系进一步满足儿童身心发展的特殊需要。

（二）青年权益保护的相关规划

2017年4月中共中央、国务院印发了《中长期青年发展规划（2016—2025年）》。作为我国首个青年发展规划，它就青年权益维护问题提出了四项发展措施。

1. 全面贯彻实施有关青少年发展的法律法规

加强《中华人民共和国未成年人保护法》《中华人民共和国预防未成年人犯罪法》以及教育、卫生、就业创业、社会保障等领域涉及青少年权益的法律法规贯彻实施，切实保障青年合法权益。共青团等共青团组织要及时了解和研判青年发展状况，监督涉及青年发展权益的法律法规和政策执行，代表青年向有关部门反映问题、提出建议，推动及时有效解决青年实现发展权益面临的现实困难和突出问题。

2. 完善青少年权益维护法律法规和政策

针对青年权益保障中的突出问题，制定修改相关法律法规和政策，在现有法律法规和政策体系中增加有利于维护青年普遍性权益的内容。以《中华人民共和国未成年人保护法》《中华人民共和国预防未成年人犯罪法》《中华人民共和国刑事诉讼法》中的“未成年人刑事案件诉讼程序”专章为基础，建立健全涵盖福利、保护、司法等内容的未成年人法律制度。加快制定电子商务、个人信息保护、互联网信息服务管理等法律法规，出台“未成年人网络保护条例”，严格落实互联网服务提供者的主体责任，以有效防范暴力、色情、赌博、毒品、迷信、邪教等腐朽没落文化和丑化党和国家形象及革命先烈的信息传播。

3. 健全青少年权益保护机制

尊重青年主体地位，拓展青年权益表达渠道，充分发挥共青团、青联组织代表和反映青年普遍性利益诉求的作用。建立青年权益状况舆情监测体系和舆论引导机制。支持共青团建设青少年维权工作网络平台和12355青少年服务台，把法制宣传教育与法律服务结合起来，带动青年社会组织、青少年事务社会工作者积极参与维护青少年权益的活动。深化“青少年维权岗”创建活动，建立健全基层青少年维权工作机制。加强对困难青年群体、进城务工青年及其未成年子女等群体的关爱和权益维护工作。完善法律援助工作网络，鼓励和支持法律服务机构、社会组织、事业单位等依法为未成年人提供公益性法律服务和援助。健全未成年人行政保护与司法保护衔接机制，加强监护缺失、受到监护侵害的未成年人权益保护工作。

4. 依法打击侵害青少年合法权益的行为

贯彻落实涉及青少年权益保护的法律法规，严厉打击拐卖、性侵害、遗弃、虐待等侵害未成年人合法权益的违法犯罪行为。大力开展青少年禁毒工作，依法惩处涉及青少年的毒品违法犯罪活动。严厉打击涉校违法犯罪活动。加强网络领域综合执法，严厉打击各类涉青少年网络违法犯罪。

二、青少年权益维护的相关社会工作政策

(一) 促进社会工作参与青少年权益维护工作的相关政策

维护权益是社会工作的一项基本职责。在共青团中央办公厅印发的《关于共青团系统落实青少年事务社会工作专业人才队伍建设目标任务的通知》中明确指出，权益维护是青少年事务社会工作的三大领域之一，其他两个领域分别是青少年成长发展和预防犯罪。2016年10月14日，民政部、中央综治办、教育部、共青团中央等12部门联合印发的《关于加强社会工作专业岗位开发与人才激励保障的意见》中也指出，权益维护是社会工作的主要职业任务之一。

早在2007年，共青团中央、中央综治委预防青少年违法犯罪工作领导小组、中央综治办、民政部与原人事部就联合下发了《关于开展青少年事务社会工作者试点工作的意见》，以后又开展了社会工作介入未成年人保护工作的相关试点。2008年4月，共青团中央办公厅发布通知，公布北京市海淀区等13个城市（城区）为全国首批青少年事务社会工作者试点地区[①]。

2014年1月10日，共青团中央、中央综治委预防青少年违法犯罪专项组、中央综治办、民政部、财政部、人力资源和社会保障部共同印发了《关于加强青少年事务社会工作专业人才队伍建设的意见》。作为我国首个专门推动青少年事务社会工作发展的全国性政策，该意见将“有效维护青少年合法权益”作为青少年事务社会工作专业人才队伍发展的指导思想之一，并提出了若干具体举措。

另外，在许多涉及青少年权益维护的全国性政策中也提及专业社会工作的介入。例如，2016年2月4日国务院印发的《关于加强农村留守儿童关爱保护工作的意见》中，将加强农村留守儿童关爱保护工作、维护未成年人合法权益作为各级政府的重要职责，以及家庭乃至全社会的共同责任。该意见把“坚持全民关爱”作为一项基本原则，并指出要“充分发挥村（居）民委员会、共青团组织、社会组织、专业社会工作者、志愿者等各方面积极作用”。2016年6月13日，国务院印发《关于加强困境儿童保障工作的意见》，提出“支持社会工作者、法律工作者等专业人员和志愿者针对困境儿童不同特点提供心理疏导、精神关爱、家庭教育指导、权益维护等服务”。

（二）政府购买青少年权益维护社会工作服务的相关政策

2014年共青团中央等部门共同印发的《关于加强青少年事务社会工作专业人才队伍建设的意见》中指出，要“建立健全财政资金、社会资金等共同参与的多元化投入机制”，“加大资金投入”。该意见规定，维护青少年合法权益领域的社会工作服务主要包括以下四大类：

一是困难帮扶。对贫困家庭青少年、残疾青少年，帮助他们获得政府救济和保障以及社会资助和帮扶，同时培养其自强自助的生活态度。

---

① 共青团中央办公厅《关于确定全国首批青少年事务社会工作者试点城市（城区）的通知》。

二是权益保护。为青少年提供个案维权服务，耐心解答青少年的求助咨询，及时跟进并协调解决家庭虐待、人身伤害、吸食毒品、沉迷网络等侵害未成年人合法权益的案（事）件。

三是法律服务。为青少年提供法制宣传教育和法律咨询服务，帮助青少年增强学法遵法守法用法意识，提高自我保护意识和能力，必要时帮助联系法律援助部门给予援助。

四是心理疏导。缓解或消除青少年的心理问题，帮助青少年提高情绪自我管控能力，促进健康人格的形成，特别关注农村留守儿童、服刑人员未成年子女、流浪乞讨未成年人等特殊群体的心理关爱问题。

随后在共青团中央办公厅印发的《关于共青团系统落实青少年事务社会工作专业人才队伍建设目标任务的通知》中进一步明确了经费保障问题，即“承接政府的青少年事务社会工作，要明确相关工作经费以财政资金为主，社会资金为补充。对于社会关爱、公益服务等领域的青少年事务社会工作，相关工作经费可多渠道筹集”。

2017 年 7 月 19 日，共青团中央、民政部、财政部三部门共同印发了《关于做好政府购买青少年社会工作服务的意见》，对政府购买青少年社会工作的指导思想、基本原则、工作目标以及有关要求作出规定，还将“青少年合法权益维护和社会保障支持服务”纳入《政府购买青少年社会工作服务清单》，具体内容包括：

（1）政策法规宣传教育。

（2）普遍性利益诉求表达和反馈支持。

（3）教育、就业等权益维护支持。

（4）侵害青少年合法权益行为预防服务。

（5）残疾青少年关心关爱、扶持保障及社会融入服务。

第三节　青少年权益维护服务的主要内容

在这一节里，我们将按照《关于加强青少年事务社会工作专业人才队伍建设的意见》和《关于做好政府购买青少年社会工作服务的意见》的有关规定，结合本书中各章节的内容安排，重点介绍社会工作介入困难帮扶、权益保护和法律支持三类服务的相关内容。

一、困难帮扶服务

困难帮扶服务主要是针对贫困家庭青少年、残疾青少年等，为他们链接政府的各种救助和福利资源，以及社会慈善捐助和帮扶。青少年正处于身体发展的重要时期，此时的营养和健康水平将会对其整个生命历程产生影响。因此，困难帮扶服务一般包括经济帮扶、政策咨询、重症救助等，在帮扶过程中需要注意培养服务对象自强自助的生活态度。

（一）经济帮扶服务

经济帮扶是为经济困难的家庭或个人提供的，他们一般是来自低保家庭、低收入家庭和贫困户家庭，需要经济方面的特殊帮助。这类青少年正处于求学期，为了使他们获得更好的文化资本，阻断贫困的代际传递，我们需要在学习、生活上给予其必要的经济支持。在服务策略上，社会工作者一方面要评估其个人和家庭的情况，协助满足条件的青少年及其家庭申请相应的政策资源；另一方面也要注重开拓社区、企业和基金会等公益慈善资源。下列便是一个为社区内的贫困家庭链接社会公益资源的案例。

【经验分享】

社区幸福之树

临近中秋，一家社会服务机构开展节日慰问活动，并启动了“幸福之树”项目。这一天，团干部和社会工作者、志愿者一起探访了社区中的困难家庭，为他们送去了月饼、粮油等节日慰问品，带去暖暖中秋情。同时，社会工作者也为社区的困难户准备了一份特殊的“礼物”，即“幸福之树”，如果他们在生活中遇到任何困难，只要把心愿挂上“幸福树”，有能力提供帮助的社会人士、企业便可以把“愿望”领走，为许愿的家庭送去帮助。

社区“幸福之树”是社会工作者为社区内贫困家庭搭建的一个微愿望平台。通过社区“幸福之树”，有需要的社区居民可以填上自己的微愿望，经过社会工作者对微愿望需求的实地探访核查，为其对接社会人士或者企业，甚至通过公募平台进行合法募捐，为贫困家庭的青少年实现愿望。

阿霞（化名）可爱的女儿今年 7 岁，她独自抚养了 6 年。因为平常要接送孩子、给孩子做饭，阿霞只能去打一些散工，但是打散工的微薄收入让她感到肩上压力沉重。社会工作者在送去月饼的同时，了解到其女儿需要一套画笔，便及时到“幸福之树”项目平台进行申请。最后，通过“幸福之树”平台，为阿霞对接到一套崭新的画笔，并邀请其女儿参与这家社会服务机构组织的绘画小组。

（资料来源：“为了明天”贫困地区青少年关爱保护项目组编，《“为了明天”贫困地区青少年关爱保护项目指引》，2017 年 1 月，内部资料。）

（二）政策咨询服务

经济困难只是困难的一种维度，许多困难青少年同时面临多种困境，例如家庭成员患病，或者其本人需要学业上的帮助等。事实上，党和政府制定了许多救助政策与福利政策，为陷入困难的人铺起了一张社会安全网，但是许多人并不知道这张安全网的存在。因此，在困难帮扶服务中，社会工作者还需要把政策咨询服务送到社区，甚至是送上门。下面这个案例是以“团干部 + 社工 + 志愿者”模式提供便民利民咨询的项目方案。

【经验分享】

便民利民咨询项目方案

项目目标：为居民提供政策咨询，使其了解相关可申请的补助，帮助其脱贫。

项目内容：以“团干部 + 社工 + 志愿者”的方式举行社区活动。利用团干部调动当地的行政资源，由每个相关扶贫、民政、教育、残联等机构派出相关办事人员在社区提供咨询服务，为有需要的群众进行脱贫政策的咨询。

服务成效：首先，本项目成功让贫困居民了解扶贫政策的落地实施及其细则。其次，社会工作者通过对接，帮助贫困居民与政府相关部门进行进一步的协调沟通。最后，志愿者为有需要的居民提供了协助，如填写表格、整理资料等。

（资料来源：“为了明天”贫困地区青少年关爱保护项目组编，《“为了明天”贫困地区青少年关爱保护项目指引》，2017 年 1 月，内部资料。）

（三）重症救助服务

一旦青少年发生重大疾病，有可能导致家庭因病致贫。这一情形下，服务对象的主要需要包括：治疗所需的资金、医疗信息、照料看护服务，以及对服务对象本人及其家庭的心理支持。社会工作者可以链接相关政府资源和社会资源，为其提供重症救助服务。下面是一个关于社会工作介入青少年白血病个案的服务案例。

【经验分享】

社会工作介入青少年白血病个案

小俊（化名）7岁，活泼好动，每天与朋友们无忧无虑地玩耍着。一年前他被诊断出患有急性淋巴白血病，然而原本就不富裕的家庭却无法支付其医药费，小俊的病情越来越重，开始沉默不语。

社会工作者小张接到重症青少年白血病个案后，经过与服务对象及其家人、医院医生的接触，了解服务对象的病情以及详细的家庭情况后，获悉只要救助及时，儿童白血病可达到80%的治愈率。

小张询问了小俊一家的社会保障情况后，一边协助患者链接医院、社会救助资源，一边为小俊及其家属进行心理干预，并根据服务对象的情况在不同阶段给予不同介入。

为了让小俊得到及时的关心与爱护，小张根据其家庭照顾情况安排志愿者加入，促使志愿者成为个案的资源支持者，在减轻家庭负担的同时，也为小俊提供了更好的照料。

最后，白血病治疗的三大疗程结束以后，小俊的病情逐渐好转，他也重新变得开朗起来。

（资料来源："为了明天"贫困地区青少年关爱保护项目组编，《"为了明天"贫困地区青少年关爱保护项目指引》，2017年1月，内部资料。）

二、权益保护服务

权益保护服务是指为青少年提供个案维权服务。社会工作者通过耐心解答青少年的求助咨询，及时跟进并协调解决家庭虐待、人身伤害、吸食毒品、沉迷网络等侵害未成年人合法权益的案（事）件。下列是北京市首例民政部门撤销监护人资格的案例，也是一起涉及多个城区的公安机关、检察院、法院、团委、民政、法律援助机构、社会工作机构等多部门、多专业合力介入的未成年人保护典型个案。

【经验分享】

跨部门多专业合力介入北京首例民政部门申请撤销监护人资格案

小芳（化名）自幼被养母李某捡拾并办理了收养手续。李某作为监护人，在抚养小芳期间长期对其实施辱骂、殴打等家庭暴力行为，强迫其彻夜捡拾废品导致小芳睡眠严重不足，影响休息、学习。且李某怠于履行监护职责，未尽到有效监护和保护义务，放任其男友对小芳进行暴力殴打，并导致小芳多次遭受他人犯罪侵害，处于危困状态。

北京青少年法律援助与研究中心张雪梅律师作为本案申请人西城区民政局的代理律师，最初在小芳被害刑事案件中为其提供法律援助，持续一年四个月，全程参与了小芳被害刑事案件和撤销监护人资格案件的诉讼活动，既发挥了维护小芳合法权益的援助律师作用，又发挥了为相关部门提供法律意见的专家作用。过程如下：

1. 小芳被犯罪侵害案件立案后，2016 年 7 月 4 日，张雪梅律师接到丰台未成年人救助保护中心电话，得知小芳因受到犯罪侵害被海淀公安分局紧急安置在其幼时保姆位于丰台的家中，以及丰台未成年人救助保护中心协调居委会和社会工作者对小芳和临时庇护人进行跟踪随访的情况。

2. 7 月 8 日，海淀团委和北京超越社会工作事务所的社会工作者联系北京青少年法律援助与研究中心为小芳提供法律援助。同日，海淀团区委建立公检法、民政、妇联、社会工作者、律师等未成年保护相关部门和人员组成的个案协调小组，并召集联席会议，商讨对小芳开展救助和保护的各项事宜。律师积极参与到案件的线上线下协调讨论中。

3. 为最大限度保护小芳的合法权益，律师一方面与社会工作者从不同专业角度为小芳提供服务，另一方面就小芳被害刑事案件、小芳遭受家庭暴力的监护干预问题及证据收集问题向办案机关和相关未成年人保护部门多次提出意见与建议。由于案件涉及“案中案”，可能面临李某是否适合继续担任小芳监护人的问题，律师与办案机关积极沟通，公安机关就李某对小芳监护情况、是否存在家庭暴力、有无尽到保护义务等情况全面进行调查并固定了证据，随后发出北京市首例“紧急庇护通知书”，既保障了小芳的人身安全，又为今后撤销监护人资格的诉讼提供了证据材料。

4. 为了解小芳在临时照料人家中的庇护情况，7 月 15 日，律师随海淀团委、社会工作事务所、海淀分局、区妇联等单位的人员一起到小芳接受紧急庇护的保姆家中探访，并提示临时照料人应承担的职责：要对小芳予以临时紧急庇护和短期生活照料、保护其人身安全、保护小芳隐私，告知其如果受到李某骚扰威胁，可以采取报警、申请人身安全保护令、申请变更安置方式等措施保护小芳及自己的人身安全。此后，律师又多次到保姆家中看望小芳，为小芳和保姆提供法律咨询，通知其案件进展。

5. 小芳的监护和教育问题得到市未委会办公室、市民政局的关注，并牵头多次召开跨区县、多部门、多专业协调会。该案涉及多个城区的公检法、民政、救助站、团委、妇联、教委、学校等多个部门，以及北京青少年法律援助与研究中心，超越、中鼎、和风三家社会工作事务所也参与进案件的工作中。律师全程参与了维护小芳合法权益的多部门协调会，代理小芳和临时庇护人反映其困难与请求。2016 年 10 月 10 日，西城区民政局所属的西城救助站接受小芳及保姆的申请，给予小芳紧急庇护和临时监护，予以生活照料、学习帮助、心理疏导，并聘请专业社会工作者为小芳进行后续专业服务。

6. 在小芳被害案的侦查、审查起诉、审判阶段，律师担任小芳诉讼代理人的同时，研究、整理、分析李某及其男友对小芳殴打等暴力行为的事实和证据，并向小芳的保姆进行调查取证，认为李某符合撤销监护人资格的法定情形。因此，在审查起诉阶段，与检察院沟通希望对小芳长期遭受李某及其男友家庭暴力这一问题予以关注，行使法律监督职能的代理意见。丰台区检察院通过办理这起刑事案件发现这一线索，于 2017 年 6 月 1 日向西城区民政局发出检察建议，建议西城区民政局向法院申请撤销监护人资格，并作出支持起诉的决定，为案件的顺利立案和审理打下基础。在审判阶段，代理意见得到采纳，丰台区法院最终认定情节恶劣，并作出判决，既最大限度维护小芳权益，又为撤销养母李某监护人资格案件提供了有力证据。

7. 2017 年 7 月 14 日，律师代理西城区民政局整理撤销监护人资格案件申请材料和证据材料、收集社会工作调查评估报告，向海淀区法院申请立案。立案后又对丰台区检察院支持起诉提供的全部刑事案卷材料进行研究，进一步整理李某对小芳实施家庭暴力、放任其男友对小芳进行暴力殴打以及怠于履行监护职责导致小芳多次遭受其他家庭成员犯罪侵害的证据材料，并就关键问题向小芳和其他证人进行补充取证。经过开庭审理，检察院出庭支持起诉。2017 年 10 月 25 日，海淀区法院作出判决：撤销养母李某为小芳的监护人的资格，指定西城区民政局为小芳的监护人。

（资料来源：张雪梅，《跨部门多专业合力介入北京首例民政部门申请撤销监护人资格案》，网址：http：//www. sohu. com/a/207621771_ 725762。）

三、法律支持服务

青少年处在人生发展阶段的早期。在这一时期中，法律知识与法律意识正在逐步形成，其权益容易受到侵犯。因此，社会工作者可以为青少年提供法制宣传教育服务和法律咨询服务，在必要时帮助青少年联系法律援助部门。

（一）法制宣传教育

在 2007 年中国青少年研究中心的一项调查中，当向受访青年询问“如果合法权益受到侵害，您会通过什么途径维权”时，36. 2% 的受访青年回答“委屈没办法”，选择通过法律途径维权的受访青年不到五成[①]。这说明青年的法治意识有待加强。下面给出了一个在社区开展法律宣讲活动的项目方案。

【经验分享】

法律宣传进社区活动方案

活动目标：通过此次活动，链接法律资源，如律师，宣传法律知识，弘扬法制精神，增强公民在法律面前人人平等的观念，推进依法治国基本方略的贯彻落实。尤其是与未成年人相关的法律宣讲，包括《中华人民共和国未成年人保护法》在内的重要法律内容的宣传。在普法宣传的同时，了解青少年最关心的法律困惑以及对法律的需求，使社会工作者、律师志愿者以及青少年在此活动中相互交流。培养青少年的社会责任感和实践精神，促进其

---

① 郗杰英. 当代中国青年权益状况研究报告［M］. 北京：研究出版社，2009：203.

融入社会。

活动形式：采用知识宣传、有奖问答的方式。

活动人数：100 人。

活动成效：参与的青少年对于自身权益以及相关的违法行为有所了解，培养了初步的法律意识。在日常生活中有明显改善。

（资料来源："为了明天"贫困地区青少年关爱保护项目组编，《"为了明天"贫困地区青少年关爱保护项目指引》，2017 年 1 月，内部资料。）

（二）法律咨询服务

在法律咨询服务方面，12355 青少年服务台已建立了一个很好的平台。2004 年，共青团中央决定并着手实施在全国地市级以上城市建立 12355 青少年服务台。该服务台采用电话、互联网、手机短信等现代信息工具，为青少年提供法律服务、心理疏导、成长指导、就业辅导、就学引导、应急救助、困难帮扶等方面的综合性服务，有利于畅通青少年求助和青少年服务的双向渠道，动员社会力量及时便捷地帮助青少年解决实际困难和问题，也有利于保证咨询交流和服务的私密性与即时性，容易为青少年所接受和喜爱①。在下列案例中，社会工作者借助 12355 平台提供了专业服务。

【经验分享】

福州 12355 青少年服务台事迹

福建·福州 12355 青少年服务台是由省、市两级共青团组织共建，以 12355 特服号码的形式，直接面向和服务青少年的综合性窗口和热线平台。服务台本着"奉献、友爱、互助、进步"的志愿服务精神，服务于学校、社区和社会团体。目前，服务台由 40 余名心理咨询师和社会工作者组成，并由近 200 名专业志愿者组成近 10 支服务队，现将开展志愿服务工作汇报如下。

一、发挥社工专业特色，持续开展关爱农民工子女志愿服务

在外来人口聚集地举办"让爱天天住我家——关爱农民工子女暑期夏

① 郗杰英．当代中国青年权益状况研究报告［M］．北京：研究出版社，2009：206.

令营活动”“心理关怀项目”等近30场志愿服务，提供亲情陪护、素质拓展、安全教育，促进新生代农民工子女融入城市生活，健全人格。服务台将整合专家团队、高校志愿者持续推进关爱农民工子女志愿服务。

二、打造专业团队，突出热线公益服务

专门聘请具有丰富经验的资深职业律师、专业心理咨询师、专业社会工作者，组建专兼职相结合的12355志愿服务团队，为青少年提供相关公益服务。截至目前，服务台受理话务7535例，通话时长438054秒，约122小时，心理服务个案380例，法律服务个案53例。

三、突出现场志愿服务，与青少年“面对面”

服务台的现场服务以社工介入和预约面谈为主，同时开展志愿团体、大型活动等。目前服务台有一个专业的青少年事务社工团队，青少年事务社工在福州市的4区6县和8个试点学校开展志愿服务工作，每年接触青少年3万多人，开展青少年个案400多例。将志愿服务送进社区、学校，与青少年“面对面”，让有需要的青少年得到切实有效的帮扶。

四、倡导公益事业，弘扬志愿精神

志愿服务倡导“奉献、友爱、互助、进步”，坚持“服务、团结”的理想和“共同使这个世界变得更加美好”的信念。12355青少年服务台是一个具有“公益性”“权威性”“专业性”的服务平台，积极联动其他公益团体，致力于推动公益事业发展。与福州市第二社会福利院等公益团体合作开展关爱特殊群体公益项目，得到了在榕高校志愿服务队、社会人士和媒体记者的关注和支持。

（资料来源：《12355青少年服务台事迹》，http：//wmf. fjsen. com/topic/2012 - 04/11/content_ 8176570. htm。）

第四章　青少年违法犯罪预防与矫正服务

情境

小艳，19 岁，读大专秘书专业，正面临毕业实习，处在踏入社会的转折点。但是小艳的家庭却问题重重：小艳的母亲是外地户口，且是离婚后与现在的丈夫重组家庭。小燕的继父也有过失败的婚姻，和小艳的母亲结婚后，带着和前妻的女儿与她们一起生活。不久前，小艳的继父因私设赌场买马被刑拘；而一起生活的姐姐也因参与赌马以及和男友寻衅滋事，两罪并罚，被判刑入狱，刑期比其父还要长。家庭对于每个人以及每个时刻来说都是举足轻重的，任何人都无法否认家庭的重要性。家庭的变故使还在求学的小艳失望不已，就像一只孤独的小蜗牛，她在伤心、失望的同时，对自己的未来失去了努力的目标和信心，躲进了自己小小的脆弱的“壳”里，希望只要自己不从壳里出来，就一切照旧，不必独自承担外面世界的压力和危险。妈妈和老师看着小艳一天天消沉，很为她担心，却也无能为力，妈妈无奈向居委会求助，居委会在了解了小艳妈妈的具体需求后，将她介绍给社区矫正社会工作者。小艳妈妈对社会工作者的服务将信将疑：矫正社会工作者是什么人？为什么居委会工作者都无法解决的困难，社会工作者就可以帮助了呢？小艳妈妈怀着不安的心情，来到了社会工作者的办公室。在矫正社会工作者的精心帮助下，小艳和她的妈妈逐渐变得乐观、勇敢，最终走出人生和家庭的低谷。相信大家也很希望了解社会工作者是如何通过自己的专业服务行动来帮助小艳和她的家人的。下面我们一起来学习本章的内容，从中发现矫正社会工作的工作本质。

第一节 青少年违法犯罪预防与矫正现状

一、青少年违法犯罪概况

青少年犯罪，通常意义上是指14—18岁未成年人犯罪和18岁以上至25岁以下的青年人犯罪[①]。目前，青少年犯罪作为与毒品犯罪、有组织犯罪并列的世界三大犯罪类型，成为各国刑事司法关注的重点。青少年犯罪自20世纪80年代初以来有逐年上升趋势，中国青少年犯罪研究会的统计显示，青少年犯罪总数占全国刑事犯罪总数的70%以上。1996年至2006年间，青少年犯罪增长比例高达83%。1997年，青少年犯罪率以每年10%的增长率提升[②]。据公安部的统计资料，20世纪50—60年代，我国青少年犯罪约占全国刑事犯罪总数的20%—30%；到20世纪80年代增至70%，进入21世纪后该统计数据仍居高不下。《中国法律年鉴》的统计数据显示：进入21世纪，我国青少年犯罪数量先升后降，从2000年的220981人增加到2008年的322061人，以后逐年减少，2015年降至236341人。未成年犯罪数量从2000年的41709人增加至2008年的88891人，然后逐年下降到2015年的43839人。由于青少年犯罪的整体数量还是比较大，所以有效地预防和减少青少年违法犯罪已经成为一个需要各方面加以重视的社会问题。

（一）青少年违法犯罪的现状

1. 违法犯罪主体的年龄较轻

我国青少年犯罪年龄的特征主要包括两个层面：第一，低龄犯罪比重大；第二，犯罪起始年龄越来越小。对比2001年和2010年两次的全国调查结果：14岁未成年人占总未成年犯的比例从12.1%上升至14.5%，15岁的占比从26.8%上升至27.8%，16岁的占比从36.5%略降至35.6%，17—18岁的占比从24.4%下降至22%。对比发现：14—15岁的未成年人犯罪比呈略有上升的趋势，而16—18岁的青少年犯罪

---

① 刘金霞．新世纪我国18至25周岁青年犯罪问题及防治对策［J］．中国人民公安大学学报（社会科学版），2018（3）：40.

② 赵文婧．青少年犯罪预防研究［J］．法制与社会，2012（12：1）：288.

占比则呈有所下降的趋势，且15—16岁的青少年犯罪占总未成年人犯罪率的60%以上。也就是说，低龄未成年人犯罪比重上升，青少年犯罪呈向低龄化转移的态势①。

2. 违法犯罪的类型

财产犯罪、暴力犯罪和性犯罪是青少年犯罪的主要形式。20世纪90年代以来，青少年犯罪案件中的抢劫案一直增长较快，在未成年人案件中，抢劫案是增长最快的类型。另一个引人注目的现象是青少年涉毒案件的数量增长较快。据我国禁毒委员会的统计，全部吸毒人数中青少年占85%，同时，摇头丸等新型毒品的主要消费者是青少年。

3. 违法犯罪的手段

当前，青少年犯罪的手段向恶性化、团伙化、成人化、智能化方向发展。有关调查数据显示：青少年犯罪中70%属于团伙作案，另外，随着科技的发展和通信设施的更新换代，青少年犯罪手段逐步向使用计算机、窃听器、生物以及医药学的现代研究产品发展。

（二）青少年违法犯罪的主要特性

1. 突发性

突发性一般指犯罪的行为在实施时，事先没有明显的犯罪动机或明确的作案目标，没有预谋和准备阶段，常常在某种偶然事件的诱导和激发下随机产生犯罪动机和行为。

2. 盲目性

青少年正处于对身边的人、事、物充满好奇和探索精神的时期，对于行为本身的是非对错观念并不健全，缺乏深思熟虑的行为动机和目的，容易出现不计后果、不受约束地参与违法犯罪活动的情况。

3. 低龄化

低龄阶段的青少年一般指14—18岁。据统计，20世纪70年代以来，我国青少年违法犯罪的年龄比五六十年代提前了2—3岁，且女性犯罪在全部青少年犯罪案件中的比例有所上升。

---

① 李玫瑾，靳高风．未成年人犯罪与少年司法制度创新［M］．北京：中国人民公安大学出版社，2015：5.

二、预防青少年违法犯罪工作开展的整体情况

（一）基本概念

犯罪预防和犯罪矫正是两个相对独立的名词。从司法工作的角度看，犯罪预防是犯罪学的最终目的，对于犯罪预防的解释大致可以区分为两种①。第一种是指为消除犯罪原因、防止犯罪发生而采取的各种社会管理、组织和建设的措施，是对犯罪的事先防范，是严格意义上的预防。第二种解释则更为宽泛，除了事先防范也包括以打击为主的罪中预防和防范重新犯罪的罪后预防。

结合国内外学者的定义，犯罪预防可以界定为：限制、消除犯罪发生的原因和条件，政府、社会及个人积极采取多种政策和措施，预先防止、减少犯罪发生，建立公民的安全感，形成良好的社会整体环境，以利于公民的生产和生活可以正常开展②。

（二）矫正社会工作的服务领域

在预防青少年违法犯罪的机制构建上，2008 年，随着修订后的《中华人民共和国未成年人保护法》的正式实施，公安机关取消了对未成年人的刑事处罚，基本以行政处罚为主；同时，由于检察机关在司法程序中位于法院的前端，在检察机关阶段就完成了绝大部分的考察教育工作；这两大原因使得原有的缓处考察（公安机关对犯罪情节较轻、有被监护和教育条件的未成年人暂不裁决处理，给予 3 至 6 个月时间的考察教育）和判前考察（人民法院在审理未成年人刑事案件中，对尚不具备免刑或者缓刑条件的未成年人可暂缓判决，给予 3 至 6 个月的考察教育）不适用或者数量较少，从而进一步确立了以检察机关为主体的考察教育工作，其涉及的少年司法工作的服务领域主要包括以下几个方面③。

1. 诉前考察教育

诉前考察教育制度是针对经检察院核准后的涉罪未成年人，由专业的司法社会工作者为其开展 3 至 6 个月的考察教育，其间开展再犯罪可能性

---

① 何明升．司法社会工作概论［M］．北京：北京大学出版社，2014：93－94.

② 何明升．司法社会工作概论［M］．北京：北京大学出版社，2014：94.

③ 上海团市委青少年服务与权益保护办公室内部文件：《关于进行考察教育工作的实施方案》，2006 年。

评估、悔罪表现观察、社会公益服务教育等一系列服务，考察教育结束后向检察院提供报告，为作出适合该未成年人发展的决定提供更多依据。同时，实施诉前考察教育制度也可以减少因进入行政处罚或刑事诉讼程序对涉罪未成年人身心造成的伤害。

2. 取保候审考察教育

取保候审考察教育工作是指涉罪未成年人在进入司法程序时，只要基本符合取保候审条件，公安、检察机关即可作出取保候审决定，司法社会工作者将在取保候审期间承担一定的考察教育责任，并对其开展法制教育、心理调适、行为纠偏等个性化服务。该工作具有以下三点作用：一是有效保护了未成年人的诉讼权益；二是以柔和的方式巩固惩戒效果；三是减少了取保候审期间的脱逃风险以及交叉感染的风险。

3. 合适成年人参与

合适成年人参与是指涉罪未成年人进入司法程序后，如监护人不能到场或不能有效履行监护责任时，办案机关可申请由司法社会工作者提供服务。社会工作者在接到办案机关的申请后，将以合适成年人身份参与，承担部分监护人职责。

4. 社会调查

社会调查是指司法机关在办理未成年人案件时，为慎重起见，可申请司法社会工作者的协助。社会工作者接到申请后，将以中立身份开展社会调查，并如实向司法机关提交社会调查报告。社会调查的主要内容包括：日常表现、家庭情况、家庭成员的关系、朋辈群体的情况等。社会工作者参与社会调查，一是能为司法机关作出公正裁决提供更多客观依据；二是可以减轻司法机关的办案压力，使司法机关能专注于办理案件本身；三是可以调和涉罪未成年人与司法机关的关系，有利于裁决结果的执行。

三、青少年犯罪矫正工作开展的整体情况

（一）基本概念

犯罪矫正也叫犯罪矫治，《中国劳改学大辞典》里解释为“指纠正罪犯不良心理倾向和行为习惯的行刑活动。司法矫正的制度源于西方国家，主要指通过监禁、隔离、教育、感化、心理治疗等措施使罪犯逐步适应社会生活而进行的活动”。美国学者克莱门斯·巴特勒斯对矫正的解释是：

“法律有权对被判有罪的人进行监禁或监控。”国内有学者认为，矫正是行刑机关为了预防犯罪行为再次发生而进行的惩罚、改造、教育罪犯的活动。矫正的具体执行方式包括：刑罚、教育、劳动改造、心理治疗、技术培训等。

关于矫正的定义，有几个基本共识：第一，犯罪矫正是一项由专门机关实施的行刑活动；第二，犯罪矫正的内容主要表现为根据罪犯的特点，因人而异，对罪犯的心理和行为进行纠正，方式主要以刑罚为主，包括教育感化、心理治疗、技术培训等渠道；第三，犯罪矫正的目的不仅要纠正罪犯心理和行为上的偏差，还要帮助其适应社会，防止其再犯①。

（二）青少年矫正社会工作的主要措施制度

在对青少年罪犯进行矫正方面，非刑罚策略和社区矫正策略是国际上最主要的两种措施。20 世纪以来，对青少年罪犯进一步扩大使用非刑罚处置措施，以避免给青少年罪犯带来痛苦和不利影响，已成为各国的普遍趋势，许多国家经过长期实践和探索，已形成各具特色的非刑罚处置措施制度②。

日本是青少年犯罪率较低的国家，其对不法青少年的审理矫正过程贯穿保护教育，尽量避免刑事处分。日本现行少年法规定，保护处分包括：保护观察、解送救护院、解送少年院和解送儿童商谈所等。儿童商谈所是日本处理少年犯的一个特有机构，它采用面谈、电话商谈等形式与青少年及其家庭、学校以及其他方面紧密联系沟通，对未成年人和青少年进行必要的指导和保护。

德国的少年刑罚规定，对少年犯必须先考虑管制措施，然后考虑训诫手段，最后再确定少年刑罚。其管制措施包括指令、监护管教、教养院教养；训诫手段包括警告、强制性义务和少年禁闭。德国近年还发展了社区服务、小组评议、向慈善机构支付罚金等处置方式。

英国对未成年人及青少年犯罪较轻的个案执行社区服务令，即要求青少年在社区社会工作者的指导和监督下，完成规定时长的社区服务和司法知识学习任务，是一种非刑罚司法矫正措施。这种社区矫正方式已经通过我国香港地区的实践证明对相当数量的涉案未成年人及青少年具有良好的

① 何明升．司法社会工作概论［M］．北京：北京大学出版社，2014：94.

② 何明升．司法社会工作概论［M］．北京：北京大学出版社，2014：148－149.

辅导和教育、感化作用，从而被内地不少地区的司法部门学习和借鉴，作为未成年人和青少年社区矫正的主要方式。

（三）我国青少年矫正社会工作的基本模式

1. 共青团组织 + 社会服务机构

构建我国青少年犯罪预防与矫正的服务体系，必须有明确的组织结构，以确保服务工作的合理运作。经过近十年的实务经验，中国共产主义青年团组织作为一个凝聚青年、服务青年、具有广泛群众工作基础的社会组织，正在逐渐成为青少年犯罪预防与矫正服务体系中的核心领导力量。目前，我国部分省市正在探索成立省/市级社会服务机构，分层级建立覆盖各基层社区的工作点，以社区矫正和预防为主要服务目标，运用社会工作的服务理念和方法为相关青少年个人及其家庭提供犯罪预防和矫正服务的工作模式。在这一工作模式中，由各省/市团委成立“社区青少年事务办公室”，负责对社会服务机构的日常工作进行指导和协调，并联合市政法委的相应部门，对接处理与青少年及未成年人相关的司法案件。在基层服务工作中，由各级团委与各区政府、各街道办事处及社区居委会的相应部门进行对接，通过为每个涉案青少年建立个人成长档案和一对一的专业服务关系并进行长期和持续性服务工作的方式，确保将青少年犯罪预防和矫正服务落实到每个需要支持和帮助的青少年个人及其亲属。

2. 共青团组织在青少年矫正社会工作中的影响力

共青团组织在这一预防和矫正工作体系中发挥核心和专业的影响力，具体体现在以下几个方面：

（1）中国共产主义青年团是中国共产党缔造并领导的具有光荣历史和革命传统的先进青年的群众组织，共青团组织的职责是团结和带领全国各族青年，积极参与国内建设和发展。在我国近现代史的各个重要历史阶段，共青团始终紧跟中国共产党，团结和带领全国各族青年，站在革命和建设的前列，成为发展社会主义经济、政治、文化的生力军和突击队。

（2）共青团组织的历史使命与青少年服务工作的目标是一致的。《共青团工作跨世纪发展纲要》中指出：共青团必须根据社会、经济、发展的要求和青少年成长的需求，着力构建新的工作体系，即：青少年组织体系、青少年参与体系、青少服务体系、青少年信息网络体系。其中构建青少年服务体系的具体目标就是适应社会主义市场经济条件下青少年需求的发展变化，加大服务力度，拓展服务领域。以培育“四有”新人为服务体系建设的根本目标，从青少年健康成长、建功成才的需求出发，开展学习求知、劳动就业、权益保护、文化生活、勤工助学、身心健康等多方面的服务。由此可见，共青团组织的服务宗旨与青少年犯罪预防和矫正的目标保持高度一致和统一。

（3）共青团组织是我国目前组织最完备、人数最广大的青少年群众组织，这为成为承担青少年犯罪预防与矫正的社会服务体系的核心力量提供了公信力、号召力和影响力。共青团以其先进性成为全国各地、各行业、各领域青少年们热切期望加入的群众组织，在青少年的心目中享有极高的声誉。共青团组织在长期的发展过程中，已经建立了从中央到各级政府，从中学、大学到企业、社区的成体系、网络化的组织系统，可以使青少年犯罪预防和矫正的社会服务工作达到“密而不漏、集中且全面”的效果。

（4）共青团组织一直把预防青少年犯罪、保护青少年权益作为自己的工作重点。在共青团组织的组织结构中，有专门负责研究青少年发展的需求和问题，参与制定保护青少年健康成长的法律、法规，参与处理危害青少年权益的重大案件，指导和协调社区团的工作和基层团组织建设，为青少年健康成长提供支持和服务的部门。2001 年 1 月中央综治委预防青少年违法犯罪工作领导小组成立，共有 13 个成员单位参加，办公室设在共青团中央。共青团组织还推动和发展了一系列以青少年犯罪预防和矫正，鼓励青少年积极成长和发展为主题的服务项目，比如：“为了明天”预防青少年违法犯罪工程、12355 青少年服务热线等，体现了共青团组织在预防青少年犯罪方面的专业性和先进性。

第二节　青少年违法犯罪预防相关准则和政策法规

一、国际经验

国际社会在制定国际公约预防青少年犯罪方面作出了努力。从 1955 年在日内瓦召开第一届联合国预防犯罪和犯罪待遇大会起，迄今已经有 9 届大会，其中 1985 年第七届大会通过了《联合国少年司法最低限度标准规则》（《北京规则》），1990 年第八届大会通过了《联合国预防青少年犯罪准则》（《利雅德准则》）和《联合国保护被剥夺自由少年规则》，这是国际社会预防青少年犯罪、加强青少年司法管理和保护被拘押少年权利的法律文献的范本，它提出青少年司法的目的是促进青少年福利，注重早期预防和保护性措施，发挥各方（包括家庭、学校、传媒、社区）的积极作用，并尽可能少地运用剥夺自由的刑罚，防止青少年犯罪人与成年犯罪人交叉感染。这些条约为青少年犯罪预防与矫正领域的实践活动提供了明确的指导，也为各国政府制定相关的青少年司法保护和刑罚政策提供了参照标准①。

二、我国有关政策、法规

20 世纪 80 年代以来我国青少年犯罪数量一直呈现快速发展的趋势引起了各领域研究学者的重视，与此相适应，我国对青少年犯罪预防与矫正方面的研究也相继取得了一些成就，其中最突出的成就是推动政府有关部门制定和出台了一系列以青少年为主体的法律法规。其中，较重要的法律法规包括制定、颁布并实施了：《中华人民共和国未成年人保护法》《中华人民共和国预防未成年人犯罪法》《中华人民共和国义务教育法》《中华人民共和国刑法》《中华人民共和国刑事诉讼法》《中华人民共和国民法》等。

1995 年颁布的《中华人民共和国预防未成年人犯罪法》是中华人民共和国成立后第一部预防犯罪的专门法律，也是第一部预防未成年人犯罪的专门法律，是基于保护未成年人健康成长、预防未成年人违法犯罪而制定的专门的法律政策，也为相关司法工作人员和辅导、教育工作者提供了为涉案青少年提供服务的指导性方向和原则。该法律以正式的形式和最高的规格界定了我国预防未成年人犯罪的基本模式，即以综合治理的模式，运用各种服务方式和手段，全社会统一行动，全方位地进行预防未成年犯罪的行动。

三、目前我国青少年矫正社会工作中的不足之处

（一）需进一步深入研究不同时代青少年的特点和需求

对青少年的犯罪预防工作不能仅限于制定相关的法律、法规、政策和

① 管向梅．中国青少年犯罪预防与矫正社会服务体系的构建［D］．南京大学硕士毕业论文，2004：3－4.

条例，还需要对我国青少年的具体需求、行为表现和不同时代背景下青少年的特征进行全面且深入的研究和分析，在研究、调查的基础上，总结当前犯罪预防工作的经验和得失，鼓励专业的青少年司法工作者和社会工作者能够更全面地介入预防青少年犯罪服务的实务领域，力争形成适合我国各地区青少年犯罪预防工作的具体工作模式和行动策略，并及时发现和整理相关法律在执行中的不足之处，推动法律的修订、完善和体系健全工作。

重视对未成年人和青少年违法、犯罪行为及特征的研究、总结工作，可以为我国青少年犯罪的治理提供参考，同时也符合我国社会福利制度的发展趋势和我国青少年长期持续发展及相关权益保护的需求。

（二）需重视特殊青少年的矫正工作

当前，我国正处在社会转型时期，形成了一部分特殊的青少年，主要是“三无”青少年、残疾青少年、城市贫困家庭的子女、高校贫困生、下岗失业青年等，他们的社会支持状况不容乐观，亟须社会支持和保护，也可能是潜在的预防犯罪或犯罪矫正对象。

1. “三无”青少年及相关工作

“三无”青少年主要指的是无生活来源、无劳动能力、无法定义务抚养人的青少年。这部分青少年的主要生活照顾靠国家和政府提供支持。目前针对“三无”青少年，我国主要提供院舍安置（儿童福利院）和收养（家庭收养）两种形式的服务。1991 年 12 月 29 日，全国人民代表大会常务委员会第二十三次会议通过了《中华人民共和国收养法》，标志着政府除了以开办儿童福利院的方式照顾孤儿、弃儿之外，也支持用家庭收养的方式解决生活无依靠儿童及青少年的福利和照顾需求。目前的服务难以通过个别化的养育模式，对每个“三无”儿童及青少年进行深入和有针对性的生活照顾和思想教育工作。城市里仍不同程度地存在因为照顾不周或管教不力而离开福利院或收养家庭，沿街流浪，甚至步入歧途，或者被不法分子控制从事乞讨、洗车等活动的“三无”儿童及青少年；部分“三无”儿童及青少年虽然有可能通过收容和遣返服务被送回福利院或收养他们的家庭，但是如果照顾方的照顾能力未能提升和改善，对于这部分儿童及青少年而言，“回家”只是暂时和不得已的选择，他们终将进入“离—收—送—离”的反复循环。这部分儿童和青少年在个人生理和心理成长、成熟的重要阶段，缺少足够的关爱、教育和行为规范教导，容易在重复被伤害、被利用的过程中形成认知和心理上的偏差，如果得不到有关社会组织、政府部门的必要支持和干预，可能造成严重的社会危害。

2. 残疾青少年及相关工作

国家对于身体或精神上有一定残障的青少年群体采取了较为积极的社会支持政策，主要包括：提供院舍服务与康复服务，提供社区照顾和康复服务，提供针对残疾青少年的特殊教育服务。

由于环境、遗传、意外伤害等原因，残疾青少年仍占有相当的比例，而社会性的支持体系不够健全导致一些残疾青少年得不到正常的教育和康复训练，也无法进入专门的学校学习和发展生存技能，加上社会文化环境中存在对残疾人的歧视和偏见，使得相当比例的残疾青少年不能顺利就业以维持生计，甚至无法顺利融入主流社会，或者被胁迫从事违法犯罪活动。

3. 城市贫困家庭的子女及相关工作

近年来我国的农村贫困问题逐步得到缓解，但与此同时，城市贫困却在不断扩大。20 世纪 90 年代中期以来，随着城市经济体制改革力度的增强和企业经营机制转换的不断深入，下岗失业人员持续增加，城市贫困人口的数量也一直居高不下，城市贫困问题日益严重。生活在下岗失业人员家庭里的青少年在城市里是一个群体，他们的家庭无法很好地为其提供理想的教育资源和就业机会，甚至连基本的生存条件都不具备。目前，我国各地都对九年义务教育阶段出身于贫困家庭的儿童和青少年提供减免学杂费的福利，但是减免费用的覆盖面较窄，不能真正满足其家庭在教育方面的需求。然而，贫困家庭子女的受教育程度将直接决定他们在未来劳动力市场上的竞争力，如果其家庭的贫困状况得不到根本性的改善，这些儿童和青少年很可能成为下一代的新城市贫民。有的儿童和青少年容易因为经不住物质生活的诱惑而被利用走上违法犯罪的道路。

4. 高校贫困生及相关工作

高校贫困生现象是各地区经济发展不平衡、收入存在差距的社会现象在高校中的反映。区域经济发展不平衡、贫困地区总体收入水平偏低、经济体制改革不断深入造成城镇职工下岗及家庭收入下降等，是高校贫困生产生的主要原因。据统计，目前高校经济困难学生一般占在校生总数的 15%—30%，其中经济特别困难的学生一般占在校生总数的 8%—15%。

为帮助经济困难和低收入家庭的子女提供社会支持以完成高等教育学业，国务院有关部门推出了针对大学生的助学贷款，明确实行无担保贷款，简化学生贷款手续，扩大贷款适用地域、适用对象和经办范围，延长还贷日期，实行信用贷款和担保贷款等方式。与此同时，各所高校也逐步建立了奖学金、勤工助学、减免学杂费、提供生活补助和助学贷款等一系列助学举措。但是从总体上看，我国高校并未实施真正意义上的学分制管理，对贫困大学生的救助机制还需完善，勤工俭学、助学贷款等措施受到观念、意识、管理办法等方面的影响，尚未彰显广泛的支持力度。因此，贫困大学生的生活保障、学业完成以及由于贫困导致的贫困生社会心理适应问题依然是城市发展和稳定的重要问题。

5. 下岗失业青年及相关工作

这部分人主要指下岗青年、失业青年（包括未能及时就业的待业青年）等。我国劳动年龄人口的最低年龄为16岁，就业是青少年时期的重要社会任务，能够顺利进入劳动力市场是青年发展状况的重要指针。近年来，我国的青年就业压力不断增大，一些青年由于文化水平不够高、劳动技能不符合劳动力市场的需求等原因，毕业后多年未能稳定就业，还有部分青年在就业后由于所在单位管理不善，被下岗分流，成为在家待业人员。目前，国家采取了下岗职工基本生活保障、失业保险、最低生活保障线等多种形式完善社会保障体系以保证下岗失业人员的基本生活，并通过再就业培训、扩大就业机会等方式，积极推进下岗失业青年的再就业。但是，由于受近年来经济环境的变化，下岗职工技能水平以及总体就业环境的影响，下岗职工再就业率并不理想，包括青年在内的下岗职工实现再就业的难度仍继续加大。青年下岗人群刚刚进入社会，对未来充满美好的期望，一旦遇到下岗和再就业的困难，容易导致心理落差较大，或者难以进行自我心理调整，无法保持积极、乐观面对现实境况的心态，比较容易由于一时冲动而出现危害社会公共秩序或公共安全的行为或事件。

除了上述五类特殊的青少年人群，我国还存在着刑满释放青少年、单亲家庭子女等较为特殊的青少年人群。这些人或在经济发展上受到制约，或在精神上受到歧视，一些基本权益得不到保障。这些特殊青少年群体如果在成长中得不到来自国家、政府、社会组织的必要支持和照顾，他们本身又处于社会的边缘，极容易由于各种生活具体困境而走上犯罪甚至是再犯罪的道路。

第三节 青少年违法犯罪预防与矫正服务的主要内容

一、犯罪预防社会工作的概念及内涵

（一）定义

犯罪预防社会工作可以界定为："社会组织在政府部门的统一规划下，根据当前的具体环境和条件，采用社会工作的专业方法，对潜在的犯罪人和受害人进行有针对性的宣传、培训、干预和治疗，及时化解潜在的犯罪因素，促进家庭、学校、社区发挥其应有的功能，减少犯罪的发生率，提高公众的安全感，最终形成良好的社会环境和人与人之间的良性关系。"

（二）犯罪预防社会工作的核心内涵[①]

1. 工作主体

犯罪预防社会工作的主体应该是社会组织。政府部门和社会组织在犯罪预防社会工作的实施过程中应有明确的职能分工。政府部门主要是在把握整个社会形势、犯罪形式、社会资源的基础上进行资源的整合和规划；社会组织则应在整个实践过程中保持对人员调配、工作进程、专业价值观的坚守等方面的独立性。

2. 工作目标

犯罪预防社会工作的目标应包含多个层次。在微观层面的目标是提升个体的社会功能，减少犯罪的发生率；在宏观层面是增强社会各群体的安全感，建设各群体和谐互动的社会氛围。社会工作介入犯罪预防工作，其工作重点就在于从犯罪行为发生的根本原因入手，探讨和尝试从人与环境和谐相处的角度预防犯罪行为的再次发生。社会工作的服务理念相信：个体自身社会功能的完善有利于构建人与环境和谐相处的关系，而人与社会环境的关系和谐，又能促进个体良好社会功能的实现。

3. 主要工作方法

犯罪预防社会工作的主要工作方法和策略仍旧是社会工作的各种直接

① 何明升．司法社会工作概论［M］．北京：北京大学出版社，2014：94.

和间接服务方法。也就是从尊重、理解人的尊严、价值和生存、发展等基本权利的角度，去感受个体之所以产生罪错行为的原因，采用个案、小组、社区倡导等方法对潜在的犯罪人或受害人进行有针对性的引导、教育和感化的工作。

（三）犯罪矫正社会工作

1. 定义

犯罪矫正社会工作也称矫治社会工作，是矫正制度中非常重要的组成部分，也是社会工作实务的一个重要领域，它将社会工作实施于矫正体系之中，由专业社会工作者及法制工作者一同在社会工作专业价值观的指引下，运用助人的知识和方法，为犯罪者本人及其重要关系人、潜在的具有较高犯罪可能性的个人，在审判、服刑、刑释及其他涉及刑罚的环节，提供思想教育、心理辅导、行为纠正、就业培训、生活照顾、家庭关系协调、信息咨询、救济贫病等服务工作，使之深刻理解法律的相关规定，消解自身的犯罪心理结构，修正行为模式，养成更有利于自身适应社会环境的生活方式，从而减少再犯的可能性，达成和谐的社会环境①。

2. 内涵

（1）指导思想。矫正工作与社会工作“助人自助”、尊重和相信个人的价值和选择权等专业价值观有一定的差别，所以将矫正工作纳入社会工作专业服务领域，首先是针对犯罪行为较轻的未成年人以及青少年群体，提倡为这类人群中有知错认识的个体争取更为有利的生存、发展机会和接受教育、培训以及从事劳动获取报酬的合法权益保障。

（2）服务领域。目前，犯罪矫正社会工作已经逐渐发展到对成年人犯罪后的社区矫治服务工作乃至在监狱里开展的矫正服务工作。从实务领域来看，主要按照矫正服务对象的年龄以及服务工作开始时矫正服务对象的刑期是否已经结束进行区分。针对未成年的犯罪矫正服务对象或者是成年矫正服务对象的未成年子女的服务工作，一般由青少年社会工作者来负责承接，对其他矫正服务对象的服务工作，则主要由司法矫正社会工作者负责承接。

---

① 何明升．司法社会工作概论［M］．北京：北京大学出版社，2014：134.

二、青少年犯罪预防与矫正社会工作的主要服务内容

从具体服务内容来看，针对青少年违法犯罪预防和矫正的社会工作服务主要包括以下几种。

（一）正面联系服务

1. 常规服务

（1）提供调查报告。司法判决前，正面联系工作的服务对象主要包括被羁押或保释的尚未被判定有罪的犯罪嫌疑人，社会工作者的主要职责是通过与犯罪嫌疑人及其家庭和周围社会的接触了解，出具一份有关犯罪嫌疑人的调查报告，提交法庭作审判参考。

正面联系工作提供的调查报告的主要内容包括：犯罪嫌疑人的家庭环境、社会背景、性格特点、成长经历以及犯罪行为的成因等资料。法庭对矫正社会工作者的调查报告会予以一定的关注，因为法庭调查一般注重犯罪事实本身，而矫正社会工作者的调查报告所提供的犯罪嫌疑人的社会背景和性格等资料有助于法庭作出有利于该犯罪嫌疑人改过自新的判决。

（2）为服务对象的家人提供必要支持。犯罪嫌疑人被羁押等待审判期间，其家人亲友也会因此受到冲击，尤其是其父母和子女，家庭生活的正常节奏可能受到较大影响，甚至陷入生活困境。矫正社会工作者此时除了与犯罪嫌疑人接触之外，还需要了解其家人是否有物质和精神上的困境，需要社会为其家人提供特别的支持和帮助。例如：为因案件发生而陷入经济困难的家庭寻找维持生计的经济来源，为因案件发生而失去依靠的未成年人安排生活照料的可行性方案，为因案件发生而产生心理困扰的家庭成员提供辅导等。

2. 特殊服务

在青少年预防犯罪服务中，社会工作者还承担了一种较特殊的正面联系服务——“考察教育”服务。该服务主要针对违法犯罪情节较轻的未成年人，且其判决结果可能是预防犯罪性质的警戒也可能是进入社区矫正服务。

考察教育的主要工作是由社会工作者对青少年服务对象开展再犯可能性评估、悔罪表现观察、心理调适，完成所要求的社会公益劳动教育。考察教育结束后，社会工作者还需要向司法机关提供报告，评估服务对象的

成长和变化情况，为司法机关作出最终决定提供依据。

（二）临界预防服务

1. 定义

临界预防服务属于犯罪预防社会工作中面向高危人群进行的评估和干预工作，主要是运用社会工作的专业方法对高危人群进行评估和干预，防止属于高危范畴的青少年从潜在的犯罪人向犯罪人转化。

2. 服务对象

临界预防服务针对的服务对象主要包括：离异或重组家庭、服刑家庭、吸毒人员家庭、有家庭暴力倾向的家庭、流动家庭中的青少年或未成年子女；辍学在家、长期无稳定工作或收入来源的青少年及混迹街头或者社区里的青少年团体成员等。这些青少年通常缺乏明确的生活目标，且生活比较懒散、随性，法制观念较为淡薄，很容易受到利益、家庭成员或者同辈群体的吸引而卷入一些犯罪事件，特别是盗窃、抢劫、吸毒和贩卖毒品等，所以需要社会工作者及时关注其思想动向和生活中的实际困难，必要时对其有犯罪倾向和可能性的言论、行为及时进行干预。

3. 主要工作内容①

（1）评估。评估是干预工作的基础。社会工作者通过自己的专业技能与服务对象进行一对一的沟通，了解其相关的心理行为特征、认知水平、道德水准、情绪控制能力、成长经历、家庭背景、学校表现、职业能力和社会适应情况等信息，在对信息进行整合的基础上，评定出服务对象的危险性处于哪种水平，是否需要社会工作者提供进一步的干预服务。

（2）干预。通过社会工作者的评估，服务对象当下处境的危险性居于中等以上水平的，可以考虑运用社会工作专业的方法，以个案、小组、社区工作的方式对其进行适宜的支持和帮助，缓解服务对象的压力，疏导其负面情绪，协调其与家人、老师、朋友、同事之间的互动关系，并通过社会工作者及社会组织整合和配置更完备的社会支持力量和社会资源，改善服务对象的生存环境，帮助服务对象避免生活境遇进一步恶化或者因一时冲动导致行为失控而产生犯罪的动机或行为。

本章开篇中介绍的服务对象就属于家庭成员有违法犯罪的事实，且影

① 何明升．司法社会工作概论［M］．北京：北京大学出版社，2014：105－107.

响了服务对象的学习和职业发展，导致服务对象产生消极的想法。由于服务对象属于一般意义上的高危青少年人群的范畴，所以社会工作者针对其当前的困境决定对其提供一对一的专业辅导。

（三）行为矫正服务

社区矫正社会工作者通过激励、惩罚、反应替代等行为矫正方法的教授与训练，帮助社区矫正服务对象养成良好的行为习惯，从而提高自我监督、自我控制、自我管理的能力，主要适用于自我控制和自我管理能力差的社区青少年。

在下面的案例中，社会工作者通过自己的工作经验，发现社区里的矫正服务对象犯罪行为呈现多样化的特点，其中很大一部分青少年服务对象是因一时无法控制自己的情绪或因产生错误的认知而作出冲动行为，伤害了他人，触犯了法律。青少年正处于成长的高峰期，情绪具有特殊性，又具有强烈的冲动性、爆发性和不稳定性，自控力远不及成年人，他们情绪中的肯定与否定、积极与消极、紧张与轻松、激动与平静两极性突出，且易受情绪感染，因此，涉罪未成年人更渴求对情绪的引导、控制和调节。为应对此类青少年的特点和需求，社会工作者设计了以“情绪管理”为主题的小组工作，以理性情绪治疗为理论基础设计活动方案，通过认知和行为练习的过程提高犯罪未成年人情绪管理能力，预防其再犯。

案例1

行为矫治类小组工作——情绪管理驿站

1. 小组总目标：帮助组员提高对情绪的科学认识，掌握相关情绪处理的行为技巧，提升情绪管理能力。

2. 小组具体目标：

（1）学会认识辨别自己的喜怒哀乐情绪。

（2）学会接纳自己的正负向情绪的方法。

（3）学会合理情绪宣泄的行为表现方式。

3. 单元主题、目标及过程：

本小组活动共分6个单元 。由2名社会工作者负责带领活动，并由1名志愿者协助小组工作顺利开展。

小组活动方案设计

单元主题	活动目标	活动过程
1. 缘本初见	1. 使小组成员相互了解、熟悉，建立团队意识，明确小组目的与目标，达成团队共识 2. 检测组员学习前对情绪知识的了解程度	1. 社会工作者自我介绍 2. 组员自我介绍 3. 介绍此小组的内容和目的 4. 制定小组契约
2. 识别情绪	认识情绪的种类，并学会辨别自己的情绪	1. 破冰游戏 2. 分享社会热点事例 3. 分享总结及下次活动的安排
3. 辨别情绪	引导组员分辨正负向想法及其所引发的情绪和行为	1. 游戏 2. 讨论从哪些方面可以辨别情绪
4. 解剖情绪	让组员了解情绪背后的原因	1. 表演情景剧 2. 用 ABC 理论解释生活中发生的事件
5. 释放情绪	学会情绪表达的适当方式与正确的态度，并获得情绪的宣泄	1. 游戏 2. 分享故事 3. 多种宣泄情绪的方法
6. 大家是朋友	1. 总结和回顾 2. 结束小组任务	1. 游戏 2. 回顾小组历程 3. 对小组活动的评价

（四）社会观护服务

社会观护服务是社区矫正社会工作的一种较为特殊的服务模式。社区矫正社会工作也称社区矫治社会工作，是一种不使罪犯与社会隔离并利用社区资源改造罪犯的方法，是所有在社区环境中管理教育改造罪犯的方式的总称，也是矫正社会工作的最主要的工作领域。

社会观护服务的主要服务对象是被判缓刑、假释和监外执行人员。缓刑是为使被判处短期自由刑或轻微犯罪人免受入狱监禁而设立的一种社会处遇方式；假释则是刑期届满前的释放处分，是设施内处遇向设施外处遇的过渡；监外执行是对某些在监服刑人员因特殊原因（如：重病、怀孕等）而暂时予以监狱外执行刑期的措施。依据《关于开展社区矫正试点工作的通知》的规定，这几种刑罚处遇是我国试点社区矫正社会工作的重要项目。

司法当局一般会聘用专职社会工作者执行对缓刑、假释、监外执行人员的观护服务。被观护人在观护期间要按照有关规定，保持良好的品行；未经批准不得离开居住地；接受社会工作者对其的辅导，定期与社会工作者联系，提交学习心得和思想报告及其他工作、生活和居住情况报告。

案例 2

社会观护服务个案小彬的故事

服务对象小彬，男，17 岁，高中在读。2018 年 6 月的某天下午，服务对象的微信上突然出现一个人问他是否可以找到某种“叶子”他愿意高价收购，小彬本想一口回绝，但忽然想到好像在哪里看到过这种“叶子”，鬼使神差地开始翻找朋友圈，终于他找到了发“叶子”图像的朋友，并开始联络起来。

在与双方交涉的过程中，他发现了有利可图的差价，正缺钱用的小彬开始张罗起了“叶子”的买卖。没想到他的一举一动早就被网警监控起来，而他想要交易的“叶子”其实是一种进口大麻，他不知道自己正一步一步地走向犯罪道路。

第二天，交易尚未成功，小彬就在家中被警察逮捕。鉴于服务对象是未成年人，而且他既没有成功交易，又无吸毒史，因此做完笔录后被家长直接带回家。目前，社会工作者受检察院的委托，对服务对象进行为期 3 个月的观护。服务对象从检察院取保候审后，定期来社会工作站点进行观护帮教。

小彬认为此次事件的发生，他没有任何的准备，是在不知情的情况下参与了网络毒品交易，在被公安机关逮捕后才意识到自己参与了一起毒品交易案。由此可见，小彬的法律意识淡薄，易受到不良群体的影响。

小彬的父母在他很小的时候就离婚了，小彬的抚养权归他的爸爸。一直与爸爸生活的小彬，性格很独立，但是父亲早年结交了一些不良群体染上毒瘾后，他变得特别没有安全感。小时候他看到爸爸一个人吸毒的场景，那时候他觉得孤独且害怕，长大了他为了不让爸爸犯毒瘾而帮爸爸买毒品回来。后来，上了初中，他不知怎么的变得特别胆大，在爸爸被强制戒毒隔离的两年里，小彬学会了抽烟、喝酒、泡吧。小彬就读的高中是一所私立的学校，缺乏良好的学习氛围。放学后，他约上三五好友一起出入酒吧、网吧等场所，甚至喝酒打架，彻夜不归。针对小彬的情况，社会工作者制订了如下服务计划：

总目标：帮助服务对象对自己存在的问题有正确的认知，重新树立良好的价值观。

具体计划：

1. 与服务对象进行访谈，了解其家庭情况，并与其建立专业关系，同时，与服务对象的家长进行沟通，督促服务对象家长配合社会工作者对其行为进行适当约束和管教。

2. 引导服务对象认识学习考察教育协议书，遵守协议的相关规定，并要求服务对象阅读有益书籍，增强自我修养并增加能力。

3. 引导服务对象参与公益活动并帮助服务对象了解自身的长处，发挥作用，逐步脱离不良群体圈。

4. 通过面谈和参与活动等形式，积极鼓励服务对象参与禁毒教育的课程，培养其禁毒、防毒、拒毒意识。帮助服务对象正确认识自我，找到自己的优势和潜能。

具体介入过程包括：

1. 召开观护教育帮教会。根据附条件不起诉案件的审理规定，社会工作者来到区检察机关未检科，与检察官、未成年当事人及其家长共同参与检察机关作出附条件不起诉的决定。同时，三方共同签订了附条件不起诉的观护帮教协议书。为了保护未成年人的隐私，案件在观护阶段不便将他的个人信息和基本情况与社区进行沟通，所以，特别把服务对象的父亲列入帮教小组中，强调家庭教育在观护帮教工作中的作用和责任。

2. 强调思想和心理修正。青少年情绪易波动，思想也较为简单，需要通过心理疏导和思想沟通，引导小彬树立正确的价值观。青少年事务社会工作者投其所好，抓住其心理特点，耐心疏导、深入沟通，协助小彬告别过去的不良思想和不良行为。社会工作者特别留意到小彬身上有文身图案，并与他进行交流，他特别开心地向社会工作者展示他的文身，细说着每一个文身的来历和意义。对于文身这件事情社会工作者予以接纳，并因此认为小彬是一个追求独立、喜爱展示自我性格的人，他需要更多人的关注和关怀。社会工作者通过每周的访谈和每月公益劳动的时机，了解小彬的心路历程和心理变化，予以疏导和耐心帮助。在安排公益劳动的时候，社会工作者注重青少年的心理想法，安排青少年以志愿者的身份参与到社会工作者开展的公益项目活动中，如为智障青少年提供服务和帮助，从而提升服务对象的成就感，加强其社会责任感和利他主义思想。

3. 加强法制教育和禁毒教育。在开展观护工作初期，小彬接受帮教的意识淡薄，履行帮教协议的责任意识不清。社会工作者在给小彬普及了《中华人民共和国青少年保护法》的同时，也把《中华人民共和国禁毒法》中对贩毒行为的量刑进行了解读。社会工作者还为小彬讲解了目前禁毒形势的严峻：毒贩将毒品改头换面，包装成易被青少年吸引的食物来迷惑青少年。

4. 加强亲子沟通，杜绝与不良青少年接触。青少年的成长与其所生活的社会环境有密不可分的联系，家庭环境的改善会直接影响到青少年的改变。因此，社会工作者引导服务对象的父亲积极参与观护帮教工作。在小彬发生了贩毒事件后，家里人非常担忧，生怕这件事情毁了孩子的前途。在社会工作者的沟通下，家长决定利用节假日，尽可能地抽出更多的时间来陪伴孩子。有了家长的陪伴和关心，小彬与那些不良朋友的关系变得疏远。为了有效杜绝他与不良青少年的联系，在社会工作者与家长的积极劝说下，小彬放学就回家，并主动帮爷爷奶奶做一些家务，这不仅提升了他的自我管理能力，更进一步隔离了他与不良环境、不良青少年的接触。

5. 帮助文化学习与培训。社会工作者考虑到小彬还在读高中，如果因为这件事情而不能继续求学的话会对他造成不良后果，因此整合就学信息资源，收集了一些关于夜大或者三校生考试与培训的信息，并推荐给小彬。社会工作者与小彬及其父亲共同探讨了关于小彬的职业生涯规划，作出合理的分析，引导小彬作出判断和选择。目前，在多方考虑下，小彬决定参加明年三校生的考试，他还是想通过进一步学习来提升自我修养和文化素养。社会工作者一直注重激发小彬的内在动力，引导他用积极的方式解决困难，挖掘资源。在阅读书籍的过程中，社会工作者给予小彬肯定和鼓励，提升他学习的积极性和主动性，并使其形成良好的自我管理能力。

通过一段时间的帮教服务，服务对象小彬对自己行为的认识深刻了许多，对观护帮教工作也有了一定的认识，熟悉了各项制度规定，能够定期按时汇报自己的思想工作，每月进行书面汇报，积极参加公益劳动，主动性和悔改意识有了增强。

（五）重点帮扶对象服务

社区矫正社会工作者应评估社区服刑人员的帮扶需求，通过整合社会救助、教育、医疗卫生等公共资源，开展社区服刑人员的帮扶政策指导、法律咨询、过渡性安置、就业指导、技能培训等工作，即重点帮扶对象服务。

社区服刑人员的具体需求各不相同，所以，对于青少年的犯罪预防和矫正社会工作而言，社会工作者在日常服务中主要侧重的帮扶工作是服务对象及其家人长期无法独立处理且对其持续发展产生重要影响和妨碍的困难。在具体服务方式上，社会工作者可以综合运用心理辅导、资源整合、社会倡导或者个案管理等技巧和模式，有针对性、有侧重点地为其提供最为需要的支持和帮助。以下案例中的社会工作者就是通过综合运用心理辅导、资源整合等方式，达到帮助青少年社区矫正对象解决困难的工作目标。

案例3

爱心托起微光　温暖塑造未来

2016年1月14日，国务院办公厅发布了《关于解决无户口人员登记户口问题的实施意见》，其中针对11类无户口人员的情况做了说明，制定了相应措施，并且分门别类地解决这部分人的登记户口问题。该意见中提出，“对相当数量的政策外生育、非婚生育的无户口人员，凭《出生医学证明》和父母一方的居民户口簿、结婚证或者非婚生育证明，即可随父随母申请办理落户”。这对很多出生多年却依然是黑户的人来说无疑是个令人振奋的好消息。

然而，就算是有这样的好消息，青少年社会工作者的服务对象小W还是没有办法为自己报上户口，已经19岁的小W依然是一个落寞的黑户少年。

（一）遭遇户口难题 前途陷入困境

社会工作者与服务对象的第一次见面是在其10岁那年，父亲吸毒被抓，一直照顾其生活的奶奶生病住院，社会工作者在居委会见到了瘦小且不善言辞的服务对象。这些年社会工作者和居委干部始终关注着服务对象的成长，街道及居委干部考虑到服务对象的实际情况，每月为其申请了补助金，暂时解决了其温饱问题。2017 年初，服务对象的奶奶因老年痴呆症病情加重被送往养老院，服务对象的生活瞬间陷入了困境，此时，找到亲子鉴定证书办理户口登记成为迫在眉睫的事情。服务对象经过考虑决定等父亲 2017 年 12 月回归社会后重新办理亲子鉴定。

（二）倾情搭建平台 激发群体活力

青少年社会工作者与服务对象经过几次沟通，列出了可以继续突破的几个方向，社会工作者认为在个人问题缺乏有效解决途径的情况下，可以把视线转移到社区支持体系上面。经过社会工作者多方联系，居委书记、禁毒社会工作者、社区民警共同加入帮助服务对象落户的行列中。

（三）再现突发状况 加以理解安抚

2017 年底，服务对象的父亲被释放回家。当所有人以为一切往积极的方向发展的时候，一个意外打破了平静——小 W 的父亲临时被抽到尿检，结果显示阳性而被再次送入强制戒毒中心。服务对象告诉社会工作者从来没有想到家庭对自己的影响会那么大，先是决定了起点，又将影响终点。作为社会工作者，我们理解服务对象的情绪，对有些人来说原生态家庭是他们的后盾，但对服务对象来说可能恰恰相反，社会工作者可以做的是尽可能地陪伴和引导，鼓励服务对象为了自己的目标，勇敢承担和放弃一些东西。

（四）建立多方联动 形成凝聚合力

青少年社会工作者与亲子鉴定中心工作人员 J 法医取得联系并建立沟通，J 法医详细了解服务对象的现状及需求后，给予服务对象帮助，通过内部系统查询到服务对象与其父亲在 2008 年的亲子鉴定证书。同时 J 法医也提醒社会工作者，鉴定中心系统内只能调取到 10 年内的亲子鉴定证书，也就是说 2018 年 10 月之前服务对象要将亲子鉴定证书调出，这也为这项工作增强了紧迫感。随后，青少年社会工作者与鉴定中心窗口工作人员 Z 老师一对一沟通，确认鉴于服务对象父亲目前的情况调取亲子鉴定证书所需要准备的文件。社会工作者协助服务对象出具了多份情况说明（调取材料情况说明、委托书及居委会盖章的身份证明等文件），并协同禁毒社会工作者联系服务对象父亲所在的强制戒毒所，为服务对象争取到父亲从强制戒毒所寄出的第一封家属见面函，正是在这次家属会面中，服务对象顺利拿到了父亲交给亲子鉴定中心的亲笔信件和签字的委托书。

2018 年 3 月，经过青少年社会工作者的前期沟通，服务对象带着证明文件，终于顺利调取到与父亲 10 年前做的亲子鉴定证书，之后服务对象在与青少年社会工作者聊天中透露，他那天想到了还在戒毒所的父亲，心里有悲伤但却没有了失望，无论父亲对其如何，服务对象还是想要说一声谢谢。

第五章　青少年社会融入和社会参与服务

情境

小杨是来沪务工人员子女，一家6口在上海生活。小杨是重组家庭的孩子，父亲、继母在工厂打工，家里还有三个弟弟。小杨的家庭条件一般，父母工作忙碌，对小杨缺乏应有的关心和教育。小杨在社会上结交了不良朋辈并多次偷窃电动自行车，又伙同朱某两次采用开锁的方式进入两家超市进行盗窃。

考虑到服务对象作案时未满18周岁，有自首情节，又系初犯无前科，犯罪情节较轻，认罪悔罪态度较好，检察院根据《中华人民共和国未成年人保护法》的有关内容，将服务对象转介给青少年事务社会工作者接受为期6个月的考察教育。

社会工作者在最初接触小杨的时候，他总说自己的人生很迷茫，不知道自己要干吗，很想回到老家，那里有疼爱自己的亲人！了解了小杨的家庭情况后，社会工作者明白了他的内心感受——在这座城市里，虽然能够和父母生活在一起，但是小杨并没有深刻的对家庭、对社区、对生活在周围其他人群的认同感和归属感，又缺少社会组织或专业服务机构对其开展有效的日常关怀和其他社会支持。每当遇到家庭的压力，内心孤单时，小杨就更愿意和外面的朋辈群体一同玩耍。社会工作者开始认真思考：如何行动才能帮助小杨真正融入这座城市的社区和人群中，过上同年龄的青年人一样的健康生活呢？下面就和青少年社会工作者一起进入以下章节内容的学习，来寻找问题的答案吧。

第一节 青少年社会融入和社会参与现状

一、社会融入的概念界定

（一）社会融入的含义

社会融入起源于社会融合概念。法国实证主义社会学家迪尔凯姆在《自杀论》中阐述自杀现象的社会原因时使用了“社会融合”一词，它源于迪尔凯姆的社会团结理论以及吉登斯、帕森斯等人的社会整合理论，之后逐渐衍生出“社会融入”的概念。之后，西方学术界将“社会融入”纳入社会政策领域研究的重要课题，社会融入已经成为欧盟和几个国家法律框架中的一部分，成为解决收入差距、教育不平等、医疗不公平、住房负担重等问题的切入点。

ESFP（European Structural Funds Program）指出，社会融入指通过缩小差距，降低最弱势社区与社会之间的不平等并确保社会支持传递到最需要的群体。

《社会学辞典》中对于“社会融入”的解释是：“个人因适应社会环境从而产生的行为。”个人对于社会的适应，社会化的过程，知道自己对于社会的意义，明确自身的权利义务，通过自身的学习取得融入社会的相关技能、知识和正确的价值观，并能够运用所学的技能达到与他人的良好互动，与环境的良好适应，这就是社会融入的含义[①]。

从社会参与的视角看，“社会排斥”是与“社会融入”相对应的概念，社会排斥是指由于各种自身或环境因素的影响，个人或群体被部分或完全地排除。阿尔柯克认为行动和结构是造成社会排斥的主要原因：结构视角认为人们享有权利和参与生活的机会受整体社会权力结构和社会环境的影响，它决定着教育、医疗卫生、就业、社会保障、社会福利等社会资源的分配结构；而行动视角则更加强调个人对生活机会和社会关系的选择，以及个人在自己生活水平和社会关系管理中的责任。

利维特斯（Levitas，2005）认为社会融入的基本模式分三种：资源再

---

① 吴炳辉．农民工随迁子女社会融入研究——以北京市朝阳区C社区为例[D]．辽远大学硕士论文，2014：7.

分配模式、社会融合模式和道德模式。资源再分配模式是指通过税收等再分配方式，来缓解外来人口因资源方面的不足所导致的融入困难。社会融合模式是指通过增加工作岗位等方式以及新个体的劳动，实现融入。道德模式是指新个体应该通过个体的努力，在社会关系与资源争取过程中促进自身的融入。

（二）社会融入和社会工作

西方学者将社会工作作为社会融入的行动机制纳入了社会融入策略的研究中。其中，社区工作因其综合性而作为重要的行动机制受到普遍重视。亨德森与托马斯（Henderson and Thomas，2002）提出了社区工作的四个核心概念：社会资本、平民社会、能力建设与社会融入；泰勒（Taylor，2006）评估了英国政府开展的社区参与项目，将四个核心概念统一应用于社区实践中，提出了社区参与促进社会融入的模式，通过社区工作为社区成员与组织提供参与机会，提高个人和群体的能力，恢复社会功能，建立并发展社会资本，达到实现社会融入的目标。

（三）社会融入的主要研究和服务对象

目前，关于特殊群体和少数群体的社会融入问题主要针对的群体包括少数移民、单亲家庭、老年人、残疾人、失业者等。社会融入不仅指不同社会群体之间相互适应和调适的动态过程，更加重视特殊群体和边缘群体在动态的调适过程中融入主流社会的程度。“社会融入”包含着对特殊群体的支持和保护，在保障特殊群体的利益、缩小社会成员之间资源分配不均、促进社会公平等方面发挥着重要作用。

我国对社会融入的研究相对较晚，从整体上，国内关于社会融入的研究主要从社会结构层面和行动个体层面进行，研究对象主要集中于流动人口、失地农民、失业者等群体。

从社会工作的角度看，主要存在社会融入需求的人群是城市里生活的农村务工人员及其子女、残疾人、刑满释放及吸毒戒毒人员等特殊人群，其中最有代表性也是青少年人口比较集中的人群是以农村务工人员及其子女为主体的流动人口。可以说，通过社会工作介入城市中流动人口特别是外来务工人员及其子女的社会融入和社会参与服务主要就是由有关部门及社会组织开展的针对上述人群，运用社会工作及其他专业助人的方法和技巧，坚持社会工作“助人自助”的基本价值观，通过社会福利政策和措施的具体执行过程，提升服务人群的心理素养和对身份认同的自信心，从而推动服务人群主动融入城市主流人群的积极行动，同时倡导城市中不同特征群体间的彼此了解和互相融洽的相处关系，促进城市建设和福利保障举措的丰富和完善，为生活在城市里的各类人群营造良好的生活和发展环境。

二、流动青少年和外来人员随迁子女的概念界定

（一）流动青少年

随着改革开放的发展，我国流动人口的数量日益增加，《中国流动人口发展报告（2012）》中显示，2011 年我国流动人口总量已接近 2.3 亿人，占全国总人口的 17% 左右。《中国流动人口发展报告（2013）》显示，流动人口正在经历代际更替，新生代流动人口已经成为流动人口的主体，家庭化迁移成为新生代流动人口迁移的主体模式。调查还显示，超过六成的已婚新生代流动人口与全部核心家庭成员在流入地共同居住，但是大多数家庭不能一次性完成核心家庭成员的整体迁移，近七成的家庭中，夫妻首先流入后再把全部或部分子女接来同住的分批次流入是最常见方式。这部分暂时未跟随父母迁移到城市的儿童成为农村的留守儿童，而进入城市随父母生活的儿童及青少年则成为流动儿童及青少年①。

目前，对于流动青少年还没有一个确切而且权威的界定，据 1998 年国家教委、公安部发布的《流动儿童少年就学暂行办法》规定②：流动儿童少年是指“6—14 周岁（或 7—15 周岁），随父母或其他监护人在流入地暂时居住半年以上，有学习能力的儿童少年”。《国际儿童权利公约》将儿童定义为“18 岁以下的任何人”。在我国，未满 18 周岁的未成年群体统称为儿童青少年。在以往对于流动儿童青少年的研究中，流动青少年大都被纳入了流动儿童的范围。发展心理学对青少年期的划分一般为：十一二岁至十七八岁，其中十一二岁至十四五岁称为少年期，十四五岁至十七八岁称为青年初期。青少年期是儿童到成年过渡的桥梁，同时也是身心发育的重

---

① 王宗萍，段成荣．新生代流动人口的现状、困境及对策［J］．人民论坛，2015：20.

② 孙雪蕊．北京市进城务工人员随迁子女社区交往融入研究——以朝阳区为例［D］．北京化工大学硕士毕业论文，2015：7.

要阶段，进入青春期后青少年的生理和心理都会发生变化，人生观和价值观也在这个时候慢慢形成。从生理上来看，相对于幼儿期，青春期被称为“第二次发育期”，身体的发育包括内在和外在的变化，尤其是性的成熟。从心理上来看，青少年开始寻求个别化，通过形成真正的自我同一性，寻求更高程度的独立性[①]。另外，人类成长过程中每一个阶段都对应着特定的活动场所，青少年期的活动场所主要是学校，生活环境对于每一阶段都有重要的影响。

（二）外来人员随迁子女

有学者指出：绝大部分未成年人跟随父母进入城市的主要生活是完成基础教育阶段的学习任务。这些孩子虽然可能跟随父母在不同的城市居住、学习，但是生活状态相对稳定，所以不算严格意义上的流动人群，应更准确地对其身份进行界定。也有学者将“父母户籍不在所居住城市，随进城务工合法就业的父母或监护人合法居住的、义务教育阶段的适龄子女”称为“随迁子女”。

称谓的变化，体现了群体自身地位的不断变化以及社会对该群体认识的不断深入。从最开始的弱势化甚至是半歧视的称谓，到现在的中性化称谓，体现了该群体逐渐被社会接受及正常化的过程。对“随迁子女”这一群体的称谓变化主要经历了三个阶段：第一阶段是“农民工子女”。对于外来人员的称谓曾经有很多种：流动人口、暂住人口、盲流、自发迁移人口等。对于外来人员子女的称谓也经历了一系列变化：民工子女、打工子弟、流动儿童等。国务院办公厅《关于做好农民进城务工就业管理和服务工作的通知》中将随迁子女称为“农民工子女”，这也是一直广为流行的称谓。第二阶段是“进城务工人员子女”。国务院办公厅在2003年9月转发的《关于进一步做好进城务工就业农民子女义务教育工作的意见》中，将这一群体称为“进城务工就业农民子女”。2007年，党的十七大报告将这个群体称为“进城务工人员子女”。在实际研究和政策制定中，这一群体特指外来的处于义务教育阶段的适龄儿童和少年。第三阶段是“外来人员随迁子女”。最新下发的教育部文件将这一概念表述为“进城务工人员随迁子女”。“随迁子女”这个称谓强调个体在经济、社会意义上进入城

① 王瑞鸿．人类行为与社会环境［M］．上海：华东理工大学出版社，2007.

市，体现了城市与乡村的平等性、少年儿童随家长进城的连带性、产业发展导致劳动力转移的规律性。

三、服务群体的共性特征及需求

（一）获得身份认同感

无论是城市中的流动人口还是进入城市打工的青年人及其随迁的子女，由于中国长期以来实行城乡分割的二元户籍制度，使这些非城市户籍的群体在流入地很难享受到就业、医疗、教育、社会福利等方面的服务，他们很难融入流入地的主流社会，难以取得理想的城市社会身份，处于“外来人”的尴尬地位。

（二）获得教育的机会

我国人口基数大，学龄儿童和青少年人数庞大，其中，流动儿童和青少年占有相当大的比例。根据我国第五次人口普查的数据推算，2000 年全国 14 周岁及以下流动儿童数量为 1410 万人。另据第六次全国人口普查的结果：我国农民工随迁子女人数超过了 2800 万人。北京、上海、广州这样的大型城市由于各种资源聚集，年轻人从业机会比较多，大量的农村劳动力涌入。2010 年北京常住外来人口为 704.5 万人，外来儿童（6—14 岁）占 3.5%，达 24.9 万人。全市 6—14 岁学龄儿童 88.8 万人，其中外来学龄儿童占全市学龄儿童的 29%。与 10 年前相比，北京市户籍学龄儿童人数减少 40 万人，农民工随迁学龄儿童人数增加 13.5 万人左右。

来自上海市教委的统计数据也显示：自 2010 年起，上海小学阶段的报名就读儿童中，随迁子女的比重首次超过了本地户籍学龄儿童的入学就读人数，2012 年随迁子女小学入学人数达到总入学人数的 54%。

相对于庞大的有基础教育需求的人群，我国主要的劳动力人口流入地都有针对流动儿童和青少年生活状况的调查研究。各地区随迁子女及其父母最关心的教育问题包括：入托、入园和入学的适应问题，中小学生的学习表现问题，在学校和居住地附近社区的人际交往问题，青春期子女与父母的关系处理问题，子女的中考、高考选择乃至未来职业规划问题，还有由于各方面现实因素导致的随迁子女对自身身份的不认同以及在生活和学习中的被排斥而产生的自卑、紧张、焦虑等情绪感受。

正如本章开始时案例中提到的服务对象，他的父母就是因为自身学历比较低、工作时间比较长，家里人口比较多，在沪打工和居住期间，难以给子女成长必需且持续教育的资源和支持，只能任凭孩子自由发展。服务对象本身对学习的兴趣不高，初中毕业后不再上学。他本打算打工自立，但是求职时才发现自己缺少劳动经验和工作技能，加上没有上海户籍，要找到较为满意的岗位并非易事，以至于毕业后一直处于打临工状态，经常在家无所事事。

（三）获得其他社会保障的需求

虽然我国从20世纪八九十年代开始集中出现的农村青壮年劳动力涌入城市寻找工作机会的现象，在一定程度上是由于中国社会和经济结构调整导致的结果，在特定的时期内是不可避免的，但这种状态不应该长期存在于社会中，更不该结构化：在城市中的非本地户籍人口不应该被排除在城市社会保障和福利制度之外，对自己的身份感到自卑和迷茫，对自己的未来学业和职业发展感到无望，对自己的家庭感到陌生和隔阂，对城市社会没有归属感，在社会认同上被边缘化。特别是这一群体中的儿童和青少年，他们正处于社会化初期阶段，也是其生理、心理及社会发展的关键时期，他们能否成功地适应及融入城市生活，不仅关系到其能否形成良好的认知水平和健全的人格特征，而且还会影响我国未来的城乡社会秩序和现代化建设的稳定、持续发展。

四、重视社会融入服务的重要性

（一）维护社会公平，构建和谐社会

党的十八大提出“积极推动农民工子女平等接受教育”的要求，加快推进以改善民生为重点的社会建设，是构建社会主义和谐社会的必然要求，是维护和实现社会公平正义的关键，是解决经济社会发展不平衡和影响社会和谐安定问题的关键。改善民生是经济发展的根本目的，只有着力保障和改善民生，经济发展才有持久的动力，社会进步才有牢固的基础。因此，要站在民生的角度看待随迁子女的发展及社会融入问题。

（二）服务社会融入，就是关注城市现代化发展的未来

社会融入服务针对的主要人群是完成义务教育阶段学习，非城市/本地户籍，刚刚进入劳动力市场或者由农村进入城市的劳动者、打工者。人口流动是现代化建设的需要，外来务工人员是城市建设与发展不可缺少的

生力军，他们中大多是 40 岁以下的年轻人，这些新生代农民工对于缓解城市老龄化程度、为城市发展提供充分的人力资源、保持城市发展的持续活力，具有十分重要的作用。他们的劳动对于我们的生活已必不可少，我们必须尊重、关注、关心、支持他们和他们的子女。关心好他们的子女，就是关心好一个家庭，就是为外来务工人员提供稳定、合宜的心理状态。即使他们非常辛苦，但当自己的孩子被自己所服务的城市照顾得很好的时候，他们的怨言会少很多，也会愿意为所在的城市尽力付出。

新生代进城务工人员在城市生活时间越长，他们今后想在流入地长期发展的意愿也越强烈。政府部门和社会组织在制定和执行有关政策、工作方案和服务行动时都必须考虑到这一点。

总而言之，随迁子女已经在事实上成为城市的新移民，未来也必将成为所在城市的建设者和主人，他们对城市的归属感和融入感将直接决定城市建设的高度和城市文明建设的深度。

第二节　青少年社会融入和社会参与相关政策

一、我国在社会融入服务方面的制度建设

（一）人口管理相关政策随着时代需求变迁

我国对户籍管理立法的标志，是 1958 年 1 月 9 日全国人民代表大会常务委员会第九十一次会议通过并正式实施的《中华人民共和国户口登记条例》。该条例全文共二十四条，至今没有修订过，其中明确规定了我国户口登记和管理的基本单位是“中华人民共和国公民，以户为单位进行登记工作”，登记工作主管部门是各级公安机关，户口登记机关是户籍辖区所在派出所。“公民应当在经常居住的地方登记为常住人口，一个公民只能在一个地方登记为常住人口”。以及“公民由农村迁往城市，必须持有城市劳动部门的录用证明，学校的录取证明，或者城市户口登记机关的准予迁入的证明，向常住地户口登记机关申请办理迁出手续”。

20 世纪八九十年代，伴随着我国改革开放政策的出台，越来越多的劳动者离开户籍所在地，到经济发展比较快、劳动就业机会更多的地区劳动和生活。但是，我国的户口登记条例中明文规定：“公民因私事离开常住地外出、暂住的时间超过三个月的，应当向户口登记机关申请延长时间或

者办理迁移手续；既无理由延长时间又无迁移条件的，应当返回常住地。”由此，我国各大城市出现了大量的暂住人口，为应对这种人口流动现象，1985 年公安部颁布实施《城镇暂住人口管理的暂行规定》，指出：“对暂住时间拟超过三个月的十六周岁以上的人，须申领《暂住证》。对外来开店、办厂、从事建筑安装、联营运输、服务行业的暂住时间较长的人，采取雇用单位和常住户口所在地主管部门管理相结合的办法，按照户口登记机关的规定登记造册，由所在地公安派出所登记为寄住户口，发给《寄住证》。”这也就是俗称的“暂住证管理办法”。

另外，《城镇暂住人口暂行规定》中只规定了房屋租赁的具体办法（三、暂住人口需要租赁房屋，必须凭原单位或常住户口所在地乡镇人民政府的证明，由房主带领房客到当地公安派出所申报登记。对来历不明的人，房主不得擅自出租住房），对于进入城市后希望在城市里购买自住房屋以及进一步将自己的伴侣、子女迁移到城市生活的需要并未做明确的规范。直到 1995 年中央召开“全国流动人口管理工作会议”，制定“因势利导，宏观控制，加强管理，兴利除弊”的流动人口管理工作方针，各省市开始按照自己所在地区的具体人口流动情况，制定更加有针对性的人口管理相关规定①。

（二）各地积极应对流动人口需求，制定相应管理办法

有学者进行总结后提出，北京地区的人口管理办法是“以房管人”，上海市的管理办法是以“居住证”为基础的居住积分来管人，深圳则是两者的结合②。

1. 北京出台的有关流动人口管理政策

早在 1989 年 12 月北京市就颁布了《外地人员务工管理办法》，实行“外地来京人员做工证”制度；1995 年改为“就业证”。2005 年 12 月北京市颁布了《关于进一步加强流动人口管理与服务工作的若干意见》，确立了“以证管人、以房管人、以业控人”的工作思路。

北京市于 2007 年 1 月成立了流动人口和出租房屋管理委员会及办公

① 王峰．流动人口管理创新及启示——基于三个城市的比较［J］．浙江工业大学学报（社会科学版），2018，17（3）：342.

② 王峰．流动人口管理创新及启示——基于三个城市的比较［J］．浙江工业大学学报（社会科学版），2018，17（3）：340 – 345.

室，主要负责组织协调有关部门开展流动人口和出租房屋管理工作。随后，在全市建立了4000多个服务站，万余名工作人员沟通基层管理队伍，形成了“市—区—街道—社区”四级管理网络。

2. 上海出台的流动人口管理政策

上海市于20世纪80年代先后颁布了《私有居住房屋租赁管理暂行办法》《暂住人口管理规定》《私房租赁治安管理规定》《关于加强市郊结合部私房租赁管理的通知》《外来流动人口计划生育管理办法》等地方性法规。这些管理办法形成了上海市人口管理、房屋租赁、劳动就业、计划生育等流动人口管理政策的总体框架。

2000年5月上海颁布了《引进人才工作证实施办法》，该办法成为继“蓝印户口”政策后另一条来沪人员落户的合法通道。2002年上海市相继出台了对于外来人员身体健康服务的保险管理办法。2004年8月上海市政府颁布了《居住证暂行规定》，2009年颁布了《持有〈上海市居住证〉人员申办本市常住户口办法》。2013年对“居住证”政策做了调整，颁布了《居住证管理办法》《居住证申办实施细则》《居住证积分管理试行办法及其实施细则》。《上海市居住证管理办法》规定，由市发改委负责组织实施综合协调，公安部门负责人员登记和证件发放，人力社保部门负责积分管理，区县政府负责辖区内的具体实施工作，街道、镇设立社区事务受理服务中心和人才服务中心，承接登记、办理居住证和居住证积分管理等窗口服务工作，人才服务中心具体承担积分办理工作。居住证具有持证人在上海市居住的证明，记录持证人相关信息，办理和查询个人积分以及办理卫生、计生、社保、子女教育等相关事宜的功能。持证人员如能满足相关政策要求，可申请在沪的常住户口。

2012年9月颁布的《实有人口服务和管理若干规定》明确了上海市实有人口服务和管理实行市级综合协调、区级综合管理、社区具体实施的体制。

3. 深圳出台的流动人口管理办法

2005年12月深圳市发布《关于加强出租屋管理服务的意见》，接着深圳市社会治安综合治理委员会颁布了《出租屋综合管理信息通报反馈实施办法》《深圳市出租屋案件责任倒查实施办法》《出租屋综合管理工作检查考评办法》《暂住人口信息申报登记管理办法》《社区出租屋管理服务中心建设规范》《关于全面推行出租屋管理模式的通知》，并与市公安局联合发布《关于进一步加强工作协调 切实搞好出租屋和暂住人口管理工作的通知》，形成“1+7”的出租房管理政策架构。

2004年10月深圳成立了人口工作领导小组，由分管副市长任组长，相关职能部门为成员单位，各区、街道办事处都成立了人口工作领导小组和小组办公室，并由市人口办牵头建立联席会议工作机制，推行“1+5”人口管理政策，以居住证为载体，实施实际居住人口登记和管理工作。

2003年11月，深圳市对出租屋管理机制进行改革，将房屋租赁管理工作人员和公安部门暂住人口户管员合并组建出租屋综合管理队，在市、区两级成立出租屋综合管理办公室，在街道成立出租屋综合管理所，在部分居委会成立出租屋综合管理站，形成了分层级对出租屋人员的管理办法。

（三）其他相关服务和保障政策

2012年8月30日，国务院转发了教育部会同有关部门起草的《关于进城务工人员随迁子女在接受义务教育之后在当地参加升学考试的办法》。文件提出，随迁子女就地高考、中考要有条件准入，包括家长、学生和所在城市三方面需符合基本条件。目前，异地中高考政策尚处在推进过程中，各方反应不一，意见尚未统一。但从政策总的价值取向来看，是有利于流动人员子女在流入地学习与发展的。

上海市教委2012年底公布了《进城务工人员随迁子女接受义务教育后在沪参加升学考试工作方案》，该方案与《上海居住证管理办法》相衔接，规定：进城务工人员符合上海进城务工人员管理制度规定的基本要求并达到一定积分的，其子女可在本市参加高中阶段学校招生考试，接受高中阶段教育（普通高中教育或中等职业教育）；其子女在本市参加高中阶段学校招生考试并完成高中阶段完整学历后，可在本市参加普通高校招生考试。同时，进城务工人员符合上海市进城务工人员管理制度规定的基本要求的，其子女可在上海参加全日制中等职业学校的自主招生考试，接受全日制中等职业教育（包括“中高职贯通培养模式”的专业教育），随后，可在上海参加普通高等职业学校自主招生考试以及进一步参加普通高等学校专升本招生考试。

二、共青团组织在社会融入服务工作中的职能和定位

流动人口的社会融入面临种种问题，是综合性的问题，不是政府或哪一个组织能全盘解决的。共青团组织具有思想、组织、活动优势，能够在一定程度上弥补政府部门在政策执行层面的不足之处，特别是当下，有关加强社会融入的政策和法规从提出草案到正式出台尚需一定时日的情况下，通过共青团组织的服务和引导工作，可以促进农村进城务工人员及其子女以及社会上其他特殊人群的社会融入工作，维护社会环境的和谐、稳定，确保我国的物质文明和精神文明建设同步发展。

在政策倡导层面，共青团组织可以通过广泛接触有关人群，进行实地调查研究，听取意见和建议，并形成调查报告、建议、建言，提交各省市人民代表大会乃至全国人民代表大会进行审议，推动我国在户籍、教育、医疗及社会保障等相关领域的立法工作的进程；同时，可以将我国已经出台并正式实施的各相关法律、法规、政策、措施的具体内容，通过接触相关人群的机会，进行深入而准确的宣传和解读，帮助人们更全面和及时地了解自己如何通过法律维护权益，保障个人的正当发展机会。

在社会服务层面，共青团组织可以发挥自身凝聚和带领青年、积极为有实际生活困难的人群服务的公益和志愿精神，通过策划和组织志愿服务或者与其他社会服务专业组织合作，通过购买服务项目的方式，广泛地为受到不公平待遇和社会排斥的个体和人群进行相关的法律援助、心理疏导、医疗救护、教育引导、关系协调、信息提供、资源整合等方面的专业服务和辅导工作，帮助特殊群体更好地适应环境，分析和解决自身遇到的实际困难和问题。

在文化宣传层面，共青团组织也可以通过自身广泛的群众影响力，利用报纸、电台、电视、社区宣传栏等传统新闻平台以及相关互联网的网页和微信公众号、自媒体信息发布平台等现代通信和宣传手段，加强对社会融入理念的宣传，提倡生活在同一地域里的人们形成互敬互爱、互相帮助、和谐共处的社区生活氛围。同时，可以利用节假日、寒暑假在公共活动场所组织开展各类文艺、娱乐、体育、交友、公益慈善等需要群众广泛参与的主题活动，在活动中促进不同人群彼此的沟通和了解，减少由于不同人群之间的不了解而导致的排斥。

三、共青团组织在社会融入服务中已开展的主要工作

共青团组织历来重视流动人口特别是其中的儿童及青少年的生存及融入情况，随着这一群体数量的日益增长和受社会关注程度的提高，共青团组织以其独特的优势，担当起促进随迁子女社会融入的重要职责，结合已有工作项目，不断增强对这一群体的服务力，初步形成关爱随迁子女的合力与声势。

（一）关爱农民工子女志愿服务行动

2010 年 4 月，团中央下发了《关于开展“共青团关爱农民工子女志愿服务行动”的通知》，通知要求建立团内各级联动工作机制，按照“青年志愿者小组 + 农民工子女 + 接力”的项目实施模式，组织青年志愿者小组与农民工子女建立结对关系，进行结对服务，并建立接力机制，形成长期有效帮扶。在志愿者队伍组织方面，重点依托当地大中专院校和机关、企事业单位等，吸引和联合社会志愿者组织共同参与，建立关爱农民工子女志愿者专门队伍；在阵地依托上，充分利用社区活动中心、青年志愿者服务站、爱国主义教育基地、青少年活动阵地等开展活动，同时不断建立新的关爱农民工子女志愿服务站点；在资金支持方面，面向社会多渠道募集资金，推动建立共青团关爱农民工子女专项志愿服务基金。

（二）重点工作的促进融入

（1）学业辅导。组织青年志愿者等社会力量在课余时间对农民工子女进行学习和功课辅导，举办音乐、美术、文化、体育等活动，帮助提高学习成绩和综合素质；在城市依托街道社区活动场所、随迁子女学校、大中专院校或农民工聚居地等，结合实际开展“四点半学校”“七彩课堂”“爱心小课桌”“爱心家教”等多种形式的学业和兴趣辅导。

（2）亲情陪伴。组织青年志愿者等社会力量陪同留在农村及城市的留守、流动少年儿童做游戏、聊天交流，和他们交朋友、做伙伴，帮助他们与父母进行电话、视频等沟通，促进他们培养健全的人格。

（3）感受城市。组织青年志愿者等社会力量带领进入城市的随迁子女，利用课余时间就近就便参观城市，参观爱国主义教育基地、博物馆、纪念馆、科技馆。组织青年志愿者等社会力量到社区、乡镇、学校，为随迁子女讲授安全、自护和健康、卫生等知识，提高他们的安全意识和自护

能力，帮助他们养成健康的生活习惯。

（4）爱心捐赠。发挥团、队组织和青年志愿者的杠杆作用，联络协调社会各界支持，开展图书、玩具、文体用品、生活用品、亲情电话卡、教学设备等物资、资金捐助，为随迁子女创造更好的学习、生活条件。

活动开展过程中，形成了一些长效机制：团中央指导各地组织青年志愿者与农民工子女建立结对关系，扩大结对覆盖范围，推动结对质量提升；围绕加强队伍建设，从全国各地基层团组织和志愿服务团队的骨干志愿者中招募项目专员，负责组织志愿服务、加强管理，做好信息宣传、整合社会资源等工作；围绕深化服务内容，在全国推行关爱行动“七彩课堂”，对基层团组织和志愿服务团队的服务方式、基本时次、具体任务等方面进行规范；围绕阵地建设，团中央筹集资金建设一批标准统一、功能较全的“七彩小屋”。关爱农民工子女志愿服务行动形成以“结对＋接力”为长效机制，以“七彩课堂”为服务载体，以“项目专员”为骨干队伍，以“七彩小屋”为活动阵地的工作格局，为发挥稳定的社会服务功能提供了全方位的保障。

四、当前服务工作中的不足之处

（一）服务的主动意识不够

经过多年的工作积累，各级共青团组织对流动人口社会融入的重要性和必要性的认识已有很大提升，很多人已经认识到流动人口同样是城市的建设者，但却由于种种原因没有得到平等的生存和发展机会，沦为“城市过客”。通过共青团的组织和服务工作，减少务工者的后顾之忧，帮助务工者的子女更好地适应流入地的生活、学习氛围，形成较好的人际互动关系。这不是外加给城市原住民的包袱，也不单纯是对城市和农村人口的“管控”，这项服务工作从根本上说解决的是城市发展的内生性问题，也是未来城市发展的机会，更是观点和信念的转变及文明程度的提升。如果每一个人都能够从自己出发，平等、友善地“兼爱”每个身边生活的陌生人，从心里自愿地为他人着想、为他人服务，那么整个城市的精神文明软环境将往前跨进一大步。但一些实务工作者对打工者乃至流动人口的看法仍未脱离“工作对象”与“麻烦对象”的陈旧思路，简单地以“堵”的思路来解决问题，过多地考虑城市承载能力问题，将这一群体的需要简单归结为物质层面、政策层面，没有完全从城市未来发展潜力与机遇的角度理解融入的意义和价值。

（二）对服务对象精神层面的需求了解不够深入

综观当前开展的外来务工人员社会融入活动，无论针对成年人还是儿童及青少年，包括共青团和其他社会组织在内，提供的各方面物质帮助比较多。这种现象一方面说明服务工作的组织者和参与者对服务对象的需求和心理特征认识不够深刻，将服务工作停留在物质帮扶层面，行动有简单化、一次性的倾向，缺少持续可发展的、触及服务对象精神需求和情感满足的服务内容和工作项目。

就如本章开篇案例中的小杨。社会工作者在接触小杨及其家庭之初，通过对其家庭的走访，发现他家的经济条件比较差，虽然父母都在上海打工，但是收入不高，还有四个孩子要照顾和抚养，所以小杨一开始参与偷窃活动的动机有部分来自改善家庭的经济条件、减轻父母的生活压力。社会工作者曾经打算通过募捐的方式为小杨家筹集一些生活必需的物资。但是，经过与小杨家所在街道有关部门工作人员和小杨邻居们的走访，社会工作者得知：小杨的父亲有好逸恶劳的生活习惯，外出打工并不认真和努力，小杨在家受到父亲的一些负面影响，本来那种努力外出找工作的想法逐渐被消磨，也变得得过且过。倒是小杨的几个弟弟还很懂事，一直认真学习，在学校里成绩名列前茅。得知这些信息后，社会工作者打消了为小杨家提供直接的物质援助的想法，而是通过整合社会资源，为小杨的弟弟争取了一份助学金。这份助学金由街道相关工作人员代为保管，小杨要定期到街道办公室里提交弟弟的学业成绩单，作为获取助学金的依据。助学金则以银行转账的方式直接转账到弟弟的学校，作为他们的生活费。通过这样的安排，小杨更加关注弟弟们的学习和生活，从而增加了家里兄弟们沟通和互动的机会，逐渐培养了小杨对家庭的责任感以及作为家里长子的使命感，也给了小杨更多机会走出家门，到街道、社区参加社会活动，增进了小杨对社区的归属感。

所以，在促进流动人群特别是其中的未成年人和青少年的社会融入方面，除了必要的物质帮扶外，尤其应注重思想层面的体验和融入，真正触碰孩子的思想，从思想上接纳他们、尊重他们，使他们从思想上真正接纳、融入城市。

（三）临时性的活动较多，系统性的工作推进较少

共青团和少先队组织在采取切实的行动来促进外来务工人员及其子女

的发展与融入方面，活动充实且有实效。但是，在组织方面，各部门往往各自为战，缺少统一协调，没有明确的主持协调部门能综合调动各方力量，形成合力促进随迁子女融合发展，从而造成一定程度上的效率低下与资源浪费。上海市委《来沪新生代农民工生存与发展状况调研报告(2010)》一文中就指出：对群体的需求把握不够准确，对群体融入与发展的推进缺乏系统性，促进社会融入政策没有形成专门的规划，直接影响促进随迁子女社会融入与身心发展的效果。

（四）服务工作短期效果明显，长期效果难以评估

综观共青团组织已经开展的针对特殊青少年人群的社会融入服务工作，虽然从结果上看，确实很大程度上支持和帮助了青少年人群，弥补其物质生活的不足，丰富其日常生活内容，提升其自信心，增加其与生活场景内其他人群的接触和彼此了解的效果，但是，由于共青团组织开展社会融入工作的出发点从根本上说带有一定的完成行政指令的色彩，开展的活动比较注重短期影响力的呈现，对于难以评估的服务对象思想、意识、观念方面发展变化的长期效果却难以显现。

与此同时，儿童和青少年的成长是一个长期和持续的生命阶段，很难通过一次性的服务和辅导工作解决儿童和青少年所有的生活和成长困难。

第三节　青少年社会融入和社会参与服务的主要内容

社会工作介入社会融入和社会参与服务工作主要是通过专业助人者的服务过程，将社会工作的价值观和专业工作方法和技巧应用于需要更好地适应社会环境，扮演社会角色，参与社会活动，与社会其他人群积极互动、和谐相处的个人和群体。从理论上来说，需要社会融入服务的对象一般以家庭、某行业从业人员、某个少数族群或社群为单位，主要可以通过小组工作和社区工作的方式来开展服务。

一、服务过程

从服务过程来看，主要可以分为以下五个工作阶段：

第一阶段：服务筹备期——进入服务人群生活的场域，进行需求评估阶段。这个阶段需要社会工作者做社区资源和服务人群的需求评估，通过对社区做深入的观察和走访工作，与社区其他工作人员及相关人群建立良

好的工作关系，为今后有针对性地运用社区资源为青少年服务对象提供支持做必要准备。

第二阶段：正式服务前期——设计服务方案，与服务人群及其他服务相关方讨论，修订完善方案的细节。社会工作者需要根据在社区调查和服务人群需求评估的结果，结合社会工作相关知识和理念，设计有针对性和操作性的服务方案。

第三阶段：正式服务中期——开展服务活动，对每次服务进行评估，及时调整方案的内容。在社会工作者开展的服务中，需要强调服务人群对活动的主动参与机会和能力，所以社会工作者在执行服务方案之初就要及时地和服务人群讨论活动的构想、设计和活动细节，并根据服务群体反馈的意见对服务方案进行修订和完善。

第四阶段：正式服务后期——社会工作者需要鼓励和引导服务群体有更多机会和主动性参与服务工作的设计、运营和组织工作，推动所有参与者都有所贡献，让服务过程更加符合参与者的期望。

第五阶段：服务结束期——收集和整理工作中的有关资料，与服务群体讨论活动中的重要情境、服务群体发生的成长和改变以及今后可以持续改进、提升的内容，评估服务成效。

二、对社会工作者职业能力的要求

由于社会融入和社会参与服务工作针对的部分人群可能经历过比较严重伤害其身体甚至内心被其他人群排斥的事件，或者服务人群本身有一些特殊经历不希望在服务过程中完全和其他人群分享，所以，该服务过程也有可能需要社会工作者以一对一的形式，在比较私密的环境里，由社会工作者为服务对象提供深度的心理辅导或者情绪疏导。因此，从事社会融入服务工作的社会工作者最好具备一定的专业心理咨询知识储备和个别心理咨询的专长或经验。

另外，社会融入和社会参与服务工作往往需要通过一定的宣传活动，让服务人群的需要和困难被更广泛的社会人群所了解和接受，所以要求社会工作者具备较好的公共宣传能力和经验，能够协助服务人群在社会其他群体面前恰到好处地展示自己，推动不同人群之间的交流和理解。

总而言之，从事社会融入和社会参与服务对社会工作者的专业技能和工作经验提出了比较全面的要求。这部分社会特殊群体的服务工作并非凭借社会工作者的热情和勇气就能够胜任的，要求社会工作者能够经常与服务人群接触，不断反思和探索，赢得服务对象的信任，评估其真实的需求，以及运用社会工作专业技巧和方法达到“助人自助”的目标，推动该服务领域社会工作的进一步专业化、科学化、人性化。

三、具体服务内容

美国心理学家亚伯拉罕·马斯洛在 1943 年《人类激励理论》一文中提出的需求层次理论指出：人的需求由低到高可以有五个层次，依次为：生理需要、安全需要、归属和爱的需要、尊重的需要、自我实现的需要。其中，生理需要、安全需要、归属和爱的需要属于较低层次的需要，要通过外部条件来满足；尊重的需要和自我实现的需要属于高级需要，要通过内部因素得以实现。马斯洛提出，人人都有需要，五个层次的需要像从低到高排列的台阶，按层次逐渐升级。一般情况下，优先考虑满足比较低层级的需要，再依次递增到更高级别的需要。但是在具体情境中，需求层次的满足并不完全按照次序依次出现，也不是低层级的需要被完全满足后才能产生较高层级的需要。另外，在多种需要没有满足的时候，首先满足最迫切的需要，再显示出其他需要的激励作用。

（一）经济融入

需要社会融入和社会参与服务的特殊人群往往在生理需要（衣食住行等）层面存在没有被满足的现象。而导致其生理需要未被满足的主要原因是家庭的经济收入比较低。所以，社会融入和社会参与服务的第一步就是通过一定的支持和扶助方式，给予服务对象一定的经济支持，从提高经济收入的角度与环境融合。

（1）部分服务人群的产生是由于家庭中有人罹患重病，需要负担高额的治疗费用，且家庭中需要匀出一部分劳动力照顾患病的亲人，导致家庭经济收入低。对于此类情况，社会工作者可以协助服务对象根据社会保障相关规定，向有关部门递交经济援助的申请；也可以通过整合社会资源，联系有关医院的志愿者服务部门，争取医院为特殊家庭和人群提供公益援助、减免治疗费用的机会；还可以借助公益服务平台的相关服务，通过现代青年人较普遍使用的互联网和微博、微信平台，筹集物资和资金，招募家庭照顾的志愿者，支持因病致贫的家庭或人群获得必需的经济支持。

另外，当前对于比较特殊的疾病的治疗过程，国内开始出现越来越多患者及患者家属组成的互助组织。社会工作者也可以协助服务对象获得相关信息，加入有关的互助组织，在其中获得更多有关疾病治疗以及如何应对家庭危机的办法。社会工作者也可以通过筹集资金和物资支持及帮助这些互助和自助组织，间接地帮助服务对象。

（2）有些流动人口由于户籍所在地本身家庭经济收入低且受教育水平低，在进入城市以后，难以凭借个人的技能和体能获得必需的生活资料或者随迁子女难以靠家庭的支持完成学习以便在将来获得更理想的工作机会。对于此类家庭贫困的服务对象，社会工作者可以在评估服务对象的实际家庭状况以后，恰当地为其提供直接的经济支持或者协助服务对象通过参加流入地举办的低收费技能培训项目，学习相关劳动技能，并在掌握劳动技能后激励服务对象及人群通过自身劳动挣得必要的生活物资。

（二）心理认同融入

在满足基本的生理需求和安全需求的基础上，社会工作者下一步的工作是满足服务对象的爱和归属的需要以及尊重的需要。这些层次的需要更多属于心理认同的融入。心理认同融入存在的主要问题是：青少年对当前生活的环境认同度不够或者青少年对过去生活的环境认同度不够。

本章开篇时提到的小杨，就是一位从情感和心理上对流入城市不够认同，希望回到老家和自己的外婆一起生活的青少年。也就是说，这位服务对象相比较于流入地的生活状况，他对自己在老家的生活状况更为认同和接纳，对当前生活的环境认同度不够。

社会工作者针对小杨的心理需求和实际情况，介绍他参加了“冬日阳光老少同乐”和“冬日阳光互助心乐”等社区活动，活动激发了小杨对社会特殊群体的关爱之心，获得更多自我成长与发展的机会，提升了小杨的团队归属感和对目前生活的社区环境的认同度。

社会工作者还特别介绍小杨参加了由社会工作者开展的以增加青少年抗逆力为主题的小组工作。在小组活动中，通过与同龄伙伴的近距离互动，小杨发现了更多自身优势，找到自我在团队中、在家庭中和在社区中的合理定位，增强了克服逆境的勇气和自信心。

与小杨的心理需求相反，还有一类服务人群由于各种原因，对当下的生活环境和生活状况认同度高而对自己曾经的生活状况或环境的认同度不够高。以随迁子女的经历为例，有相当数量的随迁子女的父母比较年轻就离开了户籍所在地，进入城市打工和生活，他们在打工地相识相爱、结婚成家、生儿育女，他们的子女甚至从出生开始就在他们打工的城市生活和学习，很少回到故乡，会说流入地的方言却听不懂自己的乡音。这些随迁子女大部分对流入地有很高的身份认同感，难以接受自己可能在小学毕业后就要离开流入地回到户籍所在地继续读初中、参加中考和高考。

对于这部分的服务对象，社会工作者需要对有关随迁子女进行心理疏导，引导他们提高对户籍所在地的心理认同度，减少其心理压力。此外，还需要对随迁子女的父母进行必要的家庭关系辅导，辅导随迁子女的父母，使其掌握基础性的与孩子（特别是处于青春期的孩子）进行有效且深入的沟通和交流的技巧，能够应用一些比较适合自己家庭情况的疏导孩子负面情绪的实际方法，应对日常生活中可能出现的亲子间的矛盾和冲突，在日常生活中培养孩子良好的心理状态和心理抗逆力水平，为今后可能出现的不尽如人意的情况做必要的心理准备和认知准备。

（三）文化生活环境融入

要为服务对象达到自我实现的满足，创造必要的文化和社会生活环境的准备。服务对象希望实现人生理想，体验成功的快乐，这是无可厚非的事情，社会工作者在这个服务层面可以开展的具体工作包括以下几个方面。

1. 直接服务层面

（1）制定人生发展目标。通过个案辅导以及小组工作的方式，协助不同年龄阶段的青少年制定合乎自身特点和发展需要的奋斗目标；鼓励服务对象通过个人的努力追求、诚实劳动、锲而不舍地尝试来实现梦想、达成目标。

（2）培养终身学习的信念。组织兴趣发展类型的小组活动，开拓青少年的知识面，帮助青少年保持对学习的兴趣、对身边新兴事物的兴趣，不断吸收新知识、新技术、新生活技能，让自己的生活丰富且有意义。

（3）培养人际交往的自信心和主动性。通过和青少年群体一起策划和组织社区宣传、主题教育等类型的大型公共社区活动，并带领青少年参与各类公益志愿服务，引导青少年在从事各类服务他人、服务社区的行动中加强与社会不同群体的接触和了解，帮助青少年树立与人为善、与生活环境和谐相处的信念，培养服务对象开展合适的社会交往活动的技巧和能力，鼓励青少年成为能够自信且友善地与人相处的人。

2. 间接服务层面

(1) 建设青少年社会支持的网络。通过社会工作者，鼓励青少年与志同道合的朋友一起，成立各类自组织，发展其健康且适合个人能力的兴趣和技能；通过合适的机会，将青少年自组织与共青团组织及其他服务青年的组织、机构、服务单位、政府相关职能部门进行有机联系，构成支持青少年成长和发展的正式组织和非正式组织的系统网络框架，共同营造青少年成长和融入的大环境。

(2) 推动出台相关行政、法规，支持青少年参政、议政。加快我国的民主建设进程，在基层民主选举、业委会委员选举以及基层建设的方案征集过程中，为青少年提供更多机会和角色，鼓励青少年参与各种政策筹备、制定和执行的过程，并能够对社区事务的管理有更切身的体验和感触，并以此推动青少年产生更为强烈的社区归属感和责任感。在各地的城市社区尝试建立青少年议事厅，由社区里的社会服务组织招募和组织生活在社区里的青少年，按照政府议事的程序，邀请青少年近距离观察社区，走访居民，发现社区居民的需求和社区生活中存在的不足之处；再由专人负责指导青少年撰写议案，提交给社区服务机构，并进行公开的议案讨论会，让青少年有机会在社区各个群体面前陈述青少年人群对社区生活的想法和诉求，展示青少年的整体形象。

(3) 以"优势视角"为基础，将社会融入与志愿服务相结合，与爱国主义教育相结合，创新社会融入的服务方式。"优势视角"即强调从"优势""闪光点""事件的有利方面"来思考和解决问题。我们提倡的社会融入是宏观意义上的融入，即希望青少年能够比较顺利地成长为国家、社会需要的劳动者和建设者，在成年后能够积极投身国家的建设事业，为祖国未来的发展、强大不断地贡献自己的力量。所以，社会融入的服务还应伴随着适当的针对青少年的爱国主义教育以及对青少年的社会责任意识的培养。

(4) 社会工作者可以通过与各青少年教育机构和政府机关的联系，在青少年成长过程中，为青少年多创造一些机会走出家门，走出社区，到祖国的各个地区进行实地参观、调查和社会服务，让青少年在行动和实践中体会到祖国的幅员辽阔、山川秀美、地大物博，同时也能够更深刻地体会到我国各地区经济发展的不平衡以及自然条件的巨大差异，从而引导青少年树立远大的抱负，要为祖国各地的发展而努力学习，争取早日成才。

共青团中央一直致力于在青年人中招募、组织和培养优秀的志愿者组成各种扶贫、援建的志愿者服务队，到祖国的经济欠发达地区去工作、生活，为当地居民提供教育、医疗、基础建设、扶贫项目开发等内容丰富的志愿服务工作。一批又一批有志青年通过参与这些服务工作增长了才干，丰富了人生经历，成为祖国未来建设的可靠接班人。上海市作为我国主要的外来务工人员及随迁子女流入城市之一，近年来，一直将外来务工人员中的青年群体及随迁子女在上海的城市生活融入需求作为青少年权益保护和服务工作的重要议题，经常性地开展各类服务工作，促进青少年的社会融入和社会参与程度。下面的案例中，较系统地介绍了部分具体举措。

案例

2011年1月，上海共青团整合与来沪青少年、随迁子女相关的工作项目，启动了为期三年的“牵手行动”。活动旨在号召全社会共同关心和帮助来沪青少年、随迁子女，面向全体来沪青少年、随迁子女提供服务和支持，帮助他们更好地融入上海，引导他们树立正确的人生观和价值观，在上海各青年群体中形成“共同发展、相互支持、牵手同行、融汇浦江”的两性成长和发展模式。其中共推进了“六大”融入计划：

第一，融汇计划。面向全体来沪青少年、随迁子女开展各类社会融入支持系列项目，帮助他们认识、了解、熟悉和热爱上海，建立和拓展社会关系，改善来沪青少年的生存环境，从而实现对全体来沪青少年的思想引领，促使他们进一步增强对城市的感情，主动融入上海城市发展。实施方向主要包括：招募志愿者与来沪青少年结对，开展公益参与、社会体验、走访慰问和困难救助等活动；组织各级组织和青年志愿者团体，与随迁子女学校结对，开展学业辅导、亲情陪伴、感受城市、自护教育、爱心捐赠、环境融入训练和人际沟通训练等；鼓励来沪青少年参与各项志愿服务项目，融入城市志愿服务；借助新媒体征集来沪青少年喜爱上海的理由，感染更多来沪青少年了解上海，融入上海城市发展；提供免费阅读图书的场所，为来自不同地区的青少年、随迁子女搭建奉献爱心、互帮互助的平台；开展来沪青少年与人大代表、政协委员面对面活动，引导社会共同关注来沪青少年的发展。

第二，成长计划。帮助来沪青少年、随迁子女提升学习生活和社交技能，改善生活环境，建立支持系统，促进他们全面健康发展。实施方向主要包括：扩展资源，建立志愿者服务团队，提供生活、艺术、人文素养等培训，丰富来沪青少年、随迁子女的业余生活，提升社会化能力，培养来沪青少年、随迁子女对知识和兴趣的热爱；通过建立家长俱乐部、开展亲子活动、邀请专家举行讲座沙龙等形式，帮助外来家庭能够正确认识和解决家庭问题等。

第三，乐业计划。主要是面向适龄来沪青少年开展职业技能培训等，通过减免培训费用并负责协助受训青少年找到劳动岗位，实现稳定就业。

第四，护航计划。面向全体来沪青少年、随迁子女开展身心健康支持项目，帮助服务对象排除疾病隐患，增强安全自护意识，提高身心健康水平。实施方向主要包括：争取社会资源，广泛开展基本体检，针对重点人群开展心理健康服务；举办活动，普及青春期性知识、防艾知识等健康知识；开展“牵手红丝带”来沪青少年、随迁子女身心健康支持项目，为来沪青少年群体普及防艾知识；关注罹患大病、孤残等来沪青少年、随迁子女的生存与发展。

第五，平安计划。面向重点来沪青少年、随迁子女，开展预防和减少违法犯罪活动日，把与来沪青少年工作、生活相关的法律法规作为培训的重点内容，同时把法制宣传教育同维护来沪青少年权益相结合，教育引导广大来沪青少年、随迁子做遵纪守法的新上海市民。实施方向主要包括：开展各类禁毒宣传、法制宣传活动等。

第六，共进计划。面向全体来沪青少年、随迁子女，开展综合维权活动项目，为来沪青少年提供高质量综合维权服务，搭建来沪青少年、随迁子女融入社区、参与公益活动、回报社会的平台。实施方向主要包括：整合社会力量，协同社会组织，开展安全自护教育活动；将社会工作手臂向司法领域延伸，保护来沪青少年的合法权益等。

第六章　青少年身心健康促进服务

情境

一天早晨，小洋母亲在学校老师的介绍下，来到阳光青少年社会工作事务中心寻求帮助。

“我家孩子要退学打工，我和他爸坚决不同意。可他爸怎么骂他、怎么打他都没用。这几天孩子不去上学，也不愿意回家，你说我们该怎么办呀?”一见到社会工作者，小洋的妈妈就焦急地说道。

社会工作者在安抚了小洋妈妈的情绪后，详细询问了小洋的情况和事情经过。

小洋，男，16 岁，某中学初三学生。由于父母工作繁忙、疏于照顾，小洋小时候营养不良还经常生病，4 岁时被送到了乡下的奶奶家，直到两年前才接回城里上中学。然而，小洋对城里的生活并不太适应，平时很少与人交往，老师和同学们都觉得他“太安静”，甚至有些孤僻。母亲承认，他们上班早出晚归，对小洋关心较少，管教方式也比较简单粗暴。初二时，小洋迷恋上了网络游戏，眼睛高度近视，上课看不清楚黑板，无法集中注意力，成绩在班级长期垫底。今年，学校搬迁至城乡接合部，小洋选择了住校，学校周围环境混乱，管理制度松散。不久后，他认识了一群社会上的“不良青年”，在这些人的影响下开始吸烟、酗酒、夜不归宿。前段时间又因为考试作弊受到了学校的记过处分。班主任严厉批评了小洋并通知了他的父母，但小洋不以为然，提出想退学打工，父亲为此事多次打骂小洋，导致矛盾升级，家庭关系紧张。

社会工作者单独与小洋进行了谈话。小洋对自己的问题描述很简单：“我讨厌学校也不喜欢读书，继续下去也不可能考上大学，何必浪费钱呢。”在进一步深谈后，小洋闷闷不乐地说出了自己的想法：“老师和同学们都不喜欢我，嫌我‘土’，觉得我笨，班主任明知道我近视还把我安排坐在最后一排。刚来那段时间很难熬，经常有同学嘲笑我、恐吓我，老师和我爸妈根本不知道这些。但现在不同了，我的‘哥们儿’可以保护我、为我撑腰，我也想像他们一样早点踏入社会，不想在学校浪费时间。而且我爸天天都会对着我叫喊，自己挣钱后就不用再看他的脸色了。”

青少年时期是人生发展中的关键时期，在这个阶段，青少年身体和心理方面会遇到哪些问题？如何利用社会工作专业的理念和方法来促进青少年身心健康的发展？如何在青少年中开展禁毒防艾宣传教育工作？

在这个案例中，你会怎样帮助小洋解决问题呢？让我们一起在本章中寻找答案。

第一节 青少年身心健康现状

一、青少年身体健康与安全状况

（一）青少年身体健康现状

1. 身体形态和营养状况均有所改善

随着我国改革开放的日益深化，人民的生活质量和健康水平有了显著提升。相关调查显示，我国青少年在身体形态、营养状况等方面均呈现出上升趋势。身体形态方面，从国家体育总局 2010 年和 2014 年的调查数据中可以看出，20—39 岁的男性和女性，在体重、身高、腰围、胸围等指标上均有所增长。同时，青少年营养状况也得到进一步改善，营养不良和低体重的检出率进一步下降，中、重度营养不良的情况极少发生。

2. 身体综合素质下降，不良生活习惯凸显

物质条件的改善虽大大提高了我国青少年的营养水平，促进了生理上的发展，但青少年的健康状况仍不容乐观，尤其是身体素质、运动机能、生活习惯等方面都存在着不可忽视的问题。据相关数据显示，我国青少年在速度、爆发力、耐力、握力等方面持续下降，身体综合素质水平与西方发达国家相比处于较落后状态。同时，我国青少年超重、肥胖、视力不良等问题突显，《2014 年中国学生体质与健康调研报告》指出：我国 7—22 岁城市男生、城市女生、乡村男生、乡村女生的肥胖检出率分别为

13.33%、5.64%、7.83%、3.78%①。此外，中小学生视力不良检出率居高不下且向低龄化趋势发展，高三学生视力不良检出率达到了88.79%。不良的生活习惯是导致青少年慢性疾病发生的重要因素，它不仅易造成肥胖和超重，还会使身体免疫力下降、精神状态不佳。中国青少年研究中心在北京、上海、广州、深圳、杭州五地进行了调查，发现近四成人拥有三种以上的不良饮食习惯，如用餐不规律、常吃油炸食品、暴饮暴食、很少吃或不吃早餐等②。除此之外，缺乏锻炼、运动量不足、喝酒、吸烟、熬夜等现象在青少年当中也十分常见。据调查了解，中国吸烟人数已达3.16亿人，其中，青少年吸烟率为6.9%，尝试吸烟率19.9%，吸烟人群呈低龄化趋势发展。

（二）促进青少年身体健康的相关政策及措施

青少年身体素质与国家的发展息息相关，国务院、教育部、卫计委等国家机关及部门也为了促进青少年的身体健康进行了许多尝试和努力。

1. 青少年的营养促进方面

2001年2月印发的《关于推广学生营养餐的指导意见》的通知中指出，要抓好学生营养餐生产企业的资格认定与生产，保证食物安全与营养餐工作的顺利开展。2011年11月，国务院办公厅印发《关于实施农村义务教育学生营养改善计划的意见》，为试点地区农村义务教育阶段学生提供营养膳食补助，标准为每生每天3元，所需资金全部由中央财政承担。2014年1月，国务院办公厅《关于印发〈中国食物与营养发展纲要（2014—2020年）〉的通知》中提出，要着力降低农村儿童青少年生长迟缓、缺铁性贫血的发生率，做好农村留守儿童营养保障工作；遏制城镇儿童青少年超重、肥胖增长态势。这些政策的实施加大了社会对青少年营养状况的关注，为促进我国中小学生营养事业的发展创造了良好的环境。

2. 体质增强与健康促进方面

2007年5月，中共中央国务院下发《关于加强青少年体育增强青少年

① 国家体育总局. 2014年中国学生体质与健康调研报告［EB/OL］. http://www.sport.gov.cn/n16/n1077/n1227/7328132.html.

② 中国青少年研究中心组织编写，安国启、邓希泉主编. 新世纪中国青年发展报告（2000—2010）［M］. 北京：光明日报出版社，2012.

体质的意见》，让社会各界意识到青少年体质形势严峻，明确提出了加强青少年体育、增强青少年体质的各项措施。2013 年 11 月，十八届三中全会《中共中央关于全面深化改革若干重大问题的决定》中提出要深化教育领域综合改革，强化体育课和课外锻炼，促进青少年身心健康、体魄强健。2016 年 11 月，国家卫计委、教育部等 10 部门联合下发《关于加强健康促进与教育的指导意见》，推进“把健康融入所有政策”，创造健康支持性环境，构建“政府主导、多部门协作、全社会参与”的工作格局，实施好青少年体育活动促进计划，让主动锻炼、阳光生活在青少年中蔚然成风。2017 年 4 月，国务院印发了《中长期青年发展规划（2016—2025年）》，指出要提高青年体质健康水平，实施全民健身计划，加强学校体育工作，组织青年广泛参与全民健身运动，培养体育运动爱好，提升身体素质，掌握运动技能，养成终身锻炼的习惯。

经过长期努力，我国青少年身体素质连续 25 年下滑的现象开始得到遏制；相关政策的颁布，提高了社会各界对我国青少年身体健康状况的关注，营造了有力的舆论环境；学校体育的发展，使学生体质健康水平明显上升；大量体育场馆的建设、体育器械的增加，为青少年锻炼提供了更多的机会和平台；各级政府、党委、教育部门、共青团、妇联组织、社区的合作，更是为青少年身体健康发展提供了强大的支撑。

但是，大部分政策的受益对象为在校学生，对于 18 岁以上的青年尤其是上班族、无业青年等人群的影响有限，覆盖面不足。政策中提出的措施不够具体、操作性不强，更多解决的是共性问题，无法关注到地方特性和青少年个性；同时，对于青少年健康意识的促进和良好习惯的养成方面收效甚微；在今后的工作中应细化相关措施，加强对青少年健康生活的引领和饮食习惯的培养。

（三）青少年人身安全现状

除身体健康外，青少年的人身安全问题同样值得我们重视。近年来青少年受到性侵、拐卖、家庭暴力、校园欺凌等方面的新闻层出不穷，加之车祸、火灾、溺水、地震等意外事故的频发，人身安全问题已经成为影响青少年健康成长的重要因素。网络的普及、公共安全环境的恶化以及青少年安全意识不足，威胁青少年人身安全的隐患越来越多，主要表现在道路交通事故、意外伤害事故、网络安全事故等。统计显示，我国每年约有 20 万人死于交通事故，占事故死亡总人数的 70% 左右，且 10 人中至少有 1

人是青少年[①]。与此同时，由于意外伤害而导致青少年残疾和死亡的数量不断上升，据调查我国中小学生每年因溺水、火灾、自杀、食物中毒等事故导致死亡的达2万余人。随着中国互联网技术的迅猛发展，青少年成为我国网民中最大和最活跃的群体。但近5年来，网络违法犯罪案件数量不断攀升，犯罪主体日趋年轻化，社交软件是实施网络犯罪的重灾区。从中国社会科学院社会学研究所及腾讯公司联合发布的《2018中国青少年互联网使用及网络安全情况调研报告》中可以看出，有50%的青少年每天上网时间超过两小时，30%以上的青少年上网“几乎总是”在刷社交软件，寻求与朋友的联系。上网时间的增多加上风险防范意识的不足，网上交友发展恋爱关系，利用见面实施诈骗、抢劫、强奸等网络案件频发，这些对青少年的健康成长造成了极大危害[②]。

（四）促进青少年人身安全的相关政策及措施

在青少年人身安全方面，各级政府和部门协同合作，通过完善制度、颁布措施、网络宣传等多种形式，进一步加强对青少年的安全保护。2001年11月，共青团中央、教育部、文化部、国务院新闻办公室等在北京联合召开网上发布大会，向社会发布了《全国青少年网络文明公约》，希望全国青少年能够文明上网，增强自护意识，不随意约会网友，共同维护网络安全。2005年6月，《公安机关维护校园及周边治安秩序八条措施》以及《教育部进一步做好校园工作六条措施》的颁布，使校园内部及周边的治安防控措施得到加强，防控机制得到有效建立和完善，防控能力得到切实提高，治安秩序、交通秩序明显改善，消防安全得到有力保障。2013年9月，教育部、公安部、共青团中央、全国妇联联合印发了《关于做好预防少年儿童遭受性侵工作的意见》，预防少年儿童遭受性侵，加强少年儿童的保护工作。2017年4月，国务院印发了《中长期青年发展规划（2016—2025年）》，提出要加强青年健康促进工作，定期组织青年参与公共场所安全演练，开展灾害逃生、伤害自护、防恐自救、互助互救等体验教育，增强青年在应对突发性事件中的自我保护

① 徐艳宏．公共安全环境中青少年的安全保障与防范［J］．中国青年政治学院学报，2014，33（06）：12－16．

② 廖新兰．网络时代的青少年安全问题探析［J］．重庆工商大学学报（西部论坛），2008，18（S1）：225－226．

意识和防灾避险能力。

除完善政策之外，各地学校、社区、妇联组织等还围绕“国家安全教育日”“防灾减灾日”“交通安全日”等相关节日，通过开办讲座、发放宣传册、安全演练等形式开展丰富多彩的专题教育活动，从防溺水、防欺凌、防毒品艾滋病等方面为青少年“上好安全教育课”。

虽然青少年人身安全问题得到了社会各界的广泛关注，在《中华人民共和国未成年人保护法》等法律中也有关于安全保护的内容，但依然未形成专门针对青少年人身安全保护的法律法规。同时，大部分政策中缺乏具体操作措施且监管力度不足。为提高青少年自我保护意识，减少安全事故的发生，需继续完善政策法规，细化措施，加强安全防范教育，强化青少年安全常识和自救知识，促进青少年健康成长。

二、青少年心理健康状况

（一）青少年心理健康现状

青少年时期是世界观、价值观以及人格形成的关键时期，关注青少年的心理健康问题对促进社会的和谐、稳定和发展有着重要作用。

青少年的心理发展是一个复杂的过程，心理状态也会随着年龄、环境的变化而有所不同。当青少年在学习、人际交往、自我认知、情绪处理等方面遇到问题，无法自己解决又得不到相关帮助时，就易产生心理问题甚至造成人格缺陷和行为障碍。当代青少年心理健康状态随着社会发展呈现出了以下特点：

（1）青少年心理状况整体良好，但精神障碍和心理行为问题逐年增多。近年来，各学者在我国多个城市和地区所做的学生心理健康调查结果显示：80%左右的中学生心理健康状况良好和正常，20%左右存在心理问题[①]；大学生群体中度以上的心理健康问题检出率大约为23.79%，心理健康水平总体也呈现出良好趋势。但随着经济社会的发展和生活节奏的加快，青少年成为了焦虑症和抑郁症等常见心理问题的高发群体[②]。同时，

① 郭晌澄．青年的生理心理状况：40年的变化轨迹［J］．青年探索，2018(1)：20－35.

② 薛云云，肖煜吟，付航，袁素维，姚瑶，陈津津，杜亚松，张劲松，朱建征．青少年心理健康现状及改善对策——基于上海市3家医院的调查结果［J］．中国卫生政策研究，2019，12（02）：65－69.

青少年的心理健康水平会随着年龄变化表现出特定的波动，如在12—18岁阶段，初一学生的心理健康水平最佳，初二、初三学生次之，高中生最低。

（2）青少年心理健康状况受到多重因素的影响。青少年的心理健康与家庭结构、学校教育、社会环境密不可分。学校是青少年活动的重要场所，学习问题是影响青少年心理健康的主要因素，它集中表现在学习压力大、考试焦虑、厌学等。据调查，学习中等的学生心理健康状况最为严重，这部分学生在焦虑、自责倾向等方面都存在着一定问题。此外，家庭结构、家庭教养方式以及外貌、生活习惯等都会对青少年的人际关系、社会适应和身心发展产生巨大影响。

（3）网络对青少年心理健康的影响日益凸显。随着信息时代的到来，青少年既成为网络犯罪的主体，又成为最易受到侵害的对象。网络上的暴力、色情、赌博等不良信息、视频和游戏的传播，潜移默化地改变着青少年的认知和意识，引发青少年的模仿、学习甚至参与犯罪行动，对青少年的健康成长产生了极大危害[①]。如2017年一个叫《蓝鲸》的死亡游戏频繁在互联网上出现，参与该游戏的人需要完成50个极端任务，例如用刀割自己的身体、听恐怖音乐、看恐怖电影等，而终极任务则是让参与者自杀。据报道，2017年6月四川有52名青少年不同程度地参与其中，最严重者被诊断患有了精神疾病。此外，青少年容易对网络的虚拟环境产生精神依赖，沉溺于其中无法自拔。网络成瘾人群往往易发脾气，缺乏与他人的沟通交流，从而造成社会性功能障碍，引发心理危机[②]。

（4）心理健康与身体健康密切相关。有关专家对我国青少年的生理状态和心理素质进行综合调查，发现长期缺乏运动的学生，不仅身体素质下滑，心理问题发生的概率也相对较高，更甚者还有暴力倾向。过多时间沉迷于网络和新媒体的青少年，由于长时间观看电子屏幕，易造成视力下降、近视，还会引发颈椎疼痛等各种疾病，同时网络成瘾还严重影响人格发展、人际交往，对青少年身心健康造成危害。突发意外、疾病等生理创伤也会对青少年的心理状态产生极大影响。

---

① 廖新兰．网络时代的青少年安全问题探析［J］．重庆工商大学学报（西部论坛），2008，18（S1）：225－226.

② 王瑞．微时代背景下青少年心理健康问题浅析［J］．才智，2018（36）：229.

（二）促进青少年心理健康的相关政策及措施

我国对于青少年心理健康方面的关注起步较晚，但经过诸多部门的探索和努力，取得了一定的成绩和进展。

2004 年 2 月，中共中央、国务院《关于进一步加强和改进未成年人思想道德建设的若干意见》中提出，扎实推进中小学思想道德教育，要加强心理健康教育，培养学生良好的心理品质。2012 年 12 月，教育部发布《中小学心理健康教育指导纲要（2012 年修订）》，要求按照“全面推进、突出重点、分类指导、协调发展”的工作方针，不同地区应根据本地实际情况，积极做好心理健康教育工作。2017 年 1 月，国家卫生计生委、中宣部等 22 个部门印发的《关于加强心理健康服务的指导意见》中提出，普遍开展职业人群心理健康服务，全面加强儿童青少年心理健康教育，要求各级各类学校加强心理健康教育，培养学生积极乐观、健康向上的心理品质。此外，还对大学生自杀预防、留守和流动儿童的心理健康服务以及遭受欺凌和伤害的儿童青少年心理创伤干预提出了要求。2017 年 4 月，国务院印发了《中长期青年发展规划（2016—2025 年）》，提出要加强青年心理健康教育和服务，注重加强对青年的人文关怀和心理疏导，促进青年身心和谐发展。加强源头预防，采取有效措施解决或缓解青年在学业、职业、生活和情感等方面的压力。

除政策推动外，全国各地网信办举报部门、各网站也采取有力措施，积极推进网络举报工作，维护网络安全。2016 年相关部门共受理网民举报案件 353.7 万件，并集中清理网络上的淫秽色情、诈骗、赌博、暴恐类等有害信息，全力为青少年筑牢网络安全防线。

尽管青年心理健康问题越来越得到社会各界的关注，但总体来说目前尚未形成科学化和系统化的国家检测、评价以及干预系统，对青年心理发展领域的研究不足，尤其是对青年心理发展和变化趋势的把握不够清晰。同时，青年心理实际问题的解决措施、介入体制机制也尚未成熟。在今后的工作中，应继续拓展渠道，丰富形式，加大网络监管力度，针对不同群体青少年特点进行精细分析和处理，全面促进青少年的心理健康与成长。

第二节　身体健康与安全防护

青少年是生理发展的特殊时期，在这个阶段帮助青少年正常面对身体的变化、正确认识“性”，提高自我保护的意识和技能尤为重要。本节主要介绍青少年身体健康和安全防护服务中常用到的理论、方法和主要内容，并结合案例进行相关经验分享。

一、理论依据

（一）生长顺序与时间理论

生长顺序和时间理论主要解释人类生理发展的类型、时间以及青春期发展的变异和差异。英国生物学家丹纳（J. M. Tanner）以英国的青少年为主要研究对象进行“哈本顿成长研究”，重点探讨青少年特别是进入青春期以后生理发展的顺序、类型和变异情况。研究发现，青少年成长是一个循序渐进的过程，发展的顺序和时间不可违背，但是每个阶段中的具体发展状况又存在着差异①。青少年社会工作者可依据该理论更好地掌握和了解青少年各个时期的生理发展规律，根据不同的生长特点制订更加合理科学的服务方案，更好地帮助青少年认识自身成长和发育的过程，更好地接纳自己的成长状况和发育情况，克服成长中的焦虑和不安。

（二）需要层次理论

需要是人类行动的重要动力。马斯洛把人的需要分为五个不同的层次，由低到高分别为生理的需要、安全的需要、归属与爱的需要、尊重的需要和自我实现的需要。生理的需要和安全的需要是行动的首要动力，只有这些需要得到满足或部分满足时，才会追求更高层次的需求。青春期正处于身体发展的特殊时期，在营养、健康等方面需要特别的关注和照顾，关注青少年身体健康和安全保护，就是为了更好地满足青少年的基本需要。此外，我们还可以根据需要层次理论解释青少年的各种行为，引导青少年通过正确的方式满足需要、实现目标。

（三）社会学习理论

社会学习理论的代表人物班杜拉认为，人类行为的习得不仅受到生理和遗传因素的影响，也会受到所处环境的制约。习得的过程有两种：一种是直接经验的学习，即通过反应结果所进行的学习；另一种是间接经验的

① 陆士桢，王玥．青少年社会工作（第3版）［M］．北京：社会科学文献出版社，2017：73.

学习，即通过示范所进行的学习。根据该理论，青少年可以依靠观察学习迅速掌握大量的行为模式，社会工作者在开展活动的过程中可以通过树立榜样、情景模拟、角色扮演等方式，引导青少年学习正确的行为，如良好的卫生习惯、正确的自我保护方法等。社会学习理论为青少年的发展和适应提供了依据，在青少年社会工作中具有重要指导意义。

除上述理论之外，还有认知发展理论、人本主义理论等一系列适用于促进青少年身体健康和安全防护工作的理论，社会工作者需要根据服务对象的具体情况进行分析和研究，从而更好地指导实务活动的开展。

二、常用方法

（一）个案工作

利用个案工作的方法为有需要的青少年或者家庭提供一对一的帮助，可以更精准、更有效地在疾病预防、健康促进、营养改善、安全保护等方面发挥作用。如为特殊群体提供健康照顾、为受到家庭暴力伤害的青少年提供保护性服务、为感染艾滋病的青少年提供咨询和帮助等。在接案阶段，社会工作者需要详细掌握和收集服务对象的个人信息和资料，如姓名、年龄、身体状况、病史、生活习惯等，根据资料预估案主生理或者安全方面存在的需求和问题，与服务对象协商制订合适的服务计划，最后根据计划开展相关服务。

【经验分享】

在小洋的案例中，社会工作者可以采用个案工作的方法为其服务，通过改善小洋的健康状况来促进其他问题的解决。根据资料，小洋在身体方面存在的问题有：经常生病，身体瘦弱，眼睛高度近视；生活习惯方面存在的问题有：抽烟、酗酒、熬夜等。在此案例中，社会工作者可以从以下四方面进行个案介入：1. 拓展兴趣爱好，通过定期锻炼、饮食调整，提高案主的身体素质，减少疾病的发生；2. 戒除网瘾，治疗近视，寻求改善视力的方法；3. 戒烟戒酒，按时作息，养成良好的生活习惯①。

---

① 李春燕．社会工作介入青少年问题的研究——以中学生小Z为例［J］．劳动保障世界，2018（21）：59、64.

（二）小组工作

社会工作者可以根据部分青少年的特点、类型和需求，利用小组工作的方法来开展健康教育和安全教育等活动。健康教育方面的小组活动可包括：健康意识培养、性健康教育、青春期卫生与保健、艾滋病的防治、慢性疾病的管理等；培养生活习惯方面的小组活动可包括：早睡早起、合理膳食、戒烟、戒酒、运动训练等；安全教育方面的小组活动可包括：安全知识学习、逃生技能训练、自我保护意识提升等。小组中可以采用授课、讨论、训练、竞赛、角色扮演等形式，开展实践性、趣味性、教育性相结合的活动，帮助青少年答疑解惑，促进其健康成长。

【经验分享】

青春期女生体质健康越来越引起社会的关注。很多女生为变苗条采取节食、服用减肥药、泻药甚至通过抽脂手术来实现变美的目的。盲目的操作和不科学的减肥方法，对女生的生理和心理都造成了不良影响。为此，社会工作者在某学校成立了健康减肥瘦身小组，帮助青少年正确认识自己的体态，了解健康科学的减肥方法和知识，如食物的合理搭配、各种运动消耗的热量等，同时成员之间可以起到相互督促的作用，使瘦身目标得以更高效地达成。

（三）社区工作

利用社区工作的方法可以扩大受益群体的范围，在此过程中社会工作者需要扮演多种角色，如服务提供者、政策宣传者、倡导者等。可通过健康促进和安全防护等项目，为社区内的青少年开展健康知识宣传讲座、免费体检、运动竞赛、安全演练等活动，呼吁青少年关注身体健康，学习疾病预防和康复知识、逃生自救技能等。同时，社区工作者可积极争取与各级政府组织、机构和单位形成良好的互助合作关系，创建有利于青少年健康发展的社会环境。

【经验分享】

某社区所在的城市处于地震带，为增强居民在地震发生时避险和自救的能力，今年暑假，社会工作者利用地区发展模式在该社区开展了“安全家园”系列活动。社会工作者招募了社区中放假的青少年组成志愿者宣讲团队，向社区居民发放《防震避震常识》宣传手册，同时动员居民参加安全讲座和逃生演习。参与该活动的青少年纷纷表示，在做志愿服务的过程中，不仅学到了很多避震和自救的知识，还提高了互助互帮的意识，增强了对社区的责任感。

三、主要服务内容

（一）针对青少年一般需求的服务

在开展青少年健康发展和安全防护的相关服务时，需要关注大部分青少年的需求，通过专业的理念和技巧来促进他们的发展。

1. 营养与健康服务

青春期是生长发育的关键时期，营养的供给是体格和智力发展的关键，营养不良或营养过剩都会对青少年的成长发育造成不良影响。宏观方面，社会工作者应敦促政府加大对青少年营养方面的经济投入，协助相关部门完善政策措施，进一步推动我国青少年营养状况的改善。中观方面，社会工作者可以在社区和学校等场所开展讲座、沙龙等活动，帮助青少年和家长树立科学的营养观，了解营养对身体成长的重要性，预防疾病的发生。微观方面，帮助青少年培养良好的饮食习惯，根据生长发育的特点和营养需求，为其制订合理的饮食方案，帮助其树立健康的意识和正确的观念，从而促进青少年的健康成长。

2. 卫生保健与性健康教育

青春期是人体迅速生长发育的关键时期，也是人生第二个生长发育高峰期。但成长变化并不是那么容易和简单的，它充满着荆棘和困惑，如痤疮、痛经、梦遗等生理问题常常困扰着青春期的青少年。社会工作者可以通过个案、小组和社区活动等多种或综合的方式来促进青少年了解自我和克服困难，主要内容可以包括：帮助青少年了解性知识和生理知识、普及健康和卫生保健常识、矫正和协助改善健康问题等。

【经验分享】

社会工作者为某社区的中学女生开展了“关爱青春、守护成长”——青春期健康小组活动，活动共包括三个部分的内容：一是正视青春期，帮助成员正确认识并接纳身体变化，克服生理变化带来的烦恼；二是异性交往指导，讨论与异性交往的尺度，学习青春期行为规范，正确处理男女关系；三是自我保护，认识身体隐私部位，树立保护隐私部位的意识，利用情景模拟、讨论等方法，防范和应对性侵害①。

3. 风险防范教育

学习安全知识、掌握自我保护技能、提升风险防范意识是青少年安全保护工作中的重要内容，社会工作者有义务引导和帮助青少年维护人身安全，减少意外事故的发生。风险防范涉及的领域相对较广，其中包括对交通事故的防范，如学习交通法规、熟悉交通标志、遵守交通规则等；对日常安全事故的防范，如普及安全用电、饮食卫生常识，学习烫伤烧伤处理、火灾逃生等自救技能；对自然灾害的防范，如学习地震、洪涝、台风等灾害来临时的脱险救护技能，安全逃生演练等；除此之外，还包括公共安全防范，如避免被拐卖和暴力伤害、抵制毒品侵害、预防性侵等。

除了对青少年进行风险防范教育外，家长、老师等在青少年健康成长过程中扮演着重要角色，家长安全知识缺乏致使孩子健康遭受威胁的案例频繁发生，因此对他们的培训必不可少。此外，缺乏责任心或者过度保护都对青少年的健康成长不利。社会工作者可以通过为家长、老师开展相关活动，让他们掌握更多的安全知识，学习风险或灾害发生时自救互救技能以及青少年受到侵害时应急处理的措施，同时培养和加强责任心，预防和减少风险的发生。

4. 生活方式辅导

健康生活方式是有利于健康的习惯化的行为方式，它主要表现在合理膳食、生活规律、适量运动、心理平衡和无不良嗜好等方面，它对青少年保持身体健康、提高免疫力、抵制传染病、提升精神状态等方面有着重要作用。社会工作者需要为青少年提供正确的行为指导和健康生活习惯的训练，提升其自我管理和约束的能力。相关服务内容包括：引导健康的生活理念、认识健康的重要性、培养锻炼的习惯、拓展兴趣爱好、丰富闲暇生活等②。

---

① 张莉莉．关爱青春 守护成长——青春期健康教育小组分析［EB/OL］．社工中国实务探索：http：//practice. swchina. org/case/2018/1217/32868. shtml.

② 王思斌．社会工作概论（第三版）［M］．北京：高等教育出版社，2014：196 - 197.

5. 休闲娱乐服务

开展休闲娱乐服务可从微观和宏观两方面来进行。微观方面：帮助青少年培养多种兴趣爱好，在空闲时间内多举办一些丰富多彩、创新有趣的娱乐比赛活动或者能够体现价值的公益活动。宏观方面：倡导社会多为青少年提供专门的娱乐休闲场所，建设符合年轻人喜好和特色的健康娱乐设施，如科技体验馆、文化艺术剧院、运动体验馆等。此外，号召社会打击和抵制不健康娱乐行为，整治或者取缔不良娱乐场所，争取为青少年创造良好的休闲娱乐环境。

【经验分享】

重庆市枫香湖儿童公园是政府针对儿童和青少年建立的无动力免费主题公园。园内有秋千岛、水乐园、木偶奇遇等11处无动力游乐设施，有观象台、观鱼廊、儿童舞台等多种互动科普设施，沿湖打造的“耕读文化墙”和“耕读名人墙”更是体现了区域文化特色。儿童和青少年在该公园内既能游戏娱乐，也能品读文化、学习知识，是休闲娱乐的绝佳之地。

（二）针对青少年特殊需求的服务

除了关注青少年的一般需求外，健康方面有特殊需求的青少年同样值得重视。

（1）残障青少年的社会工作服务。对于残障青少年来说，他们在身体健康和安全防护方面需要特殊的照顾和保护。残障青少年由于受先天或后天某些因素的影响使其在体格、感觉和灵敏度等方面明显低于平均水平，因此，对他们反复进行安全知识的教育以及自救技能的训练非常重要。社会工作者可以通过与医院医生的对接，为其提供详尽的康复方案和训练模式；或者根据情况为家庭提供照顾计划和服务等来实现对残障青少年身体健康的促进和保护。

（2）重疾青少年的社会工作服务。重疾的发生对青少年自身和家庭会带来巨大的打击和痛苦。社会工作者可以通过个案管理、危机介入等方式，在家庭照顾服务、社区护理服务、康复服务等方面为青少年提供支持。例如为服务对象对接更多更优的医疗资源，帮助其尽快恢复健康或减轻痛苦；根据身体情况，通过专家指导设计一份有个性化的食谱；通过聊天、适当运动、听歌等舒缓情绪，保持积极乐观的生活态度；组织或帮助服务对象参加一些与自己疾病相关的患者小组活动，互相分享治疗经验和护理心得，获得互相的理解和支持；为有需要的服务对象募捐资金，注入康复希望等。

四、需要注意的问题

（一）注意对资源的整合

在开展工作的过程中，需要调动多方面的资源，加强与各机构和部门的合作。例如在开展安全知识教育的讲座中，可以对接公安部门提供技术支持；在艾滋病宣传教育的活动中，需要卫生计生等部门的相互配合。它们既可以制定有益于青少年身体健康与安全防护的政策措施，又可以提供资金支持。

（二）注意结案后的跟进服务

青少年具有较强的可塑性，但习得的行为也特别容易退化或受到其他因素的影响。例如对青少年进行生活方式辅导，在介入期间该服务对象吸烟、熬夜等恶习已经得到改善，但在服务结束后又逐渐恢复到之前的状态当中。所以，社会工作者要注意对服务对象的后续跟进，督促其继续保持已养成的良好习惯和行为。

（三）关注生理健康的同时也要关注心理健康

生理健康和心理健康有着密切的联系，二者相互作用、相互影响。一个长期处于高压和紧张状态下的人会导致免疫系统难以处于最佳状态，从而抵抗力下降，疾病乘虚而入；而身体健康、保持锻炼的人往往抗压和抗逆能力较强，心理状态相对稳定。青少年处于生理和心理的特殊时期，因此在开展服务时要更加注意用联系的眼光看待问题，全方位思考、多角度处理，这样才能够更好地促进青少年身体健康发展。

五、案例分享

案 例

护蕾行动——预防性侵害校园行

（一）小组背景

“护蕾行动——预防性侵害校园行”项目是由某社会工作服务机构承

接的预防儿童和青少年性侵专业项目。该项目通过社会工作专业方法，在某学校开展了“春蕾宝贝，亲子护航”预防青少年性侵害亲子小组，从青少年个人、家长监护人、学校老师等群体入手，提升各群体预防性侵的意识和技巧以及性侵发生后处理事情的能力。

（二）小组过程

1. 需求分析。对学生、家长进行调研，了解性教育现状和实际需求。

2. 活动设计。以社会学习理论为指导，通过互动游戏、知识讲解、模拟演练、分享交流等增加家长、学生之间的良性互动，提升家长和学生的性保护意识、知识和能力。

3. 活动内容。小组共分为六次活动，具体如下表所示。

次数	活动主题	主要内容
第一次	相识相知	小组成员相互认识、制定小组契约，介绍活动内容
第二次	相亲相爱	亲子游戏、亲子互动沟通
第三次	相守相护	观看视频、听讲座，学习性侵的预防知识和自我防护技能
第四次	我的身体我做主	身体红绿灯游戏，情景表演
第五次	安全小卫士	预防性侵害知识头脑风暴
第六次	情景剧场	亲子模拟现实情境

（三）小组成效

评估结果显示，通过参与此次小组活动，青少年和家长在预防性侵知识、保护意识以及处理方法等方面均有明显提升，小组成员参与积极性强，互动良好，服务效果满意程度较高，该活动模式具有一定的可借鉴性和推广性。

第三节　心理健康教育与辅导

青少年是从不成熟的自我逐渐走向成熟自我的过程。伴随着成长，他们常在情绪、人际关系、自我同一性发展等方面遇到问题，这些问题是否能够得到适当解决是发展的关键①。本节主要介绍青少年心理健康教育和辅导中常用到的理论、方法和主要内容，并结合案例进行相关经验分享。

一、理论依据

（一）精神分析理论

精神分析理论的代表人物是弗洛伊德，他认为人格可以分为三个部分：本我、自我和超我，三者相互联系、相互影响。本我是人的一种本能，它遵循快乐原则，是人类活动的最原始动力；自我是人格中的理性部分，它遵循现实原则，对自我与外部环境起到调节作用；超我相当于良心的概念，它遵循的是理想原则，是人的社会性代表和反映。当本我、自我和超我三者和谐统一时，人格就处于健康状态当中，当三者难以协调、相互冲突时，人格就会处于失常状态，不仅活动效率降低，甚至会危及个人的生存和发展。

心理防御机制是化解本我、超我和现实之间矛盾所运用的心理策略，它包括压抑、投射、固着、移置、退化、认同、合理化、升华等各种形式。但这种化解程度是有限的，当无法化解的冲突积累到一定程度时就会暴发心理疾病②。

青少年的成长过程是逐步社会化的过程，在这个过程中，人格的冲突和矛盾在所难免。精神分析理论可以帮助我们了解个体的人格结构和心理特征，更准确地把握青少年的心理动态，帮助青少年实现在自我、本我和超我三者之间的平衡状态。

（二）埃里克森心理发展阶段理论

埃里克森认为，人生的发展可以分为八个阶段：婴儿期（0 岁至 1.5 岁）、儿童早期（1.5 岁至 3 岁）、游戏期（3 岁至 6—7 岁）、学龄期（6—7 岁至 12 岁）、青年期（12 岁至 18 岁）、成年早期（18 岁至 30 岁）、成年期（31 岁至 60 岁）、老年期（60 岁以后）。在每一个阶段中，个体都会面临一个关键性任务，只有处理好这一任务才能够顺利进入下一个阶段，否

---

① 朱眉华，文军．社会工作实务手册［M］．北京：社会科学文献出版社，2006：217.

② 彭华民．人类行为与社会环境（第 3 版）［M］．北京：高等教育出版社，2016：49－52.

则将会对今后的生活造成影响。该理论认为青少年时期是人生的转折和关键时期，易产生同一性混淆的心理冲突，容易逃避现实、逃避自我，对此社会工作者需要帮助青少年积极应对和解决认同危机，使其更好地进入到下一个人生阶段。

（三）社会角色理论

米德的角色扮演理论认为，人通过角色扮演履行社会责任，并与其他角色发生相互作用。在角色扮演中常会产生一些问题，如角色冲突、角色中断等，若没有及时处理好这些问题将会导致角色失败。青少年在成长发展中要扮演的角色具有多重性，如子女的角色、学生的角色、男女的角色等，他们不仅要面临多个角色的转换，也要为扮演下一个角色做好充分的准备。社会工作者需要帮助青少年学习或者发现解决角色冲突的办法，保持各角色之间和谐统一，预防心理问题的产生；或者通过角色扮演的活动感知和适应某一特定的社会角色，使其更好地进入到该角色当中。

（四）优势视角理论

优势视角是一种关注人的内在力量和优势资源的视角，它认为每个人都拥有自己的潜能、优势和资源，相信个人有能力去应对生活中的各种挑战。在青少年社会工作中，社会工作者把人及其环境中的优势作为助人过程中的焦点，帮助处于困境中的青少年寻求、探索和利用自身的资源和优势，协助他们达到目标，积极面对生活中的挫折与不幸。在青少年心理健康教育与辅导的过程中，可以利用优势视角鼓励服务对象在生活、学习中恢复自信，增强自我效能感，以积极的心态面对未来。

二、常用方法

青少年心理健康教育与辅导需要运用到社会工作专业技能和方法，包括个案工作、小组工作、社区工作等，社会工作者需要在服务的开展过程中根据实际情况进行适当选择和综合运用。

（一）个案工作

青少年的生理和心理机能尚未完全成熟，行为易受到情绪的控制和影响。在运用个案工作方法为青少年进行服务时，要特别注意同理心、接纳、倾听等技巧的运用，与服务对象建立良好的专业关系，同时提供心理疏导、情感支持，预防青少年心理疾病的产生。社会工作者可以根据谈话、量表等方式了解青少年的心理状态和需求并作出初步的判断，为有问题的服务对象舒缓压力、平稳情绪，为其提供必要的支持和帮助，选择恰当的介入模式和服务计划，逐步帮助案主处理负面情绪，改善消极状态，从而更好地面对生活。

（二）小组工作

对于有共同问题或者有相似背景的青少年，可以利用小组工作的方法，通过互动、榜样示范、行为锻炼、竞赛激励等对其进行心理健康教育与辅导。小组的形式可以为青少年提供安全和良好的社交环境，在锻炼交往技能的同时给予情感方面的心理支持。此外，小组还可以使自由散漫的个人化行为得到约束，让青少年学会调整自己的心态和行为模式，从而更好地适应社会。社会工作者可以根据不同青少年的心理需求，开展情绪管控小组、社交小组、兴趣小组、抗逆力提升小组、心理危机干预小组等来提升青少年的心理健康状态，解决青少年的心理问题。

（三）社区工作

采用社区工作的方法对青少年进行心理健康教育与辅导，不仅仅只关注个人和家庭的层面，还需要重点关注青少年所居住的社区和社会环境，利用社区观察、社区调查、家庭访问等方法，寻找社区中可能会影响青少年心理健康的因素，帮助消除隐患，为青少年营造良好的成长环境。同时，动员社区社会资源，举办社区活动，通过社区建设、舆论倡导等形式，加强社会对青少年的关心和关注。此外，社会工作者还可以通过社区工作为青少年创造更多的机会参加社区事务和活动，增加他们对社区的归属感、使命感和责任心，促进其心理健康的发展。

【经验分享】

在小洋的案例中，我们可以根据小洋的问题，利用个案、小组和社区相结合的方式为其进行服务。

在个案工作的接案阶段，社会工作者需要寻找一个安全舒适的场所与案主进行会谈，建立良好的专业关系，了解案主的基本资料和家庭情况。然后，预估案主的问题和需要。根据资料，小洋正处于青春期，他存在的问题有：(1) 自卑心理，不适应城市生活，受到同学排挤和欺负，认为大家都不喜欢他，内心感到孤独寂寞；(2) 厌学心理，成绩垫底，考试作弊，想退学打工；(3) 沉溺网络，经常通宵上网；(4) 受不良群体的影响，有吸烟、酗酒等不良生活习惯；(5) 与家人关系紧张，父母对其关心较少，教养方式不当，双方沟通不畅。服务的目标：消除小洋退学的想法，促使他继续完成学业；减少与不良群体的交往，改变不良生活习惯；增强自信，拓展兴趣爱好，结交新朋友；增进亲子关系，改善父母教养方式，增加双方的良性互动。在介入阶段，对于案主个人来说，社会工作者可以采取支持、鼓励、倾听等方式，结合个人、家庭（父母、奶奶）和社区制订合理的服务计划，一方面修正案主的非理性信念，帮助其树立正确的价值观；另一方面挖掘小洋的优势，帮助拓展兴趣爱好，改善不良生活方式，增强自信心。

同时，社会工作者可以结合小组工作的方法，通过开展亲子小组，增加案主与家庭成员之间的良性互动，改善父母的教养方式，尤其是那种关心较少、犯错就打骂的方式，促进双方的相互理解。也可以引导案主参加一些学习小组、兴趣拓展小组等，帮助案主认识新朋友，减少与社会青年交往的频次，学习与人沟通交流的技巧，形成能够长期坚持的兴趣爱好，逐渐减少对网络的依赖。

社区工作方面，为了使小洋能够更好地适应城市生活，社会工作者可以在学校或社区中组织一些培训、讲座和集体活动，增加小洋对城市的归属感，促使他更好地融入新生活。另外，学校处于城乡接合部，松散的管理和特殊的环境易引发社会问题。社会工作者可以与学校进行沟通，探讨加强对学生管理的方法，完善管理制度。同时，在学校内部和周边范围内开展文明倡导活动，树立榜样，引导正确的价值观，营造团结友爱、积极向上、健康和谐的校园和社会文化环境①。

三、主要服务内容

（一）针对青少年一般需求的服务

在青少年社会工作服务当中，大部分青少年的需求具有相似性，因此，在开展青少年健康发展和安全防护的相关服务时，需要关注大部分青少年的需求，通过专业的理念和技巧来促进他们的发展。

① 李春燕．社会工作介入青少年问题的研究——以中学生小 Z 为例［J］．劳动保障世界，2018（21）：59、64.

1. 生命教育

生命教育是对人生死问题认知的过程，通过有目的、有计划的教育活动，引导青少年认识生命的意义，尊重、爱护生命，追求生命的价值，丰富生命的经历。青少年时期不仅仅要重视对智力、体力的开发，也要注重对意志力、抗压能力的培养。加强对青少年的生命教育，可以让青少年更好地了解自己的优缺点和个性特征，充分接纳自己、珍惜自己的生命；同时，要引导他们学会感恩，用积极的心态面对生命中的挫折和困难。生命教育主要包括几个方面的内容：认识生命的自然过程，了解生命的意义与价值，懂得尊重生命，珍爱生命；学会和掌握个人生存和发展必备的心理素质和技能；学会感恩，学会爱和被爱等。在青少年的生命教育中，还可以适当增加性教育的相关内容，让青少年更好地了解自己，从容地面对身体和心理的变化。社会工作者可以通过讲座、微电影、媒体宣传、游戏、情景剧等形式，广泛传播生命教育的相关知识，促使青少年爱护生命、珍惜生命、追求更富有意义的人生。

【经验分享】

社会工作者通过小组活动方法在某社区为12—15岁的青少年开展了主题为“青春之歌”的生命教育活动，活动包括感受生命、认识生命、欣赏生命、珍惜生命和探索生命5个部分。

小组活动主题和目标

主题	主要活动	目的
感受生命	热身游戏 农业科普讲座 种植绿植	1. 相互认识 2. 增加小组成员之间的熟悉程度 3. 感受生命的力量和生命的神奇
认识生命	了解青春期 青春期案例分享 我的身体我做主	1. 了解身体的变化 2. 解答青春期疑惑 3. 掌握保护自己的方法和技能
欣赏生命	绘制“我的生命线” 游戏：“优点大轰炸”	1. 帮助组员感受自己生命的独特性，学会欣赏自己 2. 帮助组员增强自信心 3. 帮助组员理性面对生活中、学习中的挫折

续表

主题	主要活动	目的
珍惜生命	游戏："保护鸡蛋" 观看电影并进行分享：《十分钟，年华老去》	体验生命的脆弱，感悟生命的意义，增加对生命的热爱
探索生命	游戏："生涯拍卖""模拟人生" 领养第一次活动的绿植	1. 了解生命的价值，树立生活目标 2. 培养责任心，让"生命"延续

2. 人际交往辅导

人际交往既是一种技巧也是一门学问，与同学交往、异性交往、长辈交往都是青少年必须经历的一个过程。通过交往可以使青少年获得亲情、友情和爱情，不仅提高了理解和观察能力，还可以消除孤独感和不安全感，使紧张的心理得到调节和安慰，情绪得到舒缓和稳定。长期的人际交往障碍会导致青少年自卑、羞怯、多疑等心理问题的发生，如不及时关注和处理，将会对青少年的成长产生不利影响甚至引发严重后果。社会工作者可以通过小组活动、个案辅导等方法来提升和锻炼青少年的社交技巧，如沟通技巧、同理心、语言表达、矛盾处理方法等，还可以对不健康的心态、行为进行帮扶、管理和矫治，如自私的心态、不礼貌的行为、不良生活习惯等。

3. 情绪管理辅导

人的情绪复杂多样，尤其是青少年时期的情感，丰富热烈，敏感易怒，两极化、矛盾化明显。情绪问题的产生往往受到内因和外因的共同影响，内因主要包括人格特征、非理性信念、情绪认知等，外因主要包括家庭环境、学校氛围、社区文化等。长期的负面情绪，如痛苦、郁闷、焦虑会对青少年的生活、学业、身体和心理产生极其不利的影响。社会工作者对青少年进行情绪管理辅导，就是要帮助青少年更好地感知情绪、调节情绪、表达情绪以及处理负面情绪带来的影响。在此过程中，不仅需要关注青少年的个人状况，还需要对社会支持网络（家庭、学校、同辈群体、社区等）进行调查和了解，找出引起情绪问题的原因，从多方面帮助青少年提升情绪管理能力。

4. 心理疏导服务

心理疏导就是对青少年的心理障碍进行疏通和引导。心理障碍的诱发因素很多，主要表现为：情绪障碍，如受到老师、家长批评形成的自卑心理，失恋造成的抑郁；性格障碍，如遇到事易偏激、狂躁，与朋友相处多疑、妒忌；认知障碍，对家长、老师的批评教育不理解，学习目标不明确而形成的厌学心理。

面对青少年的心理障碍，社会工作者需要具备敏锐的洞察力和诚恳的态度，通过倾听、谈心、劝导等方式为服务对象提供一个倾诉和发泄的平台，结合家长、学校、社会等方面分析成因，帮助青少年寻找自身的优点和解决问题的办法。当遇到精神障碍或者有严重人格障碍、心理问题的案主时，社会工作者需要进行转介绍，或对接专业心理咨询师、精神科医生为其进行服务。

（二）针对青少年特殊需求的服务

青少年自杀已经成为当今中国最严重的社会问题之一，这种偏差行为不仅威胁着青少年的健康成长，对青少年的家庭也会带来沉重的打击，因此，预测以及应对青少年自杀是社会工作者的重要职责。诱发青少年自杀的因素有很多：家庭结构残缺或教养不当、学业压力、人际关系不良、网络对生命观的误导、现代媒体的不良影响等。社会工作者可利用个案工作、小组工作和社区工作相结合的方法来对青少年的自杀问题进行介入和预防。针对有自杀倾向的青少年，社会工作者首先需要对案主的精神状态进行准确评估，其次要了解案主的基本资料以及问题产生的原因，最后建立专业关系时要注意培养信任感和安全感。在此过程中要特别注意案主所处情景，如家庭、学校、社区等，对于有行为异常的青少年，社会工作者、家长以及教师要具有敏感性，发现有情绪障碍或者心理问题时要给予及时的帮助和疏导，协助青少年度过心理危机，防止自杀①。

四、需要注意的问题

（一）关注同辈群体对青少年的影响

同辈群体对青少年的成长和发展具有特殊的意义，这种影响体现在两个方面：从积极方面来看，同辈群体之间有更多的共同语言，为青少年人际交往增加了机会，通过相互之间的帮助、理解和支持，可以满足青少年

---

① 蔡雪婷．社会工作介入青少年自杀问题的路径探索［D］．华中师范大学，2014.

归属与爱的需要，同时，同辈群体中健康的亚文化有利于青少年形成正确价值观，对其行为和习惯产生一定的约束和影响；从消极方面来看，部分青少年会为了更好地融入某同辈群体，盲目地接受或认同一些错误观念和不良行为，并进行效仿，一旦受到排挤，被排斥者易产生自卑、怨恨等心理，长期积累下来甚至会发生报复或反社会的行为。因此，社会工作者要充分发挥同辈群体的积极作用，帮助青少年增强自律和辨别的能力，自觉抵制不良风气和错误的价值观；同时，协助家长和教师做好监督和引导，营造良好的社会环境和健康的文化氛围，最大限度地减少同辈群体的消极影响。

（二）提供转介服务

青少年的心理问题复杂且多样，社会工作者在心理健康教育与辅导的过程中更多起到的是预防作用，例如对可能引发心理问题的社会因素进行消除，对简单或初步发生心理问题的青少年提供情绪疏导和情感支持，但在心理咨询上缺乏专业性和深度。当遇到心理问题严重、复杂或者是精神疾病的案主时，需要及时作出判断，对接相应的资源或者提供转介服务，防止不良后果的发生。

五、案例分享

案 例

社会工作对流动青少年自卑心理的介入①

本小组以某社区12—15岁有自卑心理的流动青少年为服务对象。通过调研发现，服务对象有自我评估过低、性格孤僻、人际交往障碍等问题。社会工作者通过游戏、经验分享等方式，从自我价值、人际交往等方面，增强流动青少年的自信心，促进自我调节，降低自卑感。

1. 总目标：增强流动青少年的自我效能感，摆脱孤独、自卑的心态，积极面对生活；建立良好的朋辈关系，促进亲子关系；提升社会对流动青少年的关注。

2. 具体目标：（1）使青少年认识到自信的重要性；（2）了解增强自

① 严涛．小组工作介入流动青少年自卑心理研究［D］．重庆大学，2015.

信的方法和技巧；(3) 提升组员的人际交往能力，并能够把习得的技巧运用到实际生活当中。

3. 活动主题与内容

流动青少年自信心提升小组

节数	活动主题	活动内容	活动目的
第一节	欢乐大家行	1. 游戏："棒打薄情郎" 2. 活动：乐在其中 3. 分享感受 4. 布置作业	1. 增加组员之间的相互认识和了解 2. 建立小组规范
第二节	认识你真好	1. 互动游戏 2. 说说我自己 3. 撕名牌游戏 4. 分享人物传记和自己的经验 5. 心灵锦囊：匿名写出自己的烦心事，并扔进提前准备好的箱子中	1. 增进组员感情 2. 引导组员更全面地认识自己，树立自信心 3. 进一步了解困扰组员的问题
第三节	大家都是好朋友	1. 回顾前两次活动内容 2. 热身游戏 3. 我们一起帮帮忙（抽取心灵锦囊，大家一起讨论解决办法） 4. 观看电影：《我被贴了"傻"标签》	1. 充分认识自信的重要性 2. 帮助解决困扰组员的问题
第四节	我很不一般	1. 互动游戏 2. 分享上一节活动观看电影的感受 3. 活动：优点大轰炸 4. 布置作业：和爸爸妈妈分享活动感受并亲密合影	1. 欣赏自己、接纳自己，建立自信 2. 学习欣赏别人，建立良好的朋辈关系
第五节	我的未来不是梦	1. 互动游戏 2. SHOW 出我自己 3. 活动：心愿墙 （写出自己对家庭、对生活的期望，然后把心愿贴到墙上，社会工作者根据心愿与家长联系沟通） 4. 集体舞	1. 进一步提升组员的自信心 2. 启发组员能够更自信地面对将来的生活 3. 处理离别情绪

4. 活动效果

本次小组活动采用游戏、互动以及分享的方式，帮助社区流动青少年提升了人际交往能力，通过帮助组员建立良好的互动关系，使他们能够从小组活动中获得资源和心理支持，逐渐加深对自我的认可度，有效增强了他们的自信心，从而降低了自卑感。

第四节　毒品预防和艾滋病防治宣传教育

一、青少年毒品预防教育现状

（一）青少年吸毒现状及原因

青少年涉毒已经成为人们重点关注的社会问题。国家禁毒委员会办公室公布的《2017 中国禁毒报告》显示，截至 2016 年底，全国现有吸毒人员共 250.5 万人，其中 18—35 岁的青少年多达 146.4 万人，占吸毒总人数的 58.4%。由此可知，我国青少年成为全国吸毒人群中占比最大的群体，对青少年的身心健康产生了极大危害。

一方面，青少年对毒品的认知不够全面，没有真正认识到毒品的危害性。广州白云自愿戒毒院对院内接受戒毒治疗的青少年进行调查，发现有 97% 以上的青少年首次吸毒并不清楚毒品是什么、有多大危害，从而被人引诱直至吸毒成瘾。另一方面，当今社会环境中普遍存在着压力，家庭教育不当加上相关部门监管不严，当青少年遇到压力、困难和烦恼时，容易沉溺于网络或娱乐场所，寻求心理释放和精神解脱，这些行为极大地增加了青少年涉毒的风险①。

（二）相关政策及措施

《中华人民共和国预防未成年人犯罪法》中明确规定，政府有关部门、司法机关、人民团体、有关社会团体、学校、家庭、城市居民委员会、农村村民委员会等机构应该结合未成年人不同年龄的生理、心理特点，对不同年龄的未成年人进行有针对性的预防犯罪教育。《中华人民共和国禁毒法》也明确指出：国家、各级人民政府、共青团、妇联、新闻出版单位、

---

① 毕鸿玉，任桂秋．青少年涉毒风险因素及预防教育研究［J］．辽宁公安司法管理干部学院学报，2018（4）：37－41.

社会团体、居（村）委会、未成年人的父母／监护人都应当对未成年人进行禁毒预防宣传教育。

2014年7月，中共中央、国务院印发《关于加强禁毒工作的意见》，要求要深入开展毒品预防教育，发挥学校主渠道作用，重点针对青少年等易染毒群体开展毒品预防教育，建立学校、家庭和社区毒品预防教育衔接机制，普及家庭防毒知识，强化社区禁毒宣传教育。2015年，《全国青少年毒品预防教育规划》提出要将青年毒品预防教育纳入职业培训范围，落实城市社区青年毒品预防责任，关注农村留守儿童和外出务工青年毒品预防教育。2016年，中共中央国务院印发的《“健康中国2030”规划纲要》中提出，强化社会综合治理，以青少年、育龄妇女及流动人群为重点，大力普及有关毒品危害、应对措施和治疗途径等知识。

多年来，我国各部门对青少年毒品预防高度重视。通过禁毒知识竞赛、禁毒慰问演出、禁毒科普教育展览等多种形式，对青少年进行毒品预防的宣传教育活动。实施青少年毒品预防教育“627”工程，到2016年底，已有20万余所学校的1.5亿名学生接受禁毒专题教育，11万名教师参加禁毒师资培训，15万所学校的975万名学生参与全国青少年禁毒知识竞赛网上答题，有效增强了青少年自觉抵制毒品侵害的能力，减缓了新滋生吸毒人员增长的势头。

但毒品预防的宣传教育仍无法实现对青少年群体的全覆盖，尤其是对一些流动人口、无业青少年的预防和宣传教育力度不足。这类人群常在娱乐场所活动，既是易染上毒品的高危人群，也是毒品预防教育的死角。另外，宣传内容和形式较为单一，精准性差。针对不同年龄、不同对象的人群，在宣传的内容、方式和方法上大致相同，导致宣传教育效果不佳①。

二、青少年艾滋病防治现状

（一）青少年艾滋病现状及原因

艾滋病是全球青少年的第二大死因。据中国疾控中心数据显示，2016年1—9月，我国新发现15—24岁青年学生感染者2321例，是2010年同

① 张小华．我国青少年禁毒预防教育的困境与展望［J］．人民法治，2018（12）：47－50.

期的4.1倍。据云南省防治艾滋病局通报，截至2014年10月，云南省15—24岁青少年学生感染者和病人达346例，报告死亡20例，新发现病例较2013年增长62.2%。广州市15—24岁青少年艾滋病例已由2007年以前的散发状态进入快速增长期，病例报告数比例逐年增加，上升趋势明显。青少年已成为感染艾滋病数量上升最快的一个群体，且感染率逐年递增。

高危性行为是导致青少年感染艾滋病最主要的原因。据调查，青少年对婚前性行为大部分持认同态度，约10%的大学生有婚前性行为。在3万余名有性行为的青年学生中，与临时性伴、商业性伴发生过性行为的比例分别为20.7%、3.9%，首次性行为安全套使用率不足50%[①]。除此之外，同性传播的比例逐年上升，数据显示，我国新发艾滋病感染者每年约8万例左右，2017年报告感染者中男性同性传播为25.5%。2016年，深圳市新报告学生艾滋病感染23例，全为男性，经同性传播的渠道占82%[②]。

（二）相关政策及措施

青少年的艾滋病防治问题引起了国家的高度重视。2015年，国家卫生计生委办公厅、教育部办公厅发布《关于建立疫情通报制度 进一步加强学校艾滋病防控工作的通知》，要求建立艾滋病疫情通报制度和定期工作会商机制，提高学校预防艾滋病教育工作的覆盖面和针对性。高校、中等职业学校要建立教务、学生工作、共青团组织、校医院等部门共同推进预防艾滋病教育的工作机制，明确牵头单位，确保工作到位。2017年国务院办公厅印发的《中国遏制与防治艾滋病“十三五”行动计划》中提出，要持续加强对重点人群的宣传。教育、卫生计生和共青团等部门和单位要将性道德、性责任、预防和拒绝不安全性行为作为教育重点，督促学校落实预防艾滋病专题教育任务，积极发挥学生社团、青年志愿者和学生家长的作用，加强学校预防艾滋病和性健康的宣传教育。

为防止艾滋病疫情的进一步恶化，我国建立了艾滋病疫情通报制度，提高学校防艾教育工作覆盖面；为青少年免费发放安全套，提供保密、快

① 马迎华．青少年与艾滋病［J］．北京大学学报（医学版），2016，48（3）：385-388.

② 舒彬．深圳市青少年HIV感染增长态势流行分析及策略探讨［J］．寄生虫病与感染性疾病，2017，15（3）：149-151.

捷的免费艾滋病检测、咨询；利用多媒体网络和社交媒体平台，提高青少年对艾滋病的认识；动员社会力量广泛参与，充分发挥工会、共青团、妇联等单位在艾滋病防治工作中的作用，动员和支持企业、社会组织和志愿者开展与艾滋病防治相关的社会宣传活动①。

三、禁毒防艾与青少年社会工作服务

吸毒与艾滋病的传播关系密切。据调查了解，艾滋病病毒感染者和艾滋病患者中，约四分之一是因注射毒品而传播，其中最主要的原因是共用未消毒的注射用具。此外，某些毒品可导致使用者性欲亢进，出现多性伴侣、性暴力和不使用安全套性交等高危性行为，大大增加了感染艾滋病病毒的概率。因此，开展禁毒防艾宣传教育的社会工作服务可以从三个方面来进行。

1. 知识宣传

（1）加强青春期的性健康教育。青春期是青少年生理发展的重要时期，在此阶段，青少年常会对自己的身体发育和心理变化产生困惑，因此，加强青春期性教育，弘扬健康的性文化，能够帮助青少年更好地掌握和维护自身的性和生殖健康，对预防毒品和艾滋病以及其他性传播疾病有重大意义。社会工作者既可以根据不同年龄段的青少年特点开展小组活动，通过听讲座、观看性教育视频、绘本阅读、角色扮演等方法，帮助他们了解男女性征的异同，生育和避孕相关知识、性道德规范和有关法律等，同时，也可以根据为个别有需要的学生提供咨询，答疑解惑，或设计专门的服务方案。

（2）加强对禁毒防艾的知识宣传。我国社会正处于转型发展的关键时期，新问题、新矛盾的出现加大了禁毒防艾的难度。新型毒品的出现和传播更是对传统禁毒方式提出了挑战。新型毒品成瘾性高且形式多样，导致部分青少年无法辨别，放松警惕。对此，在禁毒方面的宣传应该更具有精准性和持续性。社会工作者可根据地区情况、青少年类别、年龄以及接受能力的不同，开展重点不同的禁毒知识宣传。校内学生加强对毒品种类和危害性的认识，校外青少年除基本知识宣传外，加强对相关法律法规的了

---

① 马迎华．推进中国青少年学生艾滋病综合防控策略的实施［J］．中国学校卫生，2017，38（9）：1281－1284.

解。同时，禁毒防艾的宣传教育不应该只是偶尔的几次活动，而应该定期、长期地开展。社会工作者可根据不同类型的青少年制订长期的宣传和服务方案，让活动更加具有系统性和规范性，这样不仅能够对服务对象进行追踪了解，早发现、早诊断、早治疗，还能够让服务对象不断更新毒品和艾滋病知识体系，应对新问题发生，起到更好的预防效果①。

2. 心理干预

处于青春期的青少年易出现情绪问题，处理事情的想法和方法不够成熟，考试失利、家庭变故、就业压力都会对青少年的心理产生影响。沉溺于网络、慢摇吧、KTV 等娱乐场所或社交场所，接触不良社会群体，增加了吸毒和感染艾滋病的风险，甚至会走上犯罪的道路。社会工作者可以对处于特殊时期的青少年进行心理干预，发现潜在的服务对象，帮助其认识情绪、处理情绪问题并传授负面情绪的处理技巧。对已经形成心理问题的青少年，除及时疏导外，必要时可以联系专业心理医生为其进行服务。

3. 环境改善

恶劣的家庭氛围和不良的社会环境都有可能是青少年涉毒潜在的风险。据调查，残缺型、冲突型家庭中成长起来的孩子走上歧途的可能性较大，经常遭受家庭暴力或者长期受到忽视的青少年在人格的形成和身心健康方面存在着较大隐患。同时，所处社区的氛围、政策的完善程度都会对青少年的成长产生重要影响。家庭环境方面，社会工作者可以对家庭成员进行评估，了解家庭结构、相处方式、父母素质等方面的情况，针对性地提出解决方案，协助改善亲子关系，帮助家庭建立良好的沟通和互动模式。此外，在对青少年进行禁毒防艾宣传教育的同时，社会工作者也要对家长进行相关知识的普及，使其了解毒品和艾滋病的危害，规范自身行为，警惕不良因素对孩子造成的威胁。社会环境方面，通过社区工作倡导文明和谐的社区氛围；为社区争取更多的资源，如医疗资源、志愿服务资源等，提高基层医疗卫生机构的防治能力，号召更多的人参与到禁毒防艾的活动当中。

---

① 李照刚．论高校大学生禁毒防艾教育的新举措//云南省中国近代史研究会．德育论丛（第一辑），2011：4.

四、需要注意的问题

（一）注意遵守保密原则

在开展禁毒防艾的宣传教育活动中，要注重对患者资料的保密，不得公开泄露艾滋病病人、感染者及其家属的资料。社会上“谈艾色变”的风气依旧存在，很多单位和个人对艾滋病处于一种“过度敏感”的状态，未经允许公开患者资料，不仅是违法行为，还会引起社会对艾滋病患者和家属的歧视，从而造成其巨大的心理压力，容易导致极端行为的产生，如自杀、报复社会等。

（二）尊重和接纳

尊重和接纳是社会工作的基本原则之一，社会工作者开展服务过程中要理解服务对象在其成长过程中遭遇的各方面伤害对其价值观、人生观的形成产生的负面影响。社会工作者必须学会用专业的眼光看待服务对象的问题和成因，如同性恋群体是艾滋病的高发人群，此类群体是禁毒防艾重点宣传和教育的对象。如果在服务过程中对他们持歧视、厌恶态度，将无法取得服务对象的信任，严重影响工作成效和服务热情。

（三）注重与各部门的协调合作

要实现对青少年群体的有效服务，必须坚持以卫生计生、教育、公安等部门为主导，积极推动与社会组织、企业机构的合作，以进一步建立和健全禁毒防艾的宣传教育体制，更好地达成活动目的。

五、案例分享

案 例

青少年禁毒防艾宣传教育项目

1. 项目背景

云南省某地职教园区是新建设的教育基地，由五所职业学校组成，在校学生人数达1.5万人，是该地禁毒防艾教育的重点区域。本次项目是针对职教园区新入学的学生及其所在家庭提供禁毒防艾宣传教育。该项目主要分为两部分：一是通过小组活动，为15—18岁新入学的青少年开展禁毒防艾宣传教育；二是通过社区工作，对学生所在的家庭、社区进行相关的主题宣传，提升家庭功能，营造良好的社区氛围，共筑“拒绝毒品，预防艾滋”的屏障。

2. 服务内容

活动主题及内容

	主题	活动内容
项目实施计划	成长不烦恼——禁毒防艾校园行	目的：从认知层面入手，增进青少年的性教育知识和禁毒防艾知识 形式：互动课堂、案例分享、分组讨论安排，每周覆盖4个班级，每个班级包括3次系列活动
	健康乐生活——禁毒防艾设计赛	目的：通过对禁毒防艾海报的设计，对知识进行内化，达到参与式学习的目的。同时，通过在社区中进行海报的评比、展示，扩大宣传效益 形式：海报设计、社区宣传 安排：到4所学校的12个班级进行宣传动员，计划开展活动1次
	沟通零距离——禁毒防艾家长汇	目的：从家长层面入手，宣传禁毒防艾相关知识，同时提升家长的责任意识，学习亲子沟通的方法和技巧，促进禁毒防艾的家庭教育 形式：工作坊 安排：项目周期内开展至少2次工作坊

3. 总结与反思

本次项目打破了学校传统、单一、封闭的禁毒防艾和健康教育的形式，以“独立单元+系统递进”的模式开展，引导青少年关注自己的身体健康，重构生活方式，从而达到禁毒防艾和自我保护的目的。评估结果显示，此次项目活动取得了较好的效果，青少年在青春期性知识、禁毒防艾知识、自我保护意识等方面都有了提高和改善。同时，项目的课件和运行模式具有可复制性和可推广性，可以本项目为试点，继续覆盖到更多的初中、高中甚至高校。但本次项目由于涉及范围广，活动前缺乏对服务对象的调查了解，例如在青春期性知识提升教育的活动中，社会工作者到现场才发现该班级全部为男生，课件的内容并未针对该特点进行修改。对此，在项目结束后，社会工作者会继续完善该项目的运作方式，确保今后的推广活动能达到更好的效果。

第七章　青少年婚恋交友支持服务

情境

某社会工作服务机构所在的辖区内共有青少年6000余名，其中单身青年就有2000余名，大龄化趋势明显。该机构的社会工作者发现，一方面大多数青少年的生活方式都比较"宅"，社交圈比较小；另一方面他们又存在着与他人建立关系的需要，这些关系包括朋友关系、恋爱关系、婚姻关系、性关系等。考虑到"婚恋交友、性健康和优生优育"是青少年时期重要的社会化课题和任务，对青少年的成长和发展具有极其重要的价值，社会工作者希望对辖区内的青少年提供婚恋交友、性健康及优生优育服务。但社会工作者仍有很多疑问，如：青少年婚恋交友的特征有哪些？青少年在婚恋交友的过程中可能会遇到哪些问题？青少年性健康教育和优生优育教育的现状如何？社会工作者在婚恋交友、性健康和优生优育方面可以为青少年提供哪些具体的服务？社会工作者应该遵从怎样的原则，可以运用哪些专业的方法和技巧？本章试图对以上问题作出解答。

第一节　青少年婚恋交友现状

一、青少年的人际关系

（一）青少年的人际交往需要

青少年时期是人生第二个生长发育和发展的高峰期，是成长的新起点和转折点。身体的悄悄变化也给青少年的心理和情绪带来了变化："我到底是个怎么样的人?""我的特征是什么?"等一系列关于"我"的问题开始反复萦绕于青少年的心中。他们的自我意识强而不稳，自尊心要求大幅提升；情感世界充满风暴，常常表现出幼稚的感情冲动和短暂的不安定状态；性意识骤然增长，对异性有强烈的交往欲望，性的好奇感和神秘感与日俱增；人际交往欲望强烈，希望结交志趣相投的知心朋友；对自己所属的集体有强烈的归属感和依赖性需求。青少年的这些问题和需要，从根本上来讲是其社会化过程的基本条件是否得到满足，在社会化过程中是否实现了自我的同一性。

与他人和社会建立合理的关系是青少年社会化进程中一个非常重要的方面，是青少年需要完成的重要的社会化任务。从社会哲学意义上看，婚姻、恋爱和交友都属于关系范畴，是一种社会关系。在人际关系发展中，不管是朋友间的友谊关系、恋人间的爱情关系，还是夫妻间的亲人关系，都深深地影响着我们的生活。在马克思的经典著作中，人的交往是人类所有活动的前提；人的交往反映了人的社会关联性与制约性；交往范畴与生产方式、生产关系是内在统一、彼此互动的。马斯洛的需要层次理论也指出，当人们最基本的生理需要得到满足以后，还会产生感情、友谊和归属的需要，即人际关系需要。

人际关系是青少年最基本的需要之一，人际交往是青少年认识自我、他人和社会的基本形式与途径。进入了青少年时期之后，个体对人际交往的需求往往会更加强烈，更需要进一步认识自我、认识社会，需要获得理解与尊重即人与人之间的关爱。良好的人际关系有利于青少年自我意识的增强以及自我同一性的发展，是青少年保持心理平衡和完善个性的有效方式。相反，不善与人交往或不良的人际关系则可能导致青少年不能正确地认识自我、他人和社会，引发许多心理问题，影响青少年的心理健康，阻碍他们顺利地成长和发展。

（二）婚恋交友关系

人类与生俱来就有一种归属感和去爱别人的需要，而当这些需要被满足时，亲密关系就形成了。宽泛地讲，恋人、夫妻及朋友等都属于亲密关系。亲密关系是人类社会最为根本的关系，它能让个体存活与成长，也使得个体有归属感，并对人生之中何为情感、信任、忠诚、责任等产生真切的感受①。

1. 同伴关系

伴随着成长，人们人际交流的圈子不断扩大，从家庭延伸到社会。尤

① 翟学伟．爱情与姻缘：两种亲密关系的模式比较——关系向度上的理想型解释［J］．社会学研究，2017（2）．

其是青少年时期，朋友成了亲密关系中必不可少的一部分。众多心理学家已经阐明，青少年的朋友关系对青少年走向社会化具有重要的意义。赫洛克认为朋友关系对青少年的发展有以下作用：给青少年以稳定感和归属感；给青少年以健康的娱乐场所；使青少年获得社交的经验；使青少年提高宽容和理解的能力；给青少年以学习社交技术的机会；给青少年以培养社会洞察力的机会；发展对集体的忠诚心；使青少年发展求爱行为。班杜拉认为青少年的社会行为是直接学习、模仿和强化的结果，青少年在同伴交往中观察同伴的活动，观察的结果在头脑中形成一种意向，正是这种意向指导青少年在处于与榜样相似的情景时，作出与榜样相似的活动。青少年在同伴交往中通过直接强化或替代强化获得可被同伴接纳的社会行为，放弃不被同伴接纳的行为，从而促进个人的社会化。美国心理学家哈塔普也指出，没有与同伴平等相处的机会，青少年将不能学习有效的交往技能，不能获得控制攻击行为所需要的能力，也不利于性别社会化和道德价值的形成。

还有很多研究表明，青少年时期同伴关系中的友谊是青少年社会支持的重要源泉，是安全感发展的催化剂，能减少青少年对在这一特殊时期出现的急剧变化的焦虑和恐惧。尽管一些青少年能非常成功地调节自己，但一般来说，当有麻烦和压力时，还是有同伴可以寻求的青少年更容易形成较高的自尊，较少出现情感问题，对社会的敏感性和推测他人感受的能力更强，同时，也表现出更多的利他行为和分享行为，更能对他人表示关心并采取实际行动帮助他人。

2. 婚恋关系

在异性朋友间，随着情感的投入，这种友谊关系会演变成恋人间的亲密关系。这种关系也叫爱情，爱情是一种特别的亲密关系。在人们的心目中，爱情是一种美妙、神奇、令人向往同时又是神秘莫测的感情，不少感受过爱情喜悦的人往往也品尝过爱情的苦涩。爱情的果实是婚姻，亲密关系也随之变成了一种亲人般的关系。在这种亲密关系中，人们更讲究的是责任以及这种亲密关系的维持。

当友谊、爱情等亲密关系建立起来之后，人们总是开始期待这种关系能够持久维持。而亲密关系的形成是双方面的，所以维持这种关系需要双方付出许多的努力。尽管人们喜欢与他人建立并维持亲密关系，但实际上并不是所有的亲密关系都是圆满结束的，在亲密关系建立的不同时段，也会出现亲密关系的破裂。亲密关系的破裂往往会造成青少年情感上的伤害，进一步影响青少年的自我认同和亲密关系的建立。

二、转型期青少年的婚恋交友关系

青少年婚恋交友既受个体成长、发育过程的影响，又受文化背景的影响。因此，这里的转型既指青少年由儿童时期向成人时期的转型，又指我国社会从传统社会向现代社会的转型。个体的转型与社会的转型同时作用于青少年的婚恋交友观念和行为。

（一）个体的转型

青少年期是儿童转变为成人的重要过渡阶段，在此阶段青少年的生理迅速发育并趋于成熟，是心理和社会性发展的关键时期，也是由自然人向社会人过渡的重要时期。1904 年，霍尔在他的经典著作中把青少年期描述为“狂飙突进”的时期。霍尔从达尔文的生物进化理论出发，认为个体的成长与发展是人类进化过程的复演，其中青少年期则复演人类的浪漫主义时代，是激情与进取并存、充满内外冲突的时期，其最主要的特点是易于激动、烦躁不安，激烈的情绪不断地在两端摇摆。霍林沃斯在其 1928 年出版的《青少年心理学》一书中提出，青少年时期的心理性断乳是作为与婴儿期的生理性断乳相对应而使用的一个概念，主要用来描述青少年从父母的保护、监督和依赖关系中摆脱出来，并追求在家庭中占有平等和独立自主的过程。无论是生理性断乳，还是心理性断乳，其共同特点都是必须着手改变与新的需要、冲动、行动不相适应并发生矛盾的，在断乳前所形成的习惯及反应。斯普兰格用第二次诞生来形容青少年期的心理特征，正是在这个时期，安逸、均衡的状态被打破，个体精神生活的构造发生了巨大的转变。这主要体现在三个方面：自我发现、对未来生活的计划和生活领域的扩大。20 世纪 20 年代，彪勒在《青年的精神生活》一书中，通过大量的日记研究，把这个阶段分为两个时期：第一时期是以否定倾向为主的青春前期；第二时期是以肯定倾向为主的青春晚期。否定期是伴随着身体的快速成熟而出现的，主要表现为不愉快、烦躁不安、粗暴、易激动和兴奋等，青少年兴趣转移迅速，意志薄弱，怀疑一切，内在的不满情绪使他们对周围的一切采取抗拒的态度，所以又称为反抗期，或者是第二次心理诞生。但随着人格和自我的日趋成熟，这种否定情绪逐渐被肯定情绪代替，青少年自身也会变得更为稳定、自信、有所节制。

埃里克森认为，青少年时期面临的主要发展危机是同一性危机。青少年开始在家庭之外发展更为广阔的社会关系，并尝试取得更多的自主权，实现自我的同一性，为将来进入成人社会做好准备。就心理层面而言，生理的变化意味着青少年不再是孩童，不能再用孩童的方式去接触世界和处理事情。另外，随着自我的扩展，青少年要知道自己是怎样的一个人，要确定自己已经长大，是一个独立自主的人，也还在寻找自己行为的规范。于是，一方面要挣脱旧有的束缚，学做大人、学做自己，却又放不掉对亲情的需要；另一方面，理性仍尚未成熟，再加上青少年认为成年人不了解自己，自己也不愿意（或害怕）在成年人面前暴露自己的迷惑。凡此种种，都会对青少年的婚恋和交友产生影响，反过来，青少年的婚恋和交友经历也会影响青少年自我同一性的发展和社会化的进程。

（二）社会转型

我国正处在社会转型阶段，对很多问题的探讨都避不开社会转型的背景，青少年婚恋交友问题也不例外。从社会发展的角度来看，社会转型意味着社会由传统型向现代型的转变，其核心是社会结构的现代转向，即从以农村社会为主的、封闭同质的僵滞化社会结构，转向以城市社会为主的、开放异质化的弹性化社会结构。

首先，社会流动在加快。流动的方向表现为较落后的地区向发达地区流动，低收入职业向高收入职业流动，第一产业的劳动者向第二、第三产业流动，等等。中国社会流动的加快，改变了青少年婚恋和交友的格局。其次，社会分化在加速。社会整体已形成多层次、多样化的统一体。社会成员的经济收入、社会地位在市场经济的导向下显著分化。社会出现了不同于以上的新生的社会阶层，也进而出现了新阶层青少年的婚恋和交友问题。最后，社会失范现象出现。中国社会在改革开放后改变了原来的社会规范，例如原来的一系列政策、规定和法律条文及道德观念、价值观念发生了巨大的变化，而新的规范未能马上建立起来，从而导致了社会一定的混乱，这个现象在社会理论上被称为“失范”，例如享乐主义思潮的滋长、网络犯罪、焦虑心态蔓延、“杀熟”现象普遍等。在此情况下，人们的社会活动包括青少年的婚恋交友活动常常面临着巨大的社会交往风险。

(三) 转型期青少年婚恋交友特征

1. 注重个性化

改革开放以来，我国社会结构发生重大变迁，国家逐渐对社会松绑，从原先对生、老、病、死、工作、生活全面负责的状态中逐渐撤出，这一过程也势必要求个体承担更多的责任、对自己的行为负责，个体利益越来越受到重视和尊重。随之而来的是，人们在追求价值观层面的自我主体意识和自我利益正当性也越来越强。“追求自己的幸福”“坚持自己的选择”成为很多年轻人的生活原则，尽管这一观念被接受的程度会因人而异，但这个进程越来越快已是不争的事实。尤其是近年来，城镇化、网络化、市场化、全球化的叠加影响，正将这一趋势迅速扩大。现代青少年注重关系平等，相互之间大都不存在谁限制谁的问题。相互投缘就经常往来，双方感觉较差就中断走动。人们交往不愿长期压抑自己的感情，不愿受到较多的限制、听从别人的命令。相反，交往个性意识增强，希望对方给予自己较多的自由度，希望个性发展能受到对方尊重。

2. “小而美”的交往需求

当代青年强调在非正式的社会空间情境中的个人需求以及各种以兴趣和爱好为核心的新型私人圈层。相应地，青年人公共生活和社会交往的中心已经从体制内的大公共空间（如广场、礼堂、青年宫）转到了围绕某一主题的小型物理空间，比如密室逃脱、乐跑等以及想象性的虚拟空间，如主播平台和直播间等细分的场景。这实际上是满足了当代青年一种新型的“小而美”的社会交往需求[①]。这种“小而美”的生活态度折射到青年的婚恋和交友上，表现在：越来越多的人倾向于以兴趣为中心的交往活动，通常这些兴趣点都来自线上资源的分享，如饭圈、二次元圈、电竞圈等；单身的青少年追求过一种属于自己的精致生活，而恋爱以至结婚是重建两个人的精致生活。步调的不一致、习惯的不兼容及生活细节上的冲突都会成为亲密关系的裂痕。

3. 较大的流动性

社会分工日趋精细，社会流动性不断增加，交通通信迅猛发展，为拓宽人际交往的空间范围提供了便利条件。在这种情况下，旧有的人际关系

---

① 廉思．中国青年发展报告［M］．北京：社会科学文献出版社，2017：6.

发生深刻变化，人们交往欲大大增强。过去那种集中于亲友邻里之间，出于感情心理需要的人际交往逐日减少，取而代之的是现代人在交往中已不满足“人生得一知己足矣”。除了注重感情的需求外，还希望在增加交往的过程中，不断寻找新的朋友，觅得发展的机会。这样，人们交往机会的增多，交际时间的缩短，交际需求的加大，交际面的拓宽，导致了交往的深度趋于浅显，大大不如以往那么牢固、稳定，而体现出流动性较大的特征。这种人际交往的多元化、表面化，一方面有其积极的因素，它可以拓宽人际交往的网络，扩大交友的范围；但也有消极的一面，就是在频繁变换交友对象的同时，让人感到人与人之间的深入了解趋于困难，甚至感到人和人交往有一种被利用的感觉，有时还会因朋友的退出和远离而出现各种有害的不良心态。

三、当代青少年婚恋交友问题

随着经济的迅猛发展、现代信息技术的普及和全球化的影响，青少年的婚恋与交友也进入了“全球化”的洪流，可谓异彩纷呈。多元化的社交观念体现在青少年追求活泼、展现个性的自主社交上，社交形式多样化、社交对象复杂化、社交频率高速化，是这个时期中国青少年的婚恋和交友生态。当代青少年开始追求平等、理智、多元的婚恋和交友方式，并在婚恋和交友过程中有意识地注重自我发展和自我完善。与此同时，青少年的婚恋交友也出现了一些社会普遍关注的现象，引起了理论界和实务界的重视。

（一）当代青少年婚恋问题

1. 中国式婚恋焦虑

近几年“父母逼婚”“剩男”“剩女”话题频见各大媒体、夺人眼球。据有关调查显示，中国农村剩男3000万人，北京、上海等大城市的适婚青年男女单身率已突破30%，从《2010年全国婚恋调查报告》看出，中国约有1.8亿适龄青年在为择偶忙碌。第五次人口普查数据显示：中国男性的平均结婚年龄为25.3岁，女性平均结婚年龄为23.4岁；20—29岁结婚人数占同年龄段人口数量的59.6%。第六次人口普查数据显示：中国男性的平均结婚年龄为26.7岁，女性平均结婚年龄为24.9岁；20—29岁结婚人数下降至44.9%。两次人口普查间，男性平均结婚年龄推迟了1.4岁，女性平均结婚年龄推迟了1.5岁，20—29岁年龄段结婚人数比例下降了近15个百分点[①]。交友难、婚恋难已成为社会普遍现象。中国是一个普婚制的国家，结婚始终是广泛认同的重要生命事件，错过了适时结婚时间，就会面临着压力。这个压力既包括来自父母的“逼婚”压力，也来自自身择偶的压力，且男性和女性的压力不同。男性的择偶压力源自女性对男性经济上的要求，女性的择偶压力则源自男性对女性年龄的要求。

2. 多元化的婚恋模式

随着时代的变迁，人类的婚姻关系发生了巨大变化，中国的婚姻家庭模式已开始多元化并将是一个趋势。过去大家都在一个相当传统的婚姻模式中，但随着中国整个社会变得多元化，当代青少年比过去拥有了更多的自由，婚姻的内涵和外延也随之更加多样化，如单亲家庭、混合家庭、单身家庭、有或者没有孩子的同居配偶等已屡见不鲜；一些新的婚恋现象不断涌出，引起了人们的极大关注，例如“网恋”“试婚”“不婚”“隐婚”“拼婚”“同性婚姻”等。据《中国青年报》报道，公众对以下几种新型婚姻形式的接受度分别为：网婚为48%、隐婚为52%、闪婚为34%、不婚为62%[②]。另外，财产公证成为青年防范婚恋风险的无奈选择。婚恋被当作是实现个人利益（不仅是经济利益，也包括生活目标和情感需求）的一种市场行为，一种投资过程，一种合作形式，一种经济现象，符合市场和经济规律。而女权和女性主义也带来了更多对于婚姻本质的思考和质疑，使得当今婚恋现象呈现出复杂多变的状态，这反映了个人选择的多样性。

3. 婚姻维持更艰难

（1）上升的离婚率和下降的结婚率形成鲜明对比。2000年到2012年的13年间，由于适婚年龄段人口总数的增长，结婚和离婚对数都在增长，但离婚数量增长快于结婚数量增长。离婚对数年度复合增长率为7.53%，比结婚对数复合增长率3.6%高出3.93%[③]。2018年1月18日中国国家统计局公布的数据显示，2017年中国的出生人口和出生率双降，而2017年

---

① 参见世纪佳缘网：《2012—2013中国男女婚恋观调查报告》。

② 黄火明．青年闪婚现象的社会学探析［J］．中国青年研究，2007（10）．

③ 中华人民共和国民政部．中国民政统计年鉴（2012）［M］．北京：中国统计出版社，2012.

是中国实行“全面二孩”政策的第二年。出生人口下降的背后是适婚年龄的年轻人低迷的结婚欲望，数据显示，自2014年起，结婚登记人口已经连续四年出现下降趋势，离婚人口在过去五年里也出现了整体攀升的趋势。随着社会生活节奏变快、现代社会婚姻制度的开放，婚姻越来越像快消品，离婚也不再是大家嘴里讳莫如深的话题。随着离婚率逐年攀升，衍生出来的婚姻情感问题、子女抚养费、再婚成本等话题也成为社会关注的焦点。

（2）青少年的婚姻保鲜期缩短。据世纪佳缘调查报告显示：在婚后1年至5年间，夫妻双方的幸福感、婚姻满意度都达到最低值；婚龄3—5年的调查者中，有11.1%的人表示下辈子不要和对方在一起，另外更有8.9%的人决定下辈子干脆不结婚①，有41%的人在此期间选择结束婚姻，这期间内离婚的比例远高出我们通常认为难逃爱情魔咒的“七年之痒期”。而在离婚后，面对前妻/前夫，“85后”态度毅然决然，表示“老死不相往来”。离婚原因非常复杂，不仅来自个人生活差异、主观感受，也牵涉到个人三观等诸多问题。据世纪佳缘调查报告显示：“对方缺乏责任感”“婚内出轨”“感情变淡”是离婚的主要原因，“婚内出轨”已经成为选择离婚的第二大因素。其中，49%的离异女性认为“对方缺乏责任感”是导致她们上一段婚姻结束的主要原因；34%的离异男性则认为“感情不和”是导致他们上一段婚姻结束的主要原因。其中，“感情变淡”是导致双方婚姻结束的共同导火索。另有18%的女性因“家庭暴力”而选择离婚②。所以，婚姻需要如何来维持激情以及婚后的责任感究竟应当如何体现，这两点已成为目前婚姻中最值得我们进行思考的问题。

4. *初恋和初次性行为时间低龄化*

（1）青少年初恋时间大大提前。28%的“90后”初恋发生在初中或更小。初恋发生在小学的比例由“70前”的0.6%上升至“90后”的

---

① 参见：北京大学社会调查研究中心联合百合网婚恋研究院，《2015中国人婚恋状况调查报告》。

② 参见：北京大学社会调查研究中心联合百合网婚恋研究院，《2015中国人婚恋状况调查报告》。

3.3%，初恋发生在初中的比例由“70前”的3.6%上升至“90后”的24.7%[①]。“95后”初恋平均年龄为12岁[②]。特别值得注意的是，《中国青少年成长发展调查问卷》数据显示，“00后”在现实中的恋情维持时间着实不能算长久，3个月以内的恋情维持时间占比高达35%。

（2）青少年发生初次性行为平均不到16岁。《中国家庭发展报告2015》指出，在调查的15—17岁青少年中，性行为发生率为4.1%，发生初次性行为的平均年龄为15.9岁，初次性行为避孕的比例为53.3%，这表明我国青少年性与生殖健康知识缺乏，青春期教育引导有待加强。曾有性行为经历的青少年中，本人或女朋友曾怀孕的比例为25%，而且其中26.7%曾经采取了避孕措施，说明青少年避孕知识及能力严重缺乏。此次调查的6—17岁青少年共有10083人，男女所占比例为54.3%和45.7%。该报告显示，青少年对青春期生理变化和心理变化知识了解程度相对较好，但与异性相处知识和避孕知识缺乏，约1/3的青少年表示不了解与异性相处知识，3/5的青少年不了解有关避孕知识。

（二）当代青少年交友问题

1. 发展性交友困扰

受青少年发展阶段及所处环境的影响，青少年在交友过程中面临着许多困扰和问题，具体包括：由于青少年心理上尚未成熟，常常分不清好朋友或坏朋友，而且容易受朋友的影响；许多青少年由于从小生活经验狭隘，个性比较内向自卑，与人交往产生了困难，不知如何与人建立友谊；青少年常因自我了解不够或者不能客观地了解别人，无法与朋友保持良好的关系；异性交友困扰问题，有研究表明，青少年异性交往问题主要表现出两个极端：一是过分独处，不与异性同伴来往；二是频繁与异性同伴来往，表现出“早恋”现象，影响了学业等。

2. 新阶层青少年的焦虑

近来，“空巢青年”成为社会流行的热词，备受媒体和舆论关注。“空巢青年”是指与父母及亲人分居、单身且独自租房的年轻人。他们大都背

---

① 参见：全国妇联中国婚姻家庭研究会、中国社会工作协会婚介行业委员会、百合网，《2011中国人婚恋调查报告》。

② 参见：北京大学社会调查研究中心联合百合网婚恋研究院，《2015中国人婚恋状况调查报告》。

井离乡，独自在大城市打拼，生活空间相对独立、封闭，感情上与亲朋好友联系稀疏，呈现出“孤岛”和“茧房”式的居住方式。在现代性的大背景下，人们的生活发生了巨大的变化，由现代制度所引起的日常生活之嬗变，以一种直接的方式与个体生活相融合，进而与人的“自我”交织在一起①。从某种意义上说，“空巢青年”现象是在现代性的影响下形成的。

“空巢青年”现象反映了当代青年内心的焦虑。独自在城市打拼的“空巢青年”面临着巨大的生存压力和自我发展问题：他们的居住条件较差，生活圈子狭小，且必须独自面对生活中的各种难题 。他们中的一部分人享受独处的生活，认为独自生活没有外界的约束，能够自由地安排日程，但也有一部分人生活方式单一，并常常感到内心寂寞空虚。大多数“空巢青年”认为自己最大的问题是缺乏精神寄托，无法排解内心苦闷。这种“空巢”的生活状态会使青年产生焦虑情绪，甚至患上抑郁症。吉登斯认为，焦虑具有弥散性，它呈现出一种游离状态，是人们在日常生活中对危险作出的无意识反应，会使人处于一种恐惧的氛围之中。当前科技的迅速发展使人们的物质需要得到极大满足，但是生活节奏的加快也使青年处于焦虑之中。焦虑情绪相互感染，使青年急于追求成功，也使他们的内心浮躁不安，这从本质上反映出“空巢青年”思想的贫瘠和精神世界的空虚。

3. 现实世界与虚拟世界的张力

互联网和先进的数字化技术已经大大改变了人们特别是青少年交流的方式。网络在拓展青少年人际交往空间的同时也对现实婚恋与交友产生了冲击。科技正引领着青少年，逐渐使人群分化，而虚拟世界影响了部分青少年的自我认同感。见面俨然变成麻烦的事情，即便是聚会，许多人也不忘随时查看手机，与朋友分享、情人恋爱的方式转变成“一起寂寞”的生活形态。当信息科技给青少年带来沟通便利的同时，也使青少年之间的关系弱化，有些青少年甚至因此丧失了面对面交流的能力，出现了虚拟世界活跃、现实世界逃避的矛盾状态。从形式上看人们之间的联系似乎更轻松、更密切，但实际上却更焦虑、更孤单。

---

① 安东尼·吉登斯．现代性与自我认同［M］．北京：中国人民大学出版社，2016.

第二节　青少年婚恋交友服务

婚恋交友问题与青少年日常生活和人生发展息息相关。这一问题看似是青少年在生命历程演进过程中所遭遇的个人抉择与成长烦恼，但它背后蕴藏了深刻的社会经济因素，与房价、阶层流动、生活成本等问题息息相关，某种程度上是青少年私生活与社会大环境的交织节点，也是青少年焦虑感的重要来源之一。社会工作者在开展婚恋交友服务时，既要考虑婚恋交友的私人性，也要考虑婚恋交友背后的社会影响因素。社会工作者可以根据青少年婚恋交友的特征和需要，运用社会工作专业方法为青少年提供适宜的婚恋交友服务。

一、青少年婚恋交友服务内容

（一）观念引导

青少年时期正是价值观念形成的重要时期，婚恋观、家庭观和交友观是青少年人生观和价值观的主要方面，是其婚恋和交友行为健康发展的主要动力，没有正确积极的婚恋和交友观念作为指引，就可能会出现一些婚恋和交友问题。大多数青少年对婚恋和交友的态度和意识是积极的、健康的。但随着中西方文化的不断发展与社会结构的不断变化，青少年婚恋和交友观念也受到了深刻的影响。由于缺乏正确婚恋观的指导，加上多元社会文化的侵蚀和大众传媒的负面引导以及市场经济的消极影响，一些青少年的婚恋观出现了一定的扭曲和偏差，这不仅对青年的身心健康不利，也影响着社会的安定。对此，社会工作者需要为青少年传递正能量，引导青少年在婚恋和交友过程中秉持积极、健康、美好的婚恋观、家庭观和交友观。

案　例

近年来，一些电视台上星频道开办了一些婚恋交友类电视节目。这些节目为适婚男女青年提供相识和交往机会，体现了电视媒体的引导功能和服务功能，但也存在较为严重的问题，如一些嘉宾身份造假、自我炒作、言论低俗、行为失检、恶意嘲讽，主持人引导乏力，部分节目盲目追求收视率，放任拜金主义、虚荣等不健康、不正确的婚恋观。这些做法严重背离了社会主义核心价值体系，违反了广电总局关于广播电视净化社会文化环境、抵制低俗之风的有关要求，损害了广播电视媒体的形象，许多观众表示强烈不满。为进一步规范管理婚恋交友类节目，国家新闻出版广电总局下发了《关于进一步规范婚恋交友类电视节目的管理通知》①。

1. 婚恋观引导

婚恋观包括恋爱和结婚的动机、对待恋爱和婚姻的态度、择偶观、失恋观等。社会工作者可以通过专业的方法、多角度的介入，引导青少年树立科学、文明、健康的婚恋观。具体来说，社会工作者要帮助青少年学习、理解和掌握婚恋中的相爱、相处、相知之道；正确认识恋爱、婚姻和家庭中的权利和责任；增强对各类文化观念和生活方式的辨别能力；树立婚恋道德教育与恋爱艺术教育并重的意识；增强面对不良婚恋行为的免疫能力。社会工作者要引导青少年正确处理理想与现实的关系，把握择偶标准；正确处理婚恋与道德的关系，保持健康情趣；冷静处理婚恋纠纷问题，引导青少年依法解决婚姻涉法问题。

2. 家庭观引导

家庭是青少年社会化和价值观形成的第一场所。无论时代如何变化，无论经济社会如何发展，对青少年来说，家庭的生活依托都不可替代，家庭的社会功能都不可替代，家庭的文明作用都不可替代。因此，社会工作者要引导广大家庭在培养子女的时候注重家庭、注重家教、注重家风。首先，引导广大家庭把爱家和爱国统一起来，把实现家庭梦融入民族梦之中。其次，要积极传播中华民族传统美德，传递尊老爱幼、男女平等、夫妻和睦、勤俭持家、邻里团结的观念，倡导忠诚、责任、亲情、学习、公益的理念，推动人们在为家庭谋幸福、为他人送温暖、为社会作贡献的过程中提高精神境界、培育文明风尚。最后，引导广大家庭弘扬优良家风，要教育子女树立遵纪守法、艰苦朴素、自食其力的良好观念，明白见利忘义、贪赃枉法都是不道德的事情，要为全社会做表率。

家庭不只是人们身体的住处，更是人们心灵的归宿。社会工作者要通

① 案例来源：http：//sz. bendibao. com/z/feidian/2010613/212872. htm.

过专业的方法，用社会主义核心价值观引领家庭文明建设，倡导正确理想信念，注重以文化人，深入开展中国特色社会主义和中国梦宣传教育，深入开展党中央治国理政新理念新思想新战略宣传教育，汲取中华优秀传统文化、革命文化和社会主义先进文化的精神养分，推动核心价值观在家庭中生根。

3. 交友观引导

所谓交友观或人际价值观，是指在人际交往和人际相处过程中所体现出来的，用以区分人际关系好坏、益损、适当与不当，及符合或违背自己意愿等的观念系统，它通常是充满情感的，并为个体或群体人际关系的行为提供充分的理由①。

青少年发展最迅猛的社会性需要是受人尊重的需要、友谊的需要和交往的需要，他们开始疏远成人而热衷于与同伴交往，对同伴倾注了越来越多的感情，同时萌生了与异性交往的强烈欲望。同时，当前青少年正处于一种权威价值缺失，传统与现代、后现代掺杂，多元价值兼收并蓄的社会转型期，同质、异质的价值观和行为规范考验着青少年的心理张力。正如玛格丽特·米德在她的《文化与承诺》中所比喻的，青少年在现代社会转型过程中是“时间上的移民”，他们对刚刚失去的世界没有老一辈的那份执着，对刚刚诞生的社会他们又有着太多的迷惑与失望，希望通过各种方式来表达对社会的见解和认识，渴望自己的行动得到关注和认同，被认同成为这个时代年轻人思想生存和社会生存的另一种需要②。自我认同问题在本质上首先就是归属需要问题③。当前青少年人际关系失调，组织归属感淡化，严重影响着青少年个人同一性的发展和归属感，反过来进一步影响当代青少年的交友观和行为。

青少年由于缺乏社会经验，他们迫切需要成人在交友上给以帮助和指导。社会工作者要秉持尊重、接纳和非评判的原则，以平等的方式引导他们建立正确的交友观，引导青少年不断探索自己、调整自己，尝试

① 黄希庭，郑涌，等．当代中国青少年价值观研究［M］．北京：人民教育出版社，2005：189.

② （美）玛格丽特·米德．文化与承诺［M］．石家庄：河北人民出版社，1987.

③ 江琴．当代大学生自我认同重构［J］．山东省农业管理干部学院学报，2007（2）．

各种新方法将自己发展为一个被自己接受的人，并引导青少年学会向他人开放、学会走进他人，激励青少年学会关心他人，从而获得积极健康的友谊。

（二）婚恋与交友指导

1. 婚恋指导

案 例

2018 年 11 月 4 日晚 19：30 左右，湖南信息学院 2017 级会计专业女生谢某在校内毛塘湖溺水。事发当时，有多名学生发现后奋不顾身在现场施救，并同时拨打了 120 急救电话。谢某被送往医院后经医学鉴定已死亡。事发后，经长沙县公安局立案侦查，证实谢某系因恋爱纠纷导致情绪过激而跳水身亡，排除了他杀。

很多情侣或夫妻是在经历了重大的挫折和压力之后才会寻求专业的帮助，甚至不去寻求专业帮助而引发一些过激的行为。事实上，危机的出现只是一个结果，在此之前很多矛盾早已产生。当前，青少年很难接受到全面、深入、彻底的恋爱和婚前教育，从而导致在恋爱和婚姻中缺乏处理问题的准备和能力，甚至为此酿成悲剧。因此，如何在恋爱和婚姻关系出现大的问题之前帮助他们预防问题，如何能够提高恋爱婚姻关系的质量和问题处理能力，成为社会工作干预的焦点。

（1）恋爱指导。沟通问题是恋爱中最常见也是最根本的问题。社会工作者可以采用小组干预的形式，将社会工作的沟通技巧融入“沟通、冲突解决、角色分工”等主题中，通过引导青少年增加积极互动、减少消极互动来增强恋爱关系。如，Bernard Guerney 和他的同事在宾夕法尼亚州立大学开设了一个增强恋爱关系的小组性质的课程，旨在从九个积极的方面来增强恋爱关系，即关爱、给予、理解、诚实、开放、信任、分享、同情心以及和谐，参与者会学习一系列与这九个方面相关的技巧。而 Howard Markman 和他的同事开发的恋爱关系课程是建立在应该更多关注情侣关系的消极方面而不是积极方面的观念之上的，课程主要涉及的是处理冲突的技巧、处理重要主题（期待、承诺等）和促进关系（友谊、乐趣、性生活）的方法[①]。

（2）婚前指导。当人们确定了婚姻关系就组建了一个新的家庭。家庭是一个自然社会体系，是可以界定为一组具有关系联结的互动单位。在家庭这个单位中，每个人都承担着不同的角色，社会生活的紧张和角色承担者对角色把握的能力影响着家庭成员的角色认同、角色扮演和角色实现，而沟通有助于家庭成员的角色认同、角色扮演和角色实现。与世界上的事物往往都遵循一定的周期开始、发展、终结一样，家庭也按照一定的轨道形成、发展直至消亡，且在每个阶段都有不同的发展任务。社会工作者可以依据家庭系统理论、家庭沟通理论、家庭周期理论等开发婚前辅导项目或课程，来识别影响婚姻和家庭质量与稳定性的因素，并进一步提供支持和帮助。

Lee M. Williams 对青少年做了一个婚姻质量及稳定性影响因素的调查，结果中排名靠前的因素是：处理工作的压力；孩子对婚姻的影响；怎么保持婚姻的浪漫；怎样处理愤怒或沉默；怎样处理差异；确认出现问题的信号。Dennis A. Bagarozzi 和 Judith I. Bagarozzi 开发了家庭发展任务课程，认为情侣在新的婚姻关系形成之前就要学习和掌握一系列的发展性任务。这些任务包括：家庭角色和任务、财政和财政决定、性生活、亲戚关系、朋友、娱乐和孩子。McGeorge 等以预防学作为理论基础开发的婚前辅导课程，旨在帮助情侣评估恋爱关系和模式、原生家庭对未来婚姻的影响、沟通方式、婚姻角色与期待、经济与预算、相似与不同以及结婚计划等，通过让情侣学习有关婚姻关系的知识、学习健康的互动模式来提高双方对婚姻的准备度，使他们可以更好地过渡到婚姻关系中。

2. 人际交往指导

人际交往问题是青少年社会化过程中的一块巨大的绊脚石，会严重影响青少年健康成长。从目前我国青少年人际交往的情况来看，一方面青少年存在着形形色色的交友问题，如自卑、自闭、性格内向、不愿与人交流或交友不慎等；另一方面，受多种因素影响，家庭、学校和社会不能对青少年的交友问题做到良好的引导。青少年在人际交往方面迫切需要专业化的手段给予指导和帮助。

---

① 刘玲. 大学生情侣婚前辅导研究［D］. 上海师范大学硕士学位论文，2013：5－7.

社会工作者可以在专业理论的依托下，通过个案工作、小组工作等直接服务方法和技巧，为青少年，特别是留守青少年、流动青少年或其他有需要的青少年提供适度的引导和技能训练，帮助青少年改变不良的认知和情绪，培养其良好的人际交往能力。人际交往能力具体包括：人际认知能力（自我认知、认知他人以及对于人际交往活动的认知）、人际情绪控制和情绪管理能力、人际沟通能力。社会工作者还可以运用间接的方法，通过指导家长、老师等重要他人，在家庭、学校和社会之间构筑一道支持网络，对青少年人际交往能力的培养起到促进作用。

（三）婚恋与交友活动

1. 为青少年搭建交流平台

对于进入工作场所的青少年而言，其婚恋难主要表现在两个方面：一是没有足够的时间和精力去拓宽交友圈子，寻找一个“合适的人”；二是如果找到了意中人，则可能没有足够的时间和精力去好好经营一段感情。因此，搭建平台给不同青年人群提供沟通渠道和拓展他们的交友圈子非常重要。社会工作者要努力构建青少年沟通和交友的平台，如可搭建单身青年的信息库，促进各行各业青年的交流，为其婚恋交友提供一定的参考信息，同时组织各种形式的联谊活动，创造不同单身青年认识的机会。

2. 创造青少年沟通的可能性

案例

为提升辖区内青少年人际交往中的沟通技能，将所习得的经验应用于日后的学习、生活当中，2017年7月11日至8月2日，珠吉街家庭综合服务中心青少年组社会工作者在珠吉家综多媒体室开展“聊动漫，话青春”人际交往小组。社会工作者通过带领组员玩游戏、看动漫作品、参观动漫展的形式引导组员讨论，反思其中涉及的人际交往技巧。组员经过此次小组学习了人际沟通中的六大技巧，包括：记住他人名字、真诚主动地自我表露、耐心倾听与反馈、说话的艺术、学会理解、换位思考和包容不同观点。另外，在第四节小组中，社会工作者借助参观动漫展览的方式，加深了组员间的互动，促进了组员对人际沟通技巧的把握，使组员间建立了更为深厚的感情。小组中，组员由一开始的迷茫到最后能够一同参观动漫展、相互添加好友、分享喜欢的动漫作品、共享欢乐时光等一系列改变，证明了组员在小组中的成长。

青少年偏好的交友方式是在学习和工作中自然而然的接触，而非各类相亲活动，如果非要他们选一项喜爱的相亲活动，排在首位的是熟人圈组织的相亲活动，其次是以单身青少年为主的兴趣爱好活动，再次是政府组织的小型相亲活动，他们最不喜欢的是婚恋网站或者婚恋机构组织的活动。因此，社会工作者要善于运用专业的小组和社区工作方法，突破传统的活动形式，组织让青少年信得过又感兴趣的婚恋交友活动，将单纯以相亲为目的的活动转变为以单身青少年为主的兴趣爱好活动。社会工作者要尊重青少年的意愿，提高青少年参与活动的自主性，可以对青少年的需求进行分类，根据不同青少年的需求类型开展一些小型化、易参与的活动来调动广大青少年的积极性，并使活动常规化。

二、青少年婚恋交友服务方法

（一）社会工作基本方法

1. 个案工作

个案工作即运用个案工作方法对青少年个人及其家庭进行的服务[①]。个案工作的常规流程为接案、预估、计划、干预、评估、结案六个阶段，其中干预的方法一般为会谈。具体而言，青少年婚恋交友个案工作有以下一些特点：

（1）青少年服务中，建立关系阶段具有主动性、外展性和技巧性特点。由于婚恋交友问题的敏感性和私密性以及涉及青少年的自尊，青少年极少主动求助。此外，青少年的婚恋交友问题有时具有隐蔽性，常常外化为学习成绩下降、性格叛逆、爱发脾气等问题。因此，青少年社会工作者要主动努力获得和青少年建立关系的机会，并善于识别青少年问题背后的人际交往因素。

（2）婚恋交友问题属于人际关系范畴，往往涉及多主体和不同的情境，因此对青少年婚恋交友问题的评估不能局限于青少年本人，还包括其

① 邹文开，王婴．社会工作实务操作手册［M］．北京：中国社会出版社，2015：63.

所处的环境；评估也不能仅仅限于问题本身，更要评估青少年的优势和资源。

（3）青少年时期特别渴望别人的尊重和关注，因此，社会工作者在制订服务计划时要充分尊重青少年的意愿并对青少年进行积极的关注。认知疗法、理性情绪疗法、叙事疗法是个案工作者介入青少年婚恋交友问题时经常采用的方法。

（4）青少年的婚恋交友问题是在人与人、人与环境的互动中产生的，因此，社会工作者在干预的时候应采取生态系统视角，一方面要提高青少年适应环境的能力，另一方面要促进环境对青少年的支持。

（5）对青少年婚恋交友个案工作服务的评估，不能仅仅局限于结果评估，如具体问题的解决，还要评估青少年在服务过程中获得了哪些新的体验和新的认识，以及如何将这种收获迁移到以后的情境中。

2. 小组工作

在实务工作中，社会工作者常常采用小组工作的方法帮助青少年解决婚恋交友的问题。小组工作指在社会工作者的协助下，通过游戏、情景模拟、任务完成及讨论分享等活动，运用小组过程及小组动力去影响青少年的态度与行为改变的方法。其中，组员解决问题的能力与潜力是通过相互分享、相互支持发挥出来的①。小组的优势在于可以增加同辈群体或同质群体之间的互动和交流，通过小组过程和小组动力来发掘小组成员的潜能，提高小组成员的能力，促进小组成员的成长。适合青少年小组工作的具体方法有以下几种：

（1）榜样示范。在青少年群体中树立层次不同、远近各异的榜样和典范，发挥榜样的形象性、示范性和感染性作用，促进青少年对榜样人物的婚恋交友价值观和事迹产生赞赏、敬慕、仿效等情感和行为动机，达到学习榜样的效果。

（2）行为锻炼。在实践过程中对行为进行不断反复，在反复行动过程中，使青少年对婚恋交友的认识、情感、需要、动机、态度、价值观等得到转变，以支持这种行为方式，进而达到养成习惯、磨炼自己的目的。

（3）情景感染。小组工作中的活动情景对参与者具有巨大的感染力，

---

① 邹文开，王婴．社会工作实务操作手册［M］．北京：中国社会出版社，2015：66.

可以使参与者受到美的熏陶、思想的影响和情绪的调动。社会工作者可以通过营造适宜的情景，让青少年感受和认知什么是高尚的友谊、爱情和婚姻。

（4）竞赛激励。运用评比、竞赛、奖励等手段，可以促进参与者奋发向上，这也符合青少年争强好胜、积极向上的心理特点，使其感情性动机和自尊、自我实现的需要更加强烈，进而提升青少年婚恋交友的自信心和能力。

（5）角色模拟。将青少年置身于一种人为的角色情景之中，使他们认识、理解在交友、恋爱和婚姻中承担的各种角色规范，增进角色体验，以增强社会性。

3. 社区工作

青少年婚恋交友服务中社区工作方法的内容是十分丰富的。社会工作者可以根据青少年的特点、能力、兴趣、生活方式和社区关系状况等策划形式多样、内容丰富的服务活动。在主要工作层面上，社区工作可以包括两个层面的工作方向：一是将社区居民组织起来，整合社区内的有效资源，更好地为社区青少年搭建婚恋交友支持平台；二是将社区内青少年组织起来，动员他们参与社区发展，在社区参与的过程中提升自身处理婚恋交友问题的能力，并提升青少年服务社会的意识。当社会工作者在以上两个层面开展社区工作时，可能会用到社区分析评估、社区资源链接、社区参与、社区支持网络建设等具体方法。

案例

共青团北京市委在青年聚集的基层社区建立“社区青年汇”，立足青年的生活空间，为青年建设“一个好玩的俱乐部，一个靠谱的朋友圈”，旨在实现理性积极、奋斗进取、和谐包容的城市青年社会关系的重构。通过政府购买公共服务方式组建专职社工队伍，以青年发展和成长的需求为导向，开展各种服务和活动，把青年凝聚在一起，形成城市青年的新型“熟人组织”，为城市青年提供“社会网络支援和行为约束”①。

① 案例来源：http：//www.fx361.com/page/2016/1205/369777.shtml.

（二）针对特定需求的方法

1. 家庭辅导

家庭辅导关注青少年的原生家庭。原生家庭在个体的亲密关系和婚姻质量中起着重要的作用，它会影响个体的个性和行为方式。关于原生家庭如何影响婚姻的质量和稳定性，家庭系统理论聚焦于“家庭为了减少焦虑而发展出的一些模式”，认为青少年产生焦虑的主要原因是在家庭关系中太过于亲密或是太过于疏远。

家庭疗法可以帮助青少年对原生家庭的情感氛围、父母之间的关系、父母与自己的关系进行探讨，通过讨论、提问等促使他们反思原生家庭的情感关系亲密或疏离的状况以及自己对于亲密关系的感受和认识。社会工作者通过引导青少年探讨自己恋爱关系的一些模式和特点，使其更好地认识原生家庭对于个体恋爱关系的影响；通过对父母关系、父母的冲突和父母解决冲突的方式进行探讨，来发现父母的婚姻对自己婚姻态度的影响。

2. 历奇辅导

青少年自我概念通过人际交往得到维持、改变和发展，又反过来影响交友、恋爱和婚姻等人际关系。青少年在社会交往中碰到的每个人和每一种新的体验并在此基础上形成的自我概念，都可以在某种程度上得到进一步的确认，但也可能在进一步交往中改变这些看法。生活中新人新事的影响有时候是惊人的，它可能会导致青少年的某些自我观念的改变。但是，在社会生活中更为经常的是这种影响极为微妙，甚至很难注意到。然而，当青少年在新的环境中经历了新的行为或事情，碰到一些对自己的反应与平时的期望不同的人和事，他们的自我感和同一性就可能会改变。历奇辅导正符合青少年的这一特点，它是通过一系列精心设计的历奇活动，将服务对象安放在既陌生新奇又充满合作气氛的环境中，让他们跳出生理及心理的舒适区域，经历各种不同的难题和挑战，体验解决难题、战胜挑战的成功感，并能将成功的经验转化为未来生活的参照。历奇辅导对提升青少年的自我概念、自信心、自尊感、人际关系及减少负面行为均有帮助。

历奇辅导有四个核心元素[①]：全方位价值契约，可使成员深入分享自

① 刘有权．历奇为本辅导的理念与反思［J］．广东青年干部学院学报，2007（4）．

身的观察、反省后的具体经验；选择性的挑战，每个人都有权力去选择冒险水准的高低，突显了个人选择在冒险决策上的重要性；体验学习，加深青少年洞察与体验的深度；团体发展阶段，为配合团体发展历程的阶段，历奇活动会按照互动程度及挑战难度分成以下7种类型，包括破冰活动、打破人际隔膜的活动、信任及同理心活动、沟通游戏、决策及解决困难活动、社会责任与义务活动、自我突破活动。此外，解说技术对达成每个活动和整个项目的目标也非常重要。解说既是一种技巧，也是一种思维模式，解说技巧中常用“4F”模式，即：Fact（事实）、Feeling（感受）、Finding（发现）和Future（未来应用），其目的是强化参加者正面获得，并鼓励参加者将所学到的应用在生活各层面，并促进参加者的转化学习及应用。

3. 朋辈辅导

所谓朋辈心理辅导，是指在人际交往过程中同辈间相互给予心理安慰、鼓励、劝导和支持，提供一种具有心理咨询、心理辅助等功能的帮助过程。因为朋辈通常会有较为接近的价值观念和经验、共同的生活方式和生活理念，以及具有年龄相近、性别相同或者所关注的问题相同等特点，所以朋辈心理辅导更能符合学生的心理需求，有助于学生掌握自助和互助技术。在服务领域方面，朋辈辅导员可以处理人际关系方面的问题。在服务方式方面，朋辈辅导员可以提供倾听、支持和沟通方面的服务，可以在个体和团体辅导中担任催化、支援及激励成员自觉和自我评估的角色。在服务性质方面，朋辈心理辅导是提供具有心理咨询功能的人际帮助的过程[①]。可见，不论从哪一个角度来看，朋辈辅导对青少年的人际交往都有促进作用。

朋辈辅导以人本主义为主要理论基础。在人本主义心理学中，把创设良好的心理环境、建立建设性的心理气氛放在了首位。罗杰斯非常强调“心理气氛”的建设，他认为应当注重提供良好的咨询气氛，给青少年以真诚、无条件的尊重和准确共情，这样就能够调动起受访者自身的潜力，开放迈向自我实现的境地。从咨询方法上看，他认为“辅导的成功并非依

① 参见：成静．大学生朋辈心理辅导的理论与实践研究［D］．南京林业大学硕士学位论文，2012.

赖辅导者技巧的高低，而是依赖辅导者是否具有某种态度”[①]。所以，良好的气氛对团体成员人格的改变至关重要。

此外，在对朋辈辅导员的培训方面，日常工作制度的建设以及对朋辈辅导员的督导对朋辈辅导的效果和可持续性发挥着重要的作用。

第三节 性健康和优生优育教育

青少年处在人生成长定型的关键时期，也是针对青少年特点进行性教育的重要时期。随着改革开放和社会经济的发展，青少年性成熟提前，婚育年龄推迟，人们对婚姻、家庭和性行为的理解和观念急剧变化，呈现更加开放和个性化的趋势。在我国绝大部分地区，针对青少年的性健康和优生优育教育与服务尚未展开，导致在现实生活中出现了许多问题。因此，青少年社会工作者应加强这方面内容的服务与教育。

一、青少年性健康教育

（一）青少年的性发展与性健康

1. 青少年的性发展

青少年的“性”是一个流动的概念，由于每个阶段的生理发育成熟度、个人认知和心理的发展及所处社会环境的变化，其“性”表现也会有所不同[②]。此外，人类的性不仅仅是单纯生物学意义上的 Sex，而且包含社会学意义上的 Sexuality[③]。因此，在考察青少年性发展时不仅要考虑生理上的发展，也要考虑心理和社会层面的发展。

总体而言，青少年性发展经历了以下几个阶段[④]：青春早期的青少年会经历身体改变，如生长突增、性器官和第二性征开始发育等，他们一方面作出与之相适应的努力，另一方面可能会有对性的探索。这一阶段的青

---

① 钱铭怡．心理咨询与心理治疗［M］．北京：北京大学出版社，1994：227.

② 余春艳，谢静波，汪玲．青少年性健康内涵及其相关研究进展［J］．上海预防医学，2017（2）.

③ 丁中华．公共卫生事业的 sexuality 相关课程开发研究［D］．复旦大学博士学位论文，2008.

④ 余春艳，谢静波，汪玲．青少年性健康内涵及其相关研究进展［J］．上海预防医学，2017（2）.

少年会沉迷于自我，对自我隐私的保护表现为对家庭成员的疏离和对同伴关系及集体活动的日益关注。此时期的性吸引既可能是同性间的也可能是异性间的，有可能伴随第一段恋爱关系或第一段性经历。伴随着性器官和第二性征的迅速发展，青少年开始进入青春期。这是青少年个人自主性得到充分发展和性活跃性增强的时期。但由于此时的青少年抽象思维能力和判断能力尚未完全成型，并不能很好地权衡后果，可能会遇到诸如感染性传播疾病、怀孕、流产等性健康问题。青春期的青少年正在形成自己的性倾向，识别自己的性身份，他们会更多地在意自己是否被同伴接受、受人喜爱，关注自己在群体中的作用。很多青少年在这一阶段第一次开始了“恋爱”的感觉，性尝试（如自慰）较为普遍，有些人在这个年龄段已经有性交行为的发生 。青春晚期的青少年生理上的发育接近直至达到成人水平，并在个人与社会环境互动的过程中形成自己的个性，并用社会角色和社会规范来约束自己，以得到社会的认可。该阶段的青少年在意自己的身体形象、性别角色，甚至性倾向。青春晚期的青少年在人际关系处理、学习和工作中逐渐向成人转变，但行动上有时仍较为冲动。青春晚期显现的性健康问题较为突出。性健康相关问题是构成全球女孩死亡的主要原因，青春晚期的女孩在性胁迫、艾滋病和性传播疾病感染、非意愿妊娠上面临着更高的风险。

2. 性健康内涵

从青少年的性发展角度来看，“性”健康不仅包括性行为及相关的生殖、避孕、流产等生理健康问题，更有对自我的悦纳、同伴和亲密关系的发展、性别身份的认同以及性倾向的确立等方面的心理和社会健康内涵。青少年能否从青春期顺利转变为性活跃的健康成人，受到心理、生理、文化、媒体、精神、社会以及教育等各方面因素的影响[①]。针对青少年的“性”健康而言，其目标不仅仅是从减少性风险及其他健康危险行为的角度，应从更积极的性心理、性观念、性别关系与规范的层面上，使青少年正确对待他们的身体和突现的“性”的感受和认知，从而对“性”健康问题做好早期预防与早期干预的工作。

---

① WHO Reginal Office for Europe and BZgA：Standards for Sexuality Education in Europe（Cologne，2010）.

（二）青少年性健康问题与性教育现状

1. 我国青少年性健康问题

帮助青少年做好向成人过渡的准备，是人类面临的巨大挑战之一。其中，人类的性和人际关系是核心问题。但是很少有年轻人能够为他们的性活动和性人际关系做好充分准备，并且许多青少年在步入成年的过程中都曾接触过相互矛盾、含混不清的有关性和社会性别的信息，导致了一些性健康问题的出现。

研究表明，我国青少年和未婚青年的意外妊娠、人工流产、性传播疾病感染和艾滋病感染呈明显的上升趋势。此外，2014 年媒体公开曝光的性侵未成年人案件为 503 件，这意味着平均每天都有儿童遭受性侵。研究表明，性侵受害者选择报案的比例仅为 1/7，他们往往不会通过法律维护自己的权利，有的甚至不敢告诉家人。中国社会，性观念相对保守。在儿童性侵案件中，不少受害者缺乏性教育，他们不能有效识别犯罪，也不具备相应的防御能力。

除了上述种种令人痛心的后果外，心理学家研究发现，性教育缺乏也会对青少年成长和发展带来隐性的、巨大的不良影响，如：人际交往困扰，不会、不敢与异性正常交往；无法获得与自身性别相适应的行为规范及自我认知，出现性别角色混乱、自我认同困难，阻碍人格的正常发展；咨询和倾诉渠道的缺乏加剧了焦虑心理和强迫行为，对身心健康产生严重危害①。

2. 青少年性健康教育现状

性教育一直是青少年教育中的难题。近 30 年来，我国虽已出版发行了大量的性教育教材和性教育书籍，但我国的性教育工作还处于探索阶段。在实际的性健康教育工作中，面临着以下几方面的困难：

一是性教育观念上的阻力。家庭和学校对青少年关注的焦点都集中在是否学好文化知识，能否升入好的学校。他们或认为青少年在性方面可以随着自身的成长无师自通，或认为对性知识无须过多的了解，或认为性教育会诱发青少年过早的性行为。

---

① 魏晓娟．浅谈农村青少年青春期性教育的缺失与应对策略［J］．少年儿童研究，2010（6）．

二是内容设置是否科学的问题。我国目前的青少年性教育主要是生理知识的学习，缺乏性健康其他维度的内容，如性道德、性心理、性伦理、性法律等，而且这些课程大多只是占用生物学、生理课、心理健康教育等课程不多的课时进行。

三是对象狭窄。很多人认为，性健康教育就是青春期教育，性健康教育的对象只是进入青春发育期的青少年，忽略了贯穿生命全程的心理和社会适应角度的“性”健康。

四是缺乏正规渠道。青少年性知识来源途径的数据表明，在青少年成长过程中，最有影响力、最为亲密的家长和教师却被排在了街头小广告、媒体、互联网之后。有了性困惑，只有很少学生去问父母和老师，大部分学生都选择“闷在心里”。学生从学校、家庭得不到正确的性教育，就会从一些非正式渠道寻找答案，从而易受到不正当的性知识的毒害。

青少年面临的上述有关性健康的多重挑战，正在威胁着青少年的生存、发展和受保护的权利。关注青少年的性健康，开展有效的青少年性健康教育活动，倡导青少年以健康、负责、积极向上的态度对待爱情、性和生活，逐渐成为社会关注的重要议题。

二、青少年优生优育教育

所谓优生优育，就是指生育高质量的、优秀的孩子，并让孩子接受良好的教育。优生优育关系到一个家庭的幸福，同时也是提高人口素质、促进人口发展的根本保证，对未来社会发展起着至关重要的作用。青少年处在准备或已经步入家庭和生育后代的人生重要时期，了解和学习优生优育知识是对孩子和家庭负责，同时也是对社会负责。其中，降低出生缺陷和早期教育是优生优育重要的内容。

（一）出生缺陷与优生优育

1. 出生缺陷

中国是世界上的人口大国，也是出生缺陷和残疾高发国家。出生缺陷不仅日益成为影响人口素质的重要问题，也给家庭和社会造成沉重的经济负担。监测数据显示，中国每年约有 20 万到 30 万肉眼可见先天畸形儿出生，加上出生后数月和数年才显现出来的缺陷，先天残疾儿童总数高达 80 万到 120 万，约占每年出生人口总数的 4% 到 6% 。

最常见的5种出生缺陷和残疾依次是：唇裂、神经管畸形、多指（趾）、先天性心脏病和脑积水。严重缺碘、叶酸缺乏、孕期贫血、营养不良、接触环境中的有毒有害物质、感染病毒、胎儿宫内缺氧以及遗传因素都可能造成胎儿大脑损伤、宫内发育迟缓和胎儿畸形。近年来，由于职业危害因素造成对女职工身体的损害，导致出生缺陷儿多发的情况在一些地区有上升趋势。在贫穷落后地区，近亲婚育导致的先天愚型和残疾发生率也尚未得到有效控制。

据统计，中国每年因神经管畸形死亡造成的经济负担超过2亿元，先天愚型的治疗费用则超过20亿元。如果所有的先天性心脏病患儿都得到诊治，每年的治疗费将高达120亿元。在贫困成因中，因病致贫返贫一直处于首位，始终是脱贫攻坚的重点和难点。因病致贫返贫比例多年居高不下，目前高达44%。据统计，每10个建档立卡因病致贫返贫的农村贫困人口中就有一个罹患出生缺陷疾病①。

2. 我国出生缺陷干预措施及困境

《健康中国2030》中指出，要加强出生缺陷综合防治，构建覆盖城乡居民，涵盖孕前、孕期、新生儿各阶段的出生缺陷防治体系。同时，将预防出生缺陷、提高出生人口素质列为中国经济社会发展的重大战略需求和重点工作任务，列为妇幼保健服务的重要内容。我国对出生缺陷具体干预主要包括出生缺陷检测及WHO推荐的三级预防方案。三级预防包括：一级预防（孕前干预），针对各种可能导致出生缺陷的原因进行干预，主要包括婚前检查和孕前保健；二级预防（产前干预），主要通过产前筛查、产前诊断和孕产妇保健等方法减少出生缺陷儿的出生；三级预防（出生后干预），指对出生缺陷儿早发现早治疗。

我国预防出生缺陷的工作起步较晚，国家层面的政策保障体系和出生缺陷综合预防体系仍需进一步完善和健全，“三级预防”策略实施仍存在薄弱环节。具体来说，孕前保健服务在国内尚未系统开展，在内容、方法和流程上也未形成规范的模式②。最需要孕前保健的人群，常为最难获得

---

① 中国新闻网．官方称中国出生缺陷总发生率约为5.6%［EB/OL］．http：//news.sina.com.cn/o/2018-09-12/doc-ihiycyfx8404740.shtml，2018-9-12.

② 周英凤，吕军，白鸽，等．孕前保健服务的内涵及现状分析［J］．中国卫生资源，2010（4）．

相应服务的人群（社会特殊群体）；服务机构提供的服务往往不规范；对于很多高风险行为尚缺乏有效干预措施；孕前检查和咨询经费尚不足；健康促进效果不明显，夫妇双方对此投入不够；孕前干预的有效性尚缺乏循证依据；大部分工作人员缺乏孕前保健培训[①]。此外，二级预防仍是最薄弱的环节，产前筛查、诊断仍处于较低水平，出生缺陷的科学研究和技术支持还有待大力发展。

（二）早期教育与优生优育

早期教育是一种有组织有目的的丰富环境的教育活动，包括从胎儿期开始的早期教育是优生优育的重要内容。根据婴幼儿智力发育规律，既要在早期教育中促进正常儿童智力发育，也要预防心理社会因素造成婴幼儿的智力低下[②]。国内外多项研究已表明，早期教育是一项投资回报率高的工程，对提高人口素质产生不可估量的作用。随着生活水平和家长教育水平的提高，新一代家长们越来越重视孩子的早期教育，尤其是当今“80后”“90后”这一代年轻父母不惜重金投资于孩子的早期教育。然而，从全国范围来看，我国早期教育的可及性仍然比较低。

1. 家庭环境与早期教育

近年来，我国社会结构大变革，越来越多的家庭被卷入经济生产之中，家庭结构随之发生嬗变。由于工作原因，家长与儿童长时间处于分离状态，儿童生活的家庭环境发生深刻的变化，家庭分裂、隔代教育或亲子关系淡薄成为儿童家庭生活常态[③]。特别是缺少父母的关爱照顾、监护和正常的家庭生活环境的留守儿童以及面临着家庭社会地位和生活条件限制的随迁子女，心理健康问题突出，负面情绪多，孤独感强，容易产生不良行为习惯。此外，随着社会快速发展和市场的渲染，城市年轻父母养育焦虑以及由此引发的家庭教育冲突等问题也日益凸显。

2. 社区资源与早期教育

当今社会，社区在人们生活中的作用越来越重要，教育与社区的关系

① 吴颖臻，等．当前我国生殖健康与出生缺陷的现状分析与思考［J］．中国优生优育，2013（2）．

② 鲍秀兰．早期教育和脑潜能开发［J］．中国教育学刊，2002（10）．

③ 杨杰兵．国际视野下中国家庭教育：问题与对策［J］．亚太教育，2016（5）．

也越来越密切，社区的人力、文化及物质环境等是教育的重要资源。随着婴幼儿的年龄增长，家庭对来自家庭外的照料和教育协助的需求越来越强烈。然而，当前的社区教育资源普遍比较匮乏，且地区分布极不均衡。早教机构集中于城市，乡镇和农村则几乎没有完全开展早教工作。此外，民办早教机构收费昂贵，使得一部分家庭无法享受到社区早期教育服务。近年来，随着我国社区儿童中心的建设，也产生了一些社区早教公益项目，但是其可持续性和专业性无法得到充分保障，社区儿童中心的早期教育功能有待进一步开发。

总之，家庭教育与社区环境对下一代的成长有着重要的影响，明确家长教育职责，援助家庭教育无力和不力的家庭，提供家庭教育服务，营造良好的社区教育环境，是新形势下社会工作的重要任务。

三、社会工作介入性健康与优生优育教育

青少年是社会工作服务的一个重要群体，青少年性健康和优生优育是青少年发展中的重要议题。社会工作介入青少年性健康和优生优育服务既是必然，也是解决日益严重的青少年性健康和优生优育问题的重要力量。由于青少年群体的特殊性、问题的敏感性，社会工作介入青少年性健康和优生优育服务时需要找准服务的优势（介入视角、原则和方法上），规避服务的“短板”（如专业的医学问题），通过社会工作的介入使得青少年性健康和优生优育水平有所提升。

（一）介入原则

社会工作者在开展青少年性健康和优生优育服务时要遵循接纳、尊重、个别化、案主自决、保密、非评判这些基本原则。在充分尊重案主、接纳和尊重青少年的基础上，要区分其个体差异性，相信服务对象有解决问题的能力，让其在服务过程中能够自主进行选择。社会工作者切忌对服务对象所遇到的问题进行主观评判，并且要对服务过程中所涉及的案主信息做到严格保密。此外，社会工作者还需要遵从以下几个原则。

1. 以青少年的需求为本

在开展青少年性健康教育和优生优育教育的工作中，往往容易以防止相关不良后果为出发点，如避免青少年过早地与异性亲密交往以影响学业和前途；避免青少年偷尝禁果而导致非意愿妊娠、人工流产和性病、艾滋

病的感染。然而，青少年渴望学习相关的性健康知识，是因为友谊和爱情是他们生活中非常重要的一部分。与异性交往与互动是人一生的学习过程，是生命的成长、生命的互相滋润和扶持。社会工作者要以青少年的需求为出发点，对性健康和优生优育教育的内容不应该局限于青春期生理知识的介绍，应增加避孕节育知识和性病、艾滋病预防知识的学习，更应该重视包括学习与异性交往的心理和情感辅导，培养与锻炼青少年有效的交流技能、拒绝不良诱惑的技能、权衡利弊作出理性负责抉择的技能、制定人生目标并为之付诸行动的技能等。只有让青少年充分感受到性健康和优生优育教育内容与其成长过程的紧密相关性和实用性，才能调动青少年学习相关知识的积极性，也才能达到青少年性健康和优生优育教育所期望的良好效果①。

2. 社会工作者与青少年互为主体

当代青少年所处的是一个正在变革的时代，面临着观念上的冲撞、情感上的困惑和各种各样良莠难辨的诱惑，很多问题并没有现成的答案。因此，社会工作者在开展性健康和优生优育教育过程中要着力建设与青少年互为主体的关系。社会工作者最应该关注的并不是我们想告诉青少年什么，而是青少年自己希望知道什么；不是如何讲授，而是如何讨论。社会工作者要和青少年平等地一起分享和讨论他们在成长过程中的欢乐、迷茫和痛苦，需要与青少年一起同交流、同思考、同决定、同行动、同成长，与他们一起学会在当今复杂多元的社会环境中理性地思考与判断②。

3. 以促进青少年行为决策能力为导向

对于性健康教育，国际上一直存在“禁欲型性教育”和“综合型性教育”两种理念的争论。我国性社会学家方刚借用社会工作赋权理论的视角，提出了赋权型性教育的概念③，为社会工作者开展性健康和优生优育教育提供了基本框架和原则。他强调性教育的目的是让受教育者具有掌控

① 刘丽青．与青少年一起同交流、同思考、同决定、同行动［J］．人口研究，2002（6）：24－25.

② 刘丽青．与青少年一起同交流、同思考、同决定、同行动［J］．人口研究，2002（6）：24－25.

③ 方刚．赋权型性教育：一种高校性教育的新模式［J］．中国青年研究，2013（10）．

自身与性有关的事务的能力，是提供给他们相关的资源，帮助他们获得选择的能力。赋权型性教育在教育目的上主张性教育应该促进青少年的自我决策能力，在教育内容上主张不应该以教育者的观念来取舍，在教育方法上主张提供不同观点的碰撞让学生自己思考问题。因此，社会工作者不会告诉青少年应该说“不”或者“是”，而是要他们自己决定说“不”还是“是”。最重要的是，社会工作者要通过教育使青少年具备选择并对选择结果负责任的能力，培养人格全面成长的青少年。

（二）社会工作介入的系统及方法

青少年性健康和优生优育教育是一个系统工程，它需要家庭、学校和社会的共同参与和努力。家庭是第一场所，学校是主阵地，社会对青少年有着潜移默化的影响，三者在青少年性健康和优生优育教育方面都发挥着不可替代的作用。三者如果能良性互动、形成合力，对促进青少年性健康教育的可持续发展具有十分重要的作用。然而目前中国的父母多数没有接受过正式的、系统的性教育，性知识贫乏，观念陈旧，当务之急是家长需补课；学校的性健康和优生优育教育也明显滞后于青少年的身心发育，各学校在开设相关课程时缺乏正确引导和科学的教育方法，内容笼统空泛，难以满足青少年对性知识的渴求。此外，虽然学校和家庭都意识到了“家校合作”的重要性，但在实际合作中还存在一些问题，比如家长主体和教师主体对性健康和优生优育教育的态度不是很积极，家校合作追求形式，缺少时效；家长和学校缺乏有效的沟通途径，且在合作过程中忽视学生的中心地位。社会工作在介入青少年性健康和优生优育服务方面任重道远，需充分发挥社会工作者教育者、资源提供者、协调者、倡导者的角色，加强对这些系统的干预和介入。

1. 青少年系统

个案工作可以有针对性地解决青少年的困惑，并保护其隐私。社会工作者通过对青少年自身及其家庭进行评估，为其提供知识、情绪、情感、认知方面的支持与服务，帮助青少年及其家庭减小压力、减少不安和焦虑、引导其树立正确的性健康和优生优育价值观念并增强行为控制能力。小组工作是目前社会工作者开展青少年性健康和优生优育教育普遍使用的方法，它将遇到类似问题或同龄的青少年聚集成小组，发挥同辈群体的影响力。青少年在彼此分享、支持中获得自身的成长和态度行为的改变，最终养成良好的性健康和优生优育观念和习惯。

此外，同伴教育是近年来被广泛应用到青少年性健康和优生优育教育领域的一种方法。同伴教育不仅能增强受教育者的信任，还对同伴教育者有很多好处。同伴教育者采取主持或主讲性知识、性健康教育主题班会，或组织做游戏、讲故事、放电影、智力竞赛、演小话剧等多种形式的教育活动，也可以用现代化多媒体工具和方法，采用接近青少年生活的语言和案例、数据和相应的影像资料，引导和鼓励参与者积极讨论和分享。

2. 家庭系统

家庭是青少年性教育的第一场所，然而目前中国的父母多数没有接受过正式的、系统的性教育，性知识贫乏，观念陈旧。家庭性教育和优生优育教育在家庭教育中一直处于被忽视的状态，影响青少年性健康和优生优育发展及健全人格的形成。社会工作介入家庭性健康和优生优育教育服务过程中，除了需要了解青少年的主要问题，还需要了解其个人生活状况、家庭状况及其他状况，以此为依据，对服务对象所需要解决的家庭性健康和优生优育教育问题作出正确有效的判断，进而提出适合青少年的、切实可行的解决方案。青少年问题的形成往往与家庭的互动模式和家庭价值观有关，因此，社会工作者需要帮助青少年家庭重新构建有效的互动交流模式，以促进家庭性健康和优生优育教育功能的恢复。

3. 学校系统

我国青少年性健康和优生优育教育以学校为主要阵地，学校教师是传播性健康和优生优育知识的主要载体。青少年接受性健康和优生优育教育最普遍的阶段是初中阶段，青少年在初中阶段的发展与学校因素紧密相关，学校对青少年的影响力要远远大于青少年的其他支持系统。学校在青少年正式支持系统中所占比例最高，但却比大众传媒的影响力要低。社会工作者在介入过程中，根据青少年个体差异性进行个案辅导的同时，要充分利用性教育课程、学校图书馆等媒介对青少年进行性健康和优生优育教育，为青少年构建以同学、老师、家长、心理咨询师、医生为核心的社会支持系统，帮助青少年发掘其自身的潜能，协助青少年从社会工作者为其构建的社会支持系统中获取解决问题所需要的资源，提升青少年解决问题的能力。

4. 社区系统

社区是青少年生活、成长的重要环境。社会工作者采用社区工作的方法介入青少年性健康与优生优育教育服务，是以社区作为其服务对象，充分发掘、利用社区的优势及各种社会组织的力量，向社区青少年提供性健康和优生优育教育和服务。例如，在社区服务中心或青少年娱乐中心建立咨询服务室，开设热线电话，向青少年提供友善和保密的咨询和服务。另外，社会工作者要注重组织、动员、发掘和培育社区自身的骨干力量和骨干队伍，通过社区自身的力量来提高社区解决青少年性健康和优生优育教育的能力、服务质量和可持续性。值得注意的是，在培育社区骨干力量时，社会工作者要充分考虑中国和不同地域的本土文化要素。

（三）社会工作者的角色

1. 教育者

教育者是指社会工作者可以通过小组、活动、个案、咨询等方式直接给青少年提供性教育服务，同时也可以作为导师，通过“train the trainer”的形式，给家长、老师等性教育工作者提供相关培训，再由他们直接培训青少年。

2. 资源提供者

资源提供者是指社会工作者需要为家长、老师、青少年本身去提供各种性教育资源，例如书籍、影像、道具等，协助他们完成性教育。这种资源的提供不是单纯的“直接给”，更重要的是推荐和引导，通过全面了解青少年的状况，推荐最适合的性教育资源，同时引导受众如何使用，这才是关键。

案 例

玛丽斯特普是一家全球生殖健康领域的国际组织，它的愿景和使命是，让每一个孩子的出生都是父母最想要的；确保每个人都享有基本的权利：生育与否是经过审慎选择的，而不是命运的使然。玛丽斯特普通过系统化的性教育技术与合作伙伴网络，建立了青少年教育的支持中心：你我伙伴性教育支持平台。这个平台建立了包括小学、中学、大学、家长、性社会学和性教育工作者的课程，加上多个文本指南，构成了一套相对完整的资源，大幅度降低了获得性教育的成本，让每一个13—24岁的青少年都有机会获得全面的性教育。

3. 协调者

协调者是指社会工作者在某些特定情况下，需要介入协调家庭、学校、社区的性教育工作。现阶段，性教育仍然是较为敏感的话题，要达到我们的理想状态还需要一段较长的时间，因此在推广的过程中肯定会存在很多困难和阻碍，这就需要社会工作者去介入协调，最大限度地去宣传和捍卫科学性教育。

4. 倡导者

倡导者是指社会工作者向家长、学校、政府和社会等系统积极提倡青少年性健康和优生优育教育的必要性，介绍性健康和优生优育教育的方法和效果，推动个人层面、机构层面和政策层面的改变，真正满足青少年性健康和优生优育教育的需要，维护他们的权益。

第八章　青少年就业创业服务

情 境

山西某地小伙小张中学辍学后，在同乡的帮助下，辗转北京、天津等地，送过外卖、干过快递。几年后，因身体原因，无法继续从事原有职业。万般无奈之下，他放弃了北漂的梦想，选择了返乡。然而令他苦恼的是："回到家乡，既没有文凭，因身体限制又不能从事繁重的体力劳动，该如何谋生呢?"由于在天津打工时曾听到快递公司的老员工提到过政府有专门针对青年人的免费就业培训的消息，于是就抱着试试看的想法在网上查找相关信息。通过详细查询，小张发现当地共青团组织针对返乡青年不仅有免费的就业培训，还有专门的创业服务。考虑到自己身无所长，但是对快递行业比较熟悉，小张抱着试试看的心情找到了当地共青团组织负责运营青年创业空间的工作人员，表达了自己想在当地开一家快递公司的想法。青年创业空间的工作人员热情地接待了小张，并针对小张的实际情况提供了一条龙的咨询服务。对于小张最为担心的资金问题，工作人员介绍了国家的有关政策，例如，主要面向全国40岁以下青年初次创业提供的小额贷款"中国青年创业小额贷款项目"、青年创业的贴息政策、青年创业基金申报制度等。针对小张担心的市场宣传问题，工作人员介绍了共青团的组织优势以及资源整合优势，并告诉小张，快递公司成立之后，可以利用共青团的平台为其进行市场宣传。对于小张担忧的公司场地问题，工作人员也介绍了当地青年创业空间可以为其提供有限期的免费场地服务等。有了共青团组织的帮助，小张满怀信心地准备开始创业。

中国作为一个劳动力大国，青少年能否顺利就业创业，不仅关系到青少年个体的切身利益，还关系到国家经济与社会的协调发展及社会主义和谐社会的顺利构建。随着经济发展与社会转型，青少年就业创业环境、偏好以及职业选择都在不断发生深刻变化。党和国家长期以来高度重视青少年就业创业问题，而共青团组织作为党联系全体青年的桥梁和纽带，与时俱进，找准自身定位，完善服务方式，在促进青少年就业与创业过程中有效发挥了职能。

第一节　青少年就业创业服务现状

青少年就业不仅关系到千家万户的民生保障，也影响到整个社会的稳定与发展。青少年就业创业较为困难，是国家与社会亟待解决的一个重要问题。2018 年，《中国首次青年就业状况调查报告》指出，青年的失业率为 9%，高于社会平均水平。

一、青少年就业创业困难的主要原因

青少年就业创业面临困难的主要原因包括：第一，中国劳动力人口数量庞大，客观上对青少年就业创业形成挤压。第二，青少年群体整体上缺乏工作经验，在劳动力市场上的竞争力相对较弱。第三，部分青少年的受教育程度与劳动力市场需求不匹配，文化程度相对较低，不能很好地适应岗位需求；还有部分青少年对于创业缺乏理想信念和能力准备。第四，青少年的年龄跨度范围较大，横跨初中、高中（中专、技校）与大学，不同年龄阶段青少年的就业创业需求特点存在差异性，现有服务的匹配程度有待提高。第五，部分青少年对国家就业创业方面的政策了解不足，处于一知半解甚至毫不知情的状态。许多就业创业的实践证明，如果青少年能够充分并合理地运用国家有关政策，将会对就业创业的成功起到极其有效的推动作用①。

二、青少年就业创业服务概况

目前，政府、企业和社会各界等多元主体日益形成合力，服务于广大青少年学生、务工青年以及职场青年等，促进青少年就业创业。服务内容覆盖了创业环境完善、就业创业技能培训以及资金支持等方面。

---

① 李少华．新时期大学生就业创业的现状与路径探究［J］．人才资源开发，2017（24）．

（一）日益完善就业创业环境

（1）完善青少年就业创业相关政策。中共中央、国务院发布的《中长期青年发展规划（2016—2025 年）》中提出，“发挥公共财政促进青年就业作用，完善落实财政金融扶持政策，扶持发展现代服务业、战略性新兴产业、劳动密集型企业和小微企业，吸纳青年就业。”

（2）提供创业孵化服务。采取政府扶持、鼓励多元主体投资，充分利用城乡各类园区、闲置用地等适合企业创业的场所，建设创业园地。对孵化期内的企业实行税费减免、资金支持等配套政策，为青年创业者提供良好的创业环境。

（二）不断加强就业创业技能培训

（1）完善职业技能培训的相关政策。近年来，政府部门先后出台了《关于实施失业保险支持技能提升“展翅行动”的通知》《关于推行终身职业技能培训制度的意见》《关于全面推行企业新型学徒制的意见》《新生代农民工职业技能提升计划（2019—2022 年）》《职业技能提升行动方案（2019—2021 年）》等政策文件，加强职业技能培训力度。

（2）加强技能培训师资建设，规范培训内容。建立培训师资数据库，建设专业化的就业创业技能培训师资队伍，开发系统、科学的技能培训课程体系。

（3）加大培训的扶持力度。政府加大青少年就业创业培训的力度，鼓励、吸纳社会力量参与就业创业培训，并给予相应的就业创业培训资金支持。

（三）逐步增强创业资金支持力度

（1）为青少年创业提供小额度贷款支持。针对青少年创业推出专项金融优惠举措，在贷款数量、期限、利率等方面给予更加具有针对性的支持，改善青少年的创业资金条件。

（2）缓解青少年创业的税费压力。推动工商部门和财税部门等形成合力，在注册登记、费用收取等方面给予更多的优惠和支持，适度放宽青年创办企业的审批标准，降低注册资金门槛。

第二节　青少年就业创业相关政策

党和国家高度重视青少年就业创业工作，近年来不断完善相关制度，发布了一系列政策，内容覆盖促进青少年就业创业的具体目标、推进措施、重点群体等，为促进青少年就业创业提供更加系统的规划和制度保障。

一、明确促进青少年就业创业的目标以及举措

2017年，党中央、国务院印发《中长期青年发展规划（2016—2025年）》（以下简称《规划》），这是中华人民共和国成立以来发布的第一个青年发展规划，意义重大，影响深远。《规划》明确了有关促进青年就业创业的发展目标以及发展措施等有关内容，明确了青年的年龄范围，通过在有关青年思想道德、教育、健康、婚恋、就业服务、文化、社会融入与社会参与、维护合法权益、预防违法犯罪以及社会保障等十大领域共计四十四项具体措施，以及涵盖青年社会主义核心价值观培养工程、青年就业见习计划等在内的十个重点项目，全面促进青年成长成才、推动青年健康发展。

（一）促进青年就业创业发展目标

青年就业比较充分，高校毕业生就业保持在较高水平；青年就业权利保障更加完善，青年的薪资待遇、劳动保护、社会保险等合法权益得到充分保护；青年创业服务体系更加完善，创业活力明显提升。

（二）促进青年就业创业发展举措

1. 推动完善促进青年就业创业政策体系

根据就业形势和就业工作重点变化，加强就业政策与产业、贸易、财税、金融等政策的协调，进一步完善积极就业政策。发挥公共财政促进青年就业作用，完善落实财政金融扶持政策，扶持发展现代服务业、战略性新兴产业、劳动密集型企业和小微企业，吸纳青年就业。加强对灵活就业、新就业形态的支持，促进青年自主就业，鼓励多渠道多形式就业。进一步完善青年创业就业配套政策及法律法规。加强就业统计工作，健全青年就业统计指标体系。

2. 加强青年就业服务

实施青年就业见习计划。健全城乡均等的公共就业创业服务体系，完善服务功能，把有就业意愿的青年全部纳入服务范围，全面落实免费公共就业服务，对就业困难青年提供就业援助，帮助长期失业青年就业。创新

就业信息服务方式方法，注重运用互联网技术打造适合青年特点的就业服务模式。加强青年职业培训，健全面向青年的劳动预备制培训计划，落实职业培训补贴政策。实施离校未就业高校毕业生就业促进计划，为毕业生提供职业指导、就业信息、就业见习、就业帮扶等服务。开展青年农民工职业技能培训，通过订单、定向和定岗式培训，对农村未升学初高中毕业生等新生代农民工开展就业技能培训，为有创业意愿的青年农民工提供创业培训。开展青年重点群体职业培训，加大贫困家庭子女、青年失业人员和转岗职工、退役青年军人和残疾青年等劳动者职业技能和创业培训力度，按规定提供培训补贴，对农村贫困家庭学员和城市居民最低生活保障家庭学员给予生活补贴。

3. 推动青年投身创业实践

建立青年创业人才汇聚平台，建设青年创业导师团队，开展普及性培训和“一对一”辅导相结合的创业培训活动，帮助青年增强创业意识、增进创业本领。推动青年创业第三方综合服务体系建设，搭建各类青年创业孵化平台，完善政策咨询、融资服务、跟踪扶持、公益场地等孵化功能。加大青年创业金融服务落地力度，优化银行贷款等间接融资方式，支持创业担保贷款发展，拓宽股权投资等直接融资渠道。支持青年创业基金发展，发挥好国家新兴产业创业投资引导基金和中小企业发展基金等政府引导基金的作用，带动社会资本投入，解决青年创业融资难题。落实结构性减税和普遍性降费政策。建设青年创业项目展示和资源对接平台，搭建青年创业信息公共服务网络，办好青年创新创业大赛、展交会、博览会等创业品牌活动。着力培育服务青年创业的社会组织，建设专业化的服务队伍和服务实体。深入实施大学生创业引领计划，建立健全教学与实践相融合的高校创新创业教育体系，显著提升青年创新型人才培养质量；整合发展国家和省级高校毕业生就业创业基金。深入开展农村青年创业致富带头人培养，支持青年返乡创业。完善互联网创新创业政策，实施青年电商培育工程。加强对留学回国创业青年的服务，帮助他们了解国内信息、熟悉创业环境、交流创业经验、获得政策扶持。推动形成鼓励创新、宽容失败的体制机制和社会环境，更好激发青年创新潜能和创业活力。

4. 加强青年就业权益保障

完善青年就业、劳动保障权益保护机制，加大劳动保障监察执法、劳动人事争议调解仲裁诉讼、安全生产监管监察工作力度。加强人力资源市场监管，规范招人用人制度，营造公平就业环境。完善失业保险、社会救助与就业的联动机制。

二、做好高校毕业生等重点群体的就业和创业工作

2017 年《国务院关于做好当前和今后一段时期就业创业工作的意见》（以下简称《意见》）发布，提出了坚持实施就业优先战略，支持新就业形态发展，促进以创业带动就业，抓好重点群体就业创业以及强化教育培训和就业创业服务等五个方面的举措。其中，明确了共青团组织的工作重点：做好重点群体——高校毕业生的就业创业工作；提高教育培训质量，更好地服务于就业创业。

（一）鼓励高校毕业生多渠道就业

实施高校毕业生就业创业促进计划，健全涵盖校内外各阶段、就业创业全过程的服务体系，促进供需对接和精准帮扶。教育引导高校毕业生树立正确的就业观念，促进他们更好参与到就业创业活动中，敢于通过创业实现就业。实施高校毕业生基层成长计划，引导鼓励高校毕业生到城乡基层、中小微企业就业，落实学费补偿、助学贷款代偿、资金补贴等政策，建立高校毕业生“下得去、留得住、干得好、流得动”的长效机制。鼓励高校毕业生到社会组织就业，对于吸纳高校毕业生就业的社会组织，符合条件的可同等享受企业吸纳就业扶持政策。鼓励科研项目单位吸纳高校毕业生参与研究，按规定将社会保险补助纳入劳务费列支，劳务费不设比例限制。鼓励大学生应征入伍，落实好学费资助、助学贷款代偿、优抚安置等政策。合理安排机关事业单位招录（招聘）和高校毕业生基层服务项目招募时间，优化录用（聘用）流程，为高校毕业生求职就业提供便利。支持高校毕业生到国际组织实习任职。加大就业见习力度，允许就业见习补贴用于见习单位为见习人员办理人身意外伤害保险以及对见习人员的指导管理费用，艰苦边远地区、老工业基地、国家级贫困县可将见习对象范围扩大到离校未就业中职毕业生。加大对困难高校毕业生的帮扶力度，将求职创业补贴补助范围扩展到贫困残疾人家庭、建档立卡贫困家庭高校毕业生和特困人员中的高校毕业生。促进留学回国人员就业创业，实施留学人员回国创新创业启动支持计划，鼓励留学人员以知识产权等无形资产入股方式创办企业。简化留学人员学历认证等手续，降低服务门槛，依法为全

国重点引才计划引进人才及由政府主管部门认定的海外高层次留学人才申请永久居留提供便利。实施有效的人才引进和扶持政策，吸引更多人才回流，投身创业创新。

（二）加强教育培训和就业创业服务

1. 提高教育培训质量

坚持面向市场、服务发展、促进就业的人力资源开发导向，着力化解就业结构性矛盾。深入推进高校创新创业教育改革，加快高校学科专业结构调整优化，健全专业预警和动态调整机制，深化课程体系、教学内容和教学方式改革。更好发挥职业教育和职业培训作用，推进职业教育和职业培训精准对接产业发展需求、精准契合受教育者需求，加快发展现代职业教育，着力提高学生的就业能力和创造能力。实施现代职业教育质量提升计划、产教融合发展工程、高技能人才振兴计划和大国工匠培训支持计划，统筹普通高中和中等职业教育协调发展，提高中等职业教育招生比例，大力发展技工教育，大规模开展职业培训，广泛开展岗位练兵、技术比武、技能竞赛、师徒帮教等活动，加快培育大批具有专业技能和工匠精神的高素质劳动者和技术技能人才，确保企业职工教育经费足额提取并合理使用。健全技能人才多元化评价机制，完善技能人才职业技能等级认定政策并做好与职业资格制度的衔接，建立职业资格、职业技能等级与相应职称比照认定制度，用人单位聘用的高级工、技师、高级技师可比照相应层级工程技术人员享受同等待遇。

2. 完善职业培训补贴方式

根据产业发展和市场需求，定期发布重点产业职业培训需求、职业资格和职业技能等级评定指导目录，对指导目录内的职业培训和技能鉴定，完善补贴标准，简化审核流程。创新培训模式，探索职业培训包模式，充分运用职业培训补贴，支持优质培训机构开发数字培训课程，支持平台开展网上创业培训，支持培训机构引进国外优质资源或开展联合办学。在现行职业培训补贴直接补贴个人方式基础上，可根据去产能企业失业人员、建档立卡贫困人口的特点，创新培训组织形式，采取整建制购买培训项目、直接补贴培训机构等方式开展集中培训。依法参加失业保险 3 年以上、当年取得职业资格证书或职业技能等级证书的企业职工，可申请参保职工技能提升补贴，所需资金按规定从失业保险基金中列支。

3. 强化公共就业创业服务

着力推进公共就业创业服务专业化，合理布局服务网点，完善服务功能，细化服务标准和流程，增强主动服务、精细服务意识。创新服务理念和模式，根据不同群体、企业的特点，提供个性化、专业化的职业指导、就业服务和用工指导。加强公共就业创业服务从业人员职业化建设，建立定期培训、持证上岗制度。落实政府购买基本公共就业创业服务制度，充分运用就业创业服务补贴政策，支持公共就业创业服务机构和高校开展招聘活动和创业服务，支持购买社会服务，为劳动者提供职业指导、创业指导、信息咨询等专业化服务。加强公共就业创业服务信息化建设，在充分利用现有平台基础上，建立“互联网+”公共就业创业服务平台，推动服务向移动端、自助终端等延伸，扩大服务对象自助服务范围，推广网上受理、网上办理、网上反馈，实现就业创业服务和管理全程信息化。

4. 推进人力资源市场建设

加强人力资源市场法治化建设，逐步形成完善的市场管理法规体系。深化人力资源市场整合改革，统筹建设统一规范、竞争有序的人力资源市场体系，打破城乡、地区、行业分割和身份、性别、残疾、院校等歧视。规范招人用人制度和职业中介服务，密切关注女性平等就业情况，促进妇女、残疾人等公平就业。建立与经济社会发展需求相适应的人力资源供求预测和信息发布制度。开展人力资源市场诚信体系建设，加快出台人力资源市场各类标准，创新事中事后监管方式，营造规范有序的市场环境。推进流动人员人事档案管理服务信息化建设。大力发展人力资源服务业，实施人力资源服务业发展推进计划。简化劳动者求职手续，有条件的地区可建立入职定点体检和体检结果互认机制，尽力避免手续过于烦琐、重复体检。

三、共青团推动青少年就业创业工作要点

2018 年，共青团中央办公厅下发《共青团 2018 年工作要点》，明确了贫困地区青年扶贫脱贫，青年创新创业鼓励，农村青年致富带头人培养、返乡创业青年参与乡村振兴帮扶，知识型、技能型、创新型青年技能人才骨干培育四类重点青年群体的帮扶目标。同时，为更好贯彻实施《中长期

青年发展规划（2016—2025年）》，提出了工作模式的改进方式以及工作体制、机制、队伍与平台的创新办法。

（一）提高服务青年工作水平

（1）推动建立并有效运转规划实施机制。在县级以上层面推动建立青年工作联席会议机制，指导各级团组织认真履行共青团在这项工作中的协调督促职责。

（2）认真开展规划实施情况的监测评估。推动统计监测指标编制工作，建设中央、省两级青年发展监测数据库，继续开展规划实施情况自评估和第三方评估，积极推动各领域青年发展政策的落实与完善。

（3）按计划推动实施相关研究课题。发布《中国青年发展报告（2017）》蓝皮书，启动《中国青年发展报告（2018）》蓝皮书编撰工作，形成若干青年政策论证课题成果。

（4）探索完善“青年汇智团”等工作模式。深入贯彻以青年为本的理念，探索实施普通青年参与规划解读、宣传和评估工作的有效路径，在实践中不断发展完善。

（5）继续推动各地制定出台省级青年发展规划。

（二）推动基层组织设置与活动方式创新

（1）大力提升基层团组织有效覆盖面。突出政治功能，坚持党建带团建，深入推进城乡区域化团建，在巩固传统领域团建的基础上，大力推进新兴领域团建，着力扩大组织覆盖、激发组织活力。

（2）加快建设“团干部＋社工＋青年志愿者”队伍。改进和深化乡镇街道团的组织格局创新工作，建立面向全社会开放、以能力为导向的共青团基层工作队伍。

（3）在基层广泛建设“青年之家”阵地，推动更多“青年之家”入驻云平台。到2020年在全国建成十万数量级的“青年之家”，推动其中3万—5万家入驻云平台，加大政府购买服务支持力度，大力提升“青年之家”的活跃度。

（4）深入实施基层团支部“活力提升工程”和基层少先队“动感中队”建设。以团支部为重点，进一步加强规范化建设，确保“三会两制一课”等基础团务扎实有效开展，建立“全团抓支部”的工作机制，努力打造联系服务青年的坚强堡垒。坚持工作到中队，不断增强少先队员的光荣感和组织归属感。

（5）稳步推进“智慧团建”系统建设。聚焦基础团务管理功能和各级团组织管理员的用户定位，分步完善系统信息、分区域推进个人信息录入，确保“智慧团建”系统务实、稳定、有效。

（6）深化青年社会组织“伙伴计划”。优化联系、服务和引领青年社会组织的工作机制，突出关键领域和重点群体，加强社会组织骨干培养，培育优秀项目。探索共青团带领青年社会组织在基层社区治理中发挥作用的路径。

第三节　青少年就业创业服务内容

围绕国家有关促进青少年就业创业事业发展的顶层制度设计，完善相关政策，引导青少年群体树立科学理性的就业观，多举措增强青少年就业技能，整合多方资源推动青少年就业实践，深化青少年重点群体就业帮扶工作，同时多借鉴境外有益经验，做好青少年就业创业服务。

一、完善青少年就业创业政策

我国现有与青少年就业创业相关的政策主要包括《中华人民共和国劳动法》《中华人民共和国劳动合同法》《中华人民共和国就业促进法》《中华人民共和国未成年人保护法》《中华人民共和国职业教育法》《劳动就业服务企业管理规定》以及《职业指导办法》等，针对青少年就业创业意识培养、职业技能培训等方面的专项法律法规政策尚不完善。应倡导政府相关部门加大促进青少年就业创业专项法律法规的研究与制定力度，优化青少年就业创业政策创设，运用政策杠杆，促进市场经济发展，扩大就业需求，增强青少年就业创业事业发展的法制化与规范化。

二、引导青少年树立科学理性的就业创业观

引导青少年展开理性自我认知，养成科学就业创业观念，良好地适应社会，开展职业选择。引导青少年将个人理想与现实诉求结合起来统筹考虑，帮助青少年树立“不求到位先就业”“不贪舒适求发展”的就业观，实现自我价值与服务社会二者的有机结合。树立终身学习信念，踏实成长，扎实积累，不断提高自身职业能力，为构建社会主义和谐社会作贡献。

三、增强青少年就业技能

（一）发挥共青团天然优势

共青团组织充分利用自身的组织优势，有效开展青少年职业技能培训。发挥自身团属培训机构的阵地作用，为广大青少年提供优质的、满足社会需求的职业技能培训。与各地信誉好、师资强的培训机构合作，建设青少年职业技能培训示范基地。通过整合资源，与职业中学、技校等组织对接，加强针对职高生、技校生等的职业技能培训，探索开展订单式培训工作。针对一些特殊群体，如贫困农村青年、残障青年等困难群体，通过灵活的培训机制、多元的培训方法，如推进“互联网+”职业培训建设，送培训下乡、派专家现场或远程指导等，开展有针对性的就业创业帮扶工作。

（二）借力社会工作专业方法

社会工作以助人自助为基本原则，以解决社会问题、增进社会福祉为目标，提供预防、治疗和发展性服务。社会工作的专业价值观与科学服务体系对推动青少年就业创业工作具有一定的积极作用。

社会工作价值观强调尊重青少年的尊严和独特性，相信青少年具有成长的潜力和能力，对青少年应持尊重、接纳、非批判以及保密等工作原则。这种彰显人文主义关怀理念的价值观有助于社会工作者与青少年建立平等互信的关系，为开展增强青少年就业创业技能的服务奠定了重要的基础。社会工作拥有包括个案工作、小组工作、社区工作、社会工作行政、社会工作研究以及个案管理等方法在内的科学的服务体系。多元的助人方法使得社会工作既能够为个体青少年提供物质、情感、信息和技术等支持，疏导压力，增强自信；能够帮助青少年群体学习新的行为，增强适应能力，提升解决问题的能力；也能通过政策倡导，促进社会达成共识，影响青少年就业创业政策的制定和完善。

四、推动青少年就业创业实践

拓展青少年就业创业见习基地，加强青少年就业创业见习工作，可以为青年就业创业积累工作经验、提高能力提供帮助，为用人单位选人搭建平台，并积极利用自身组织优势，充分整合资源，联合企业，丰富和拓展见习基地类型，满足青少年见习需求。

加强资金支持，助力青少年就业创业实践发展。积极完善创业担保贷款及贴息政策，建立青少年创业基金，拓宽青少年创业投融资渠道，加大小额贷款发放力度，为青少年就业创业提供强有力的金融支持。推进落实青少年创业场地房租补贴等政策，不断优化青少年创业环境。

建立信息技术平台，如“青年就业创业信息系统”“青年就业创业技术支持系统”“青年就业创业金融支持系统”“青年就业创业销售渠道系统”等各种就业创业的工作平台，在信息交流、技术支持、政策保障等方面，为广大青年就业创业提供有效服务。

拓宽青少年就业创业渠道。继续推进全国“双创”示范基地，强化多部门协作，完善“双创”政策措施，为青少年创业者提供便利化、多功能的专业化创业服务。

五、深化青少年重点群体就业帮扶工作

针对普通高校毕业生，加强高校毕业生求职创业补贴力度，落实高校毕业生灵活就业社会保险费补贴、推进高校毕业生就业创业促进计划，加强离校未就业高校毕业生的就业帮扶。不断完善困难青年、长期失业青年以及残疾青年的就业援助工作机制，加强就业援助政策，帮助其通过多种渠道实现就业。

六、经验借鉴

美国在20世纪80年代末就发布了《国家职业发展指导方针》，将受教育者分为小学、初中、高中和成人四种类型，不同类别有不同的职业生涯教育内容，提倡规划职业生涯教育从六岁做起，要求从儿童、青少年开始，对个人兴趣、专长、特点以及能力等开展“自我认知”，了解教育与职业关系，掌握职业信息的获得与使用技能等；还要学习职业决策并进行职业规划。加拿大则在中学阶段直接开设与职业相关的选修课程，并专门配备师资力量为学生提供有关就业等方面的咨询服务。澳大利亚也在中学阶段就开设与职业发展相关的选修课，培养学生对自我职业生涯发展的规划意识，促进学生有目的地选修与个人未来规划相关的课程。新加坡则充分利用信息平台“教育与职业生涯规划”网络系统，通过在线互动、游戏

问答等多元方式，帮助用户了解自己的兴趣与专长，尽早开展职业规划[①]。

越南共青团则主要采取了如下措施助力青年提高就业创业能力。首先，与越南电视台、越南广播电台合作，开设就业创业专栏，宣传青年就业创业知识；其次，采用多元举措服务青年就业创业，如“千名企业家通过互联网向青年传授创业经验”“创业咖啡”等活动，帮助青年体验真实的创业情境；再次，设立青年创业基金会，为青年创业提供丰富多元的资源支持；最后，与市场合作，联合企业创建青年就业创业实习基地。此外，积极构建青年合作网络，推动青年创业的共享与互助[②]。

上述国家的这些较为成熟的经验值得我们学习和借鉴。

---

① 顾红．美国职业生涯教育热点解析［J］．教育发展研究，2007（2A）．

② 孙文桂，丘志聪，林国和．越南共青团服务青年就业创业的路径研究［J］．广西青年干部学院学报，2017（6）．

第九章　青少年社会保障服务

情境

毛毛（化名）今年上小学三年级，两岁时父母离婚后他就跟爸爸一起生活，后来，爷爷、奶奶、爸爸相继因病去世，妈妈又联系不上，毛毛只得一个人生活，成了“事实孤儿”。老师将毛毛的情况报告给了武定县正心社会工作服务中心的驻校社会工作者，社会工作者很快将材料上报给民政部门，将毛毛纳入低保，并得到社会多方帮助。

2016 年，根据国务院《关于加强农村留守儿童关爱保护工作的意见》和《关于加强困境儿童保障工作的意见》，云南省出台了相应的《实施意见》，明确从基本生活、基本医疗、落实监护责任、服务等方面为困境儿童提供保障，扩大了困境儿童的保障覆盖面。各级政府在落实关爱保护儿童工作中承担着主体责任，强化了县、乡两级政府和村（居）民委员会职责，将农村留守儿童关爱保护工作列入新农村建设的工作内容之中。《实施意见》还要求各地将儿童之家作为服务困境儿童的新平台，通过政府购买服务或设置公益性岗位形式，做到每个村（居）民委员会至少选配 1 名村（居）民委员、大学生村官或专业社会工作者担任儿童福利督导员。

（来源：《云南：为困境儿童编织关爱保护网络》，记者张文凌，《中国青年报》，2018 年 6 月 11 日 07 版。）

在我国，像毛毛这样的困境儿童和青少年还有不少，如果仅凭慈善性的临时帮助而缺乏相应的制度保障，那么其中相当一部分人会被遗漏，难以维持基本生活。因此，必须将救助措施制度化为社会保障服务，才能让他们的基本生活得到有效保障。

青少年是家庭的希望，是国家和民族的未来。在党和政府的高度重视下，我国保障青少年权益的法律体系逐步健全，广大青少年合法权益得到有效保障，生存发展环境进一步优化，在家庭、政府和社会的关爱下健康成长。但是同时，也有一些青少年因家庭经济贫困、自身残疾、缺乏有效监护等原因，面临生存、发展和安全困境，一些冲击社会道德底线的极端事件时有发生，不仅侵害青少年的合法权益，也影响社会的和谐稳定，是全面建成小康社会亟待妥善解决的突出问题。

第一节　青少年社会保障服务现状

本节首先概述青少年社会保障服务的定义、内涵和意义，其次介绍我国青少年社会保障服务发展取得的主要成就和尚需解决的主要问题。

一、青少年社会保障服务概述

（一）青少年社会保障服务的定义

社会工作学界一般认为，社会保障服务是“为保障民生以及促进社会进步，由国家和社会以立法为依据出面举办，由政府和社会团体组织实施，对因各种经济和社会风险事故而陷入困境的人群以及有物质和精神需求的全体公民提供的、福利性的物质援助和专业服务的制度和事业的总称”①。

基于上述社会保障服务的一般含义，我们可以将青少年社会保障服务定义为：为保障青少年的生存与发展，由国家和社会以立法为依据出面举办，由政府和社会团体组织实施，对因各种经济和社会风险事故而陷入困境的以及有物质和精神需求的青少年提供的、福利性的物质援助和专业服务的制度和事业的总称。

（二）青少年社会保障服务的内涵

（1）青少年社会保障服务的目的是保障青少年的生存与发展。社会保障制度建立之初，其目的是为在工业化进程中陷入生存困境的人提供最基本的生活保障，使其得以生存。直到现在，这仍然是社会保障服务最基本的功能。但是，随着社会和经济的发展以及对人的价值的越加重视，关于青少年发展的议题也被纳入社会保障服务的范畴，如保障青少年接受教育的相关政策和项目等，目的是促进机会平等，让每位青少年都有成长发展

---

① 史柏年．社会保障概论［M］．北京：高等教育出版社，2012：5.

的机会。

（2）青少年社会保障服务的依据是国家立法。世界各国建立社会保障制度的成功经验都是以立法为先导，通过强制性立法建立统一的社会保障体系，用法律的形式明确制度各方的权利和义务关系，确保制度的顺利实施，有效保障广大青少年的生存与发展，实现社会的公平和正义。

（3）青少年社会保障服务的责任主体是国家和社会。国家是青少年社会保障的最终责任主体，其责任表现为：国家通过立法以提供社会保障；国家出面举办社会保障项目并进行统一的宏观管理；国家通过预算提供财政保障。在当代社会，社会的社会保障主体责任越来越大，主要表现为：在全社会的范围内，对青少年社会保障服务起监督作用；在社区中举办补充性的社会保障服务；以非营利组织的形式参与社会保障服务项目的组织实施。

（4）青少年社会保障服务的保障对象是全体青少年。青少年社会保障服务建立之初，保障对象主要是陷入生存困境的青少年，此类人群仍是当前各国青少年社会保障服务的重点保障对象。但是，随着经济和社会发展，选择性、补救性的社会保障服务也渐渐向普惠型社会保障发展，享有社会保障逐渐成为各国普遍接受的一项公民社会权利，即全体青少年都有从国家和社会获得保障服务的权利。因此，当前青少年社会保障服务的保障对象是全体青少年。

（5）青少年社会保障服务的保障内容包括物质保障和服务保障。物质保障是指通过现金给付或实物援助的方式来满足青少年的基本生活需求；服务保障是指通过劳务援助、技术培训、信息咨询、心理慰藉等非物质形式的帮助来满足青少年成长、发展的生活和精神需要。

（三）青少年社会保障服务的意义

青少年的成长和发展离不开必要的外部资源。传统上，这些资源一般由家庭、社区、市场等社会制度提供。但是，由于各种内在或外在的原因，一旦这些社会制度不能为青少年的成长和发展提供有效必要资源时，青少年就会陷入困境。因此，需要其他的社会制度来为青少年提供必要的支持。在现代社会中，这一重任就由国家和社会通过实施青少年社会保障服务来承担。

青少年社会保障服务对青少年个体和社会整体具有双重意义。一方面，对青少年个人来说，社会保障服务能够保障基本生活和促进个人发展。社会保障服务通过向青少年提供满足其基本生存所需的物质和服务，保障青少年的基本生活；同时，通过教育等具有公共性质的专业服务，提高青少年的文化水平，促进青少年的个人发展。另一方面，对社会整体来说，青少年社会保障服务能够促进社会公平和维持社会稳定。社会保障服务能够通过资源再分配，满足青少年的基本需要，削减社会不平等，促进社会公平，提高社会整合程度，维持社会稳定。

二、我国青少年社会保障服务发展的主要成就

在党和政府的关怀下，我国青少年社会保障服务事业快速发展，取得了令人瞩目的成就，主要体现在以下几个方面。

（一）青少年社会保障服务战略明确提出

“十二五”时期，我国提出了青少年社会保障服务发展分“三步走”的战略。明确提出：第一步是在“十二五”期末建立以政府保障为主，覆盖全体孤儿和困境儿童的托底保障制度；第二步是到2020年，在全国范围内建立惠及自身困境儿童、家庭困境儿童和问题儿童等非正常儿童的社会福利体系，实现适度普惠的福利保障和服务供给；第三步到中华人民共和国成立100年即2049年，在全国范围内建立面向全体儿童的普惠型儿童福利体系，实现全体儿童普惠的高层次的福利保障和高水平的服务供给，基本达到先进国家儿童福利的整体水平。青少年社会保障服务战略的提出，为我国青少年保障服务事业的发展明确了方向和目标。

（二）青少年社会保障服务体系不断健全

当前，我国已经初步形成了相对完整的青少年社会保障服务体系，主要包括五个层次：

第一层是以1989年《儿童权利公约》为代表的国际通行的儿童福利政策。1991年3月，我国政府签署《儿童生存、保护和发展世界宣言》和《执行九十年代儿童生存、保护和发展世界宣言行动计划》，标志着我国政府正式接受国际社会普遍认同的儿童福利理念与儿童权利保障，并正式与国际儿童福利事业接轨，制定和执行符合我国国情的儿童福利政策，已经出台的三个《中国儿童发展规划纲要》就是成果。

第二层是遵照国际惯例和国际儿童公约，由全国人民代表大会及其常务委员会制定的相关法规。这亦是我国儿童福利政策框架的核心。如1991

制定、2006年修订的《中华人民共和国未成年人保护法》，明确通过家庭保护、学校保护、社会保护和司法保护实现儿童的生存权、发展权、受教育权和参与权；1986年制定、2006年修订的《中华人民共和国义务教育法》，使包括留守儿童、流动儿童在内的困境儿童接受义务教育权利通过“两为主”政策的合法化和义务教育的户籍制分割的取消得以实现。

第三层是国务院和国务院各职能部门制定、颁布、实施的各类行政法规、部门规章和政策规定。如2015年的《关于依法处理监护人侵害未成年人权益行为若干问题的意见》，标志着落实儿童监护的国家责任进入操作阶段；2016年的《关于加强困境儿童保障工作的意见》，在明确自身残障儿童、贫困家庭儿童、家庭监护缺失或监护不当儿童为“困境儿童”的基础上，形成家庭尽责、政府主导、社会参与的困境儿童保障工作格局。这使得我国儿童福利政策从对“孤儿”的救助上升到对“困境儿童”的救助，是儿童福利政策的一个重要转折点。

第四层是省、自治区、直辖市人民代表大会和政府制定和执行的地方法规、行政规定。例如：2016年6月北京市出台《关于建立北京市困境儿童分类保障制度的意见》，在确定5类重点保障困境儿童的分类扶持标准的基础上，明确提出建立困境儿童生活费动态调整机制，其生活费标准根据北京市经济社会发展实际和困境儿童生活需求适时调整。2016年6月山东省出台的《关于加强农村留守儿童关爱保护工作的实施意见》、浙江省出台的《预防和制止家庭暴力条例》等，分别对不同类型的困境儿童社会保障作出规定。

第五层是最贴近儿童的市、区、县及社区有关儿童福利服务的政策规定。如北京市房山区先期组织实施了为期一年的重大疾病和意外伤害保险项目试点，对所有房山户籍0—3岁婴幼儿给予保险年度45元的全额保费补贴，在婴幼儿遭遇重大疾病、意外伤害等情况下，可以获得1万至5万元的保险赔付或医疗费用报销①。

（三）青少年社会保障服务投入持续增加

青少年社会保障服务力量的不断加强主要体现在三个方面，即政府、机构及社会方面。

---

① 李洪波．实现中的权利：困境儿童社会保障政策研究［J］．求是学刊，2017（2）．

第一，政府保障服务能力不断提升，主导作用不断加强。现阶段我国青少年社会保障服务还主要是政府供给，政府在保障服务中处于主导地位，发挥着重要作用。《国务院关于加强困境儿童保障工作的意见》将“政府主导”作为儿童福利保障工作的一项原则确定下来，这对于推进我国青少年社会保障服务事业发展具有重要意义。政府的福利供给职能主要体现在政策支持、财力支持、服务提供三个方面。近年来，我国政府在儿童福利领域中的主导作用正在不断加强。在相关政策不断完善的同时，国家对儿童福利事业发展的财政支持力度不断加大。全国儿童福利支出额由2007年的1.079亿元增加到2015年的54.8亿元①。中央财政方面，2016年孤儿基本生活保障补助预算19.5亿元，比2015年执行数增加11.6%。全国逾850万困境儿童纳入孤儿、特困人员供养和最低生活保障三项制度，补助标准同比增幅最高达20.3%，其中，46.9万名孤儿按月领取基本生活费，14.4万名儿童纳入农村特困人员救助供养范围，788.2万名贫困儿童纳入最低生活保障范围。地方政府方面，20个省份地方政府出台困境儿童分类保障落实意见，多地扩大保障范围并提高救助标准。北京、天津、河北等9个省份将事实无人抚养儿童纳入孤儿生活保障范围，7个省份进行了孤儿基本生活费提标②。

第二，我国儿童福利保障服务机构不断增加，儿童福利从业服务人员增加，专业化服务水平提升。国家统计局2016年11月3日发布的《中国儿童发展纲要（2011—2020年）中期统计监测报告》显示，2015年，全国共有学前教育学校22.4万所，学前教育专任教师205.1万人，分别比2010年增长49%、79%。2015年，全国共有儿童收养救助服务机构753个，其中儿童福利机构478个，未成年人救助保护中心275个，分别比2010年增加143个和130个。全国儿童收养救助服务机构共有床位10万张，比2010年增加4.5万张，增长82%。2015年，我国儿童收养救助服务中心职工数为1.4万人，儿童福利机构职工数为1.3万人，未成年人救助保护中心职工数为0.2万人。截至2017年6月，妇联在全国30个省份

① 蔡秀云，李雪臣．我国儿童福利事业发展现状分析［J］．经济研究参考，2017（53）．

② 北京师范大学中国公益研究院．加强儿童福利服务体系建设 打通困境儿童服务“最后一公里”［J］．社会福利，2017（8）．

支持建立150507所“儿童之家”。保障服务人数在增加，专业人才队伍在壮大，专业服务理念开始普及，专业设施设备不断增加，使服务水平提升具有了相应的条件。

第三，社会力量参与儿童福利的力度持续加大。一些为儿童提供服务的社会团体组织，通过政府购买服务，也在为儿童提供专业服务方面作出了积极贡献。政府、社会团体、基金会与企业等多种力量联合支持的资金保障模式正逐步建立。如在“儿童之家”建设的过程中，河北、青海、吉林、山东、云南、西藏等省、自治区都得到了基金会或企业的支持，各级财政、妇联与基金会、企业、军队等多方力量联合支持儿童福利的资金模式正在发挥作用。儿童福利事业发展，更加广泛地动员了国家各级财政、社会团体、基金会、企业、军队及其他社会力量，形成了更加多样的儿童福利保障服务供给模式。政府主导、多部门合作、全社会参与的工作机制和经费保障机制正在形成。

（四）青少年社会保障服务内容更加丰富

我国青少年社会保障服务正经历着从救济为主的社会福利工作，发展为以康复、教育、就业、社会保障、权益保障、文化体育、无障碍环境建设等为主要内容的综合性社会事业。青少年社会保障服务使青少年的政治、经济、社会、公民权得到尊重和保障。服务内容包括了从一般的养育和照料，到养育、照料、康复和青少年身心全面健康发展等各个方面的内容。《中国儿童发展纲要（2011—2020年）》中强调，要为儿童提供必要的生存发展受保护和参与的机会和条件，最大限度地满足儿童的发展需要，发挥儿童潜能，为儿童一生的发展奠定重要基础。目前，我国青少年社会保障服务主要包括推进青少年健康、营养状况持续改善，促进教育普及程度持续提高，解决青少年发展面临的突出问题，促进青少年的全面发展和权利保护等方面的内容。妇幼卫生服务、儿童保健服务、出生缺陷防治、儿童疾病防治、预防和控制儿童伤害、改善儿童营养、提高儿童身体素质、加强对儿童的健康指导和干预、构建儿童心理健康服务网、保障儿童食品用品安全、均衡配置教育资源、保障所有儿童享有公平教育、保障儿童享有基本医疗卫生服务、完善孤残等困境儿童救助制度和服务体系、提供丰富健康向上的文化产品、营造尊重和爱护儿童的社会氛围等各项工作正积极推进，各相关儿童福利部门和机构提供了日益多样、丰富的青少年社会保障服务，表明我国青少年社会保障服务正在转向为所有需要帮助的青少年提供服务。

（五）青少年社会保障服务范围不断扩大

青少年社会保障服务范围是指覆盖服务对象的范围。我国青少年社会保障服务正由以救济孤残、困境儿童为主的托底保障向适度普惠的福利保障和服务供给转变，保障服务对象的范围不断扩大，覆盖的儿童数量不断增加。覆盖的人群从过去只覆盖福利机构内养育的孤儿，到现在开始拓展到所有孤儿，包括散居在亲友家的孤儿及困境儿童。服刑人员家中无人照看的未成年子女、受艾滋病影响的儿童、弃婴、流浪未成年人、事实无人抚养儿童以及贫困家庭的残疾儿童、大病儿童和留守儿童等，也都纳入了青少年社会保障服务关注的范围①。

（六）青少年社会保障服务成效持续进步

青少年社会保障服务成效的持续进步，主要体现在服务覆盖人数不断增加，保障水平不断提升等方面。2015 年，全国共有孤儿 50.2 万人，其中被家庭收养的孤儿人数为 2.2 万人，全国收养性机构收留抚养孤儿 12 万人。截至 2016 年年底，全国共有孤儿 46.0 万人，其中集中供养孤儿 8.8 万人，社会散居孤儿 37.3 万人。2016 年全国办理家庭收养登记 1.9 万件，其中：内地居民收养登记 1.6 万件，港澳台及华侨收养登记 131 件，外国人收养登记 2771 件。2010 年各地积极推进基层儿童福利与保护服务体系项目以来（该项目为在中国最偏远和贫困地区向困境儿童提供社会保障服务），目前项目模式已被各地推广到 5.9 万多个村（社区），进一步扩大了儿童福利保障服务对象的数量。国家统计局 2016 年 11 月 3 日发布的《中国儿童发展纲要（2011—2020 年）中期统计监测报告》显示，2015 年，婴儿死亡率为 8.1‰，5 岁以下儿童死亡率为 10.7‰，分别比 2010 年下降 5 个和 5.7 个千分点，两项指标已实现纲要目标。在法律保护方面，数据显示，2015 年，全国未成年人犯罪人数为 43839 人，比 2010 年减少 24359 人。未成年人犯罪人数占同期犯罪人数的比例为 3.56%，比 2010 年下降 3.22 个百分点。同时，服务的年龄周期向上向下均有所拓展。向上是指正在向青年时代延展，孤残儿童向成年过渡和就业安置正在成为儿童福利系统服务中的重要一环。向下是指更加重视婴幼儿及学龄前儿童的保障服务。2015

① 蔡秀云，李雪臣．我国儿童福利事业发展现状分析［J］．经济研究参考，2017（53）．

年，全国共有学前教育在校学生4264.8万人，比2010年增长43%。

三、我国青少年社会保障服务发展中存在的主要问题

在党和政府的领导下，我国青少年社会保障服务事业的发展取得了很大成就，有力地满足了广大青少年的基本需要，保障了广大青少年的基本生活。不过，随着社会的发展，青少年社会保障服务的供给与青少年的实际需要仍然存在一定的差距，一些问题亟待解决。

(一) 法律政策体系不健全

青少年社会保障服务作为国家社会政策体系的重要方面，应该在立法的顶层设计上得到更多重视。我国现有专门针对青少年的立法仅有《中华人民共和国未成年人保护法》《中华人民共和国预防未成年人犯罪法》《中华人民共和国义务教育法》等少数几部，尚缺乏一部具有基本法性质的“青少年福利法”。此外，现有法律法规对青少年福利涵盖不够，法律法规的条款也较偏向规范性，操作性有待加强。已有的相应政策较为分散，一体化程度较低，碎片化程度较高。

(二) 发展经费投入不足

从儿童福利事业的角度看，我国政府投入资金的比例占GDP的比例较低，投入不足且经费分配不均衡。2015年，我国儿童福利支出占公共财政总支出比重为0.056%，占GDP的比重为0.021%，与英美国家儿童家庭福利支出占GDP的比重3%左右相比，存在较大差距。

(三) 管理体制亟待完善

我国青少年社会保障服务的行政管理体制目前呈多头管理，对整体工作的协调和统筹提出了较高的要求。民政部主要负责孤残儿童、流浪儿童、受艾滋病影响儿童等困境儿童的救助和发展，教育部负责适龄儿童及特殊儿童的教育，卫健委主管儿童的预防接种、身体健康、学校健康、食品安全等，全国妇联、共青团、残联等共青团组织也分别承担相应的青少年社会保障服务工作。较为分散的行政管理体制给青少年社会保障服务的统筹发展构成了挑战①。

① 蔡秀云，李雪臣．我国儿童福利事业发展现状分析［J］．经济研究参考，2017（53）．

第二节　青少年社会保障服务相关政策

党和政府历来重视广大青少年的基本生活问题，出台了一系列青少年社会保障服务相关政策。通过本节的学习，可以了解到当前我国青少年社会保障服务的总体规划和专项政策。

一、青少年社会保障服务的总体规划

青少年社会保障服务的发展，离不开科学的政策顶层设计。我国关于青少年社会保障服务的顶层设计，主要体现在相关的青少年发展规划中。

（一）青年发展规划

2017 年，国务院制定《中长期青年发展规划（2016—2025 年）》，这是我国首个青年发展规划。其中提出，我国中长期青年发展规划的总体目标是：到 2020 年，具有中国特色的青年发展政策体系和工作机制初步形成，广大青年思想政治素养和全面发展水平进一步提升，在决胜全面建成小康社会伟大实践中的生力军和突击队作用得到充分发挥。到 2025 年，具有中国特色的青年发展政策体系和工作机制更加完善，广大青年思想政治素养和全面发展水平明显提升，尽快成长为志存高远、德才并重、情理兼修、勇于开拓、堪当实现中华民族伟大复兴中国梦历史重任的有生力量。为此，该《规划》在青年思想道德、青年教育、青年健康、青年婚恋、青年就业创业、青年文化、青年社会融入与社会参与、维护青少年合法权益、预防青少年违法犯罪、青年社会保障等方面规划了明确的发展目标和发展措施。

（二）儿童发展规划

从 20 世纪 90 年代开始，我国政府已制定并实施了三个《中国儿童发展规划纲要》，有力地加强了青少年社会保障服务。

1990 年 9 月，联合国召开了世界儿童问题首脑会议，会议通过了《儿童生存、保护和发展世界宣言》和《执行九十年代儿童生存、保护和发展世界宣言行动计划》。1991 年，中国政府正式签署了这两个文件，并于 1992 年制订了中国儿童发展的第一个国家行动计划——《九十年代中国儿童发展规划纲要》。不过，该纲要对我国儿童权利的保护主要集中在儿童

生存权方面，尚未明确提出“儿童优先”原则。

20世纪初，流动儿童、留守儿童的保健、教育、保护问题成为重大社会问题，侵害儿童人身权益的违法犯罪行为时有发生。在这一背景下，《中国儿童发展纲要（2001—2010年）》明确提出“儿童优先”原则，提出了“依法保障儿童生存权、发展权、受保护权和参与权”，“优化儿童成长环境，使困境儿童受到特殊保护”，使我国困境儿童特殊保护上升到儿童发展规划的高度。在这期间，我国政府修订了《中华人民共和国预防未成年人犯罪法》《中华人民共和国未成年人保护法》《中华人民共和国义务教育法》，专门就留守儿童和流动儿童问题做了法律规定。儿童的健康问题、教育问题、法律保护、环境支持等被高度重视。此间，国外对困境儿童的相关扶持策略也被介绍到我国。

《中国儿童发展纲要（2011—2020年）》首次在“儿童优先”的原则上提出儿童发展规划的“儿童最大利益原则”。通过创建儿童友好型社会环境“建设普惠型儿童福利制度”“拓展儿童福利范围、提升儿童福利水平”，把儿童福利层次带到一个新的高度。该纲要首次在“目标与策略措施”中提到“儿童与福利”，明确要扩大儿童福利范围，推动儿童福利由补缺型向适度普惠型转变。新的儿童发展纲要敦促一系列针对不同类型困境儿童社会保障内容的政策出台，例如《国务院办公厅关于加强和改进流浪未成年人救助保护工作的意见》《国务院关于加强农村留守儿童关爱保护工作的意见》，以及综合性的《国务院关于加强困境儿童保障工作的意见》。以“为贫困和大病儿童提供医疗救助”为核心，提高儿童基本医疗保障覆盖率和保障水平，以基本医疗卫生服务为儿童的生命健康权实现护航。新纲要还特别强调了满足孤儿生活、教育、医疗和公平就业等基本需求，提高孤儿家庭寄养率和收养率，为以孤儿基本生活保障为核心的，覆盖弃婴和艾滋病病毒感染儿童的困境儿童基本生活保障奠定了基础。同时，也为其他困境儿童通过低保或临时救助等方式获得基本生活保障提供了基础。

二、青少年社会保障服务的专项政策

为加强青少年保障服务，确保困境儿童和青少年生存、发展、安全权益得到有效保障，党和政府出台了多项政策。从政策内容看，可将这些政策大致分为两类：一类是综合性社会保障服务，另一类是针对某一特殊青少年群体的专项性社会保障服务。

（一）综合性青少年社会保障服务

1. 适度普惠型儿童福利制度

为深入贯彻儿童发展纲要，切实履行联合国《儿童权利公约》，全面建立与我国经济社会发展状况相符合、与儿童生存和发展需要相适应的适度普惠型儿童福利制度，进一步提高儿童福利工作水平，2013 年，民政部在全国范围内开展适度普惠型儿童福利制度建设试点工作。

一般来说，适度普惠型儿童福利的核心内涵包括两方面“适度”：一是适度扩大儿童福利对象，二是适度提升儿童福利水平。这是落实以人为本执政理念、维护儿童基本权益、促进儿童全面发展的重要举措，是着眼国家未来长远发展、储备优秀人才资源的迫切需要，是完善我国社会福利制度体系、促进社会公平正义的内在要求。

适度普惠型儿童福利制度建设工作的首批试点包括江苏省昆山市、浙江省海宁市、河南省洛宁县、广东省深圳市等地。第二年，在首批试点工作的基础上，民政部又将试点地区扩展至北京市房山区、天津市东丽区、河北省三河市、山西省闻喜县、朔州市平鲁区等 46 个市（县、区）。

试点工作有以下三个基本原则：第一，坚持困境儿童优先，在制订政策规划、提供福利服务等方面，优先考虑困境儿童的利益和需求。第二，坚持分层推进、分类保障，适应经济社会发展，逐步扩大儿童保障范围，根据不同儿童群体需求，分类给予保障。坚持福利制度和福利服务并重，既高度重视儿童福利制度的建设和完善，建立惠及不同类型儿童的补贴制度，又切实加强服务机构的布局和建设，努力为儿童提供专业化的服务。第三，坚持政府主导、社会参与，既充分发挥政府相关部门作用，切实履行政府保护儿童权益的职责，又广泛动员社会组织，形成儿童福利服务社会化的生动局面。

适度普惠型儿童福利制度试点工作的总体目标是：扩大儿童福利范围，推动儿童福利由补缺型向适度普惠型转变，建立健全城乡一体化、保障制度化、组织网络化、服务专业化、惠及所有儿童的儿童福利制度和服务体系。

2. 贫困地区儿童发展规划

2014 年底，为了解决我国儿童事业发展不平衡问题，特别是集中连片特殊困难地区还有4000万儿童在健康和教育等方面的发展水平明显低于全国平均水平的问题，国务院办公厅发布《国家贫困地区儿童发展规划(2014—2020年)》。该规划旨在进一步采取措施，切断贫困代际传递的根本途径，因此，《规划》的实施范围是集中连片特殊困难地区680个县从出生到义务教育阶段结束的农村儿童。

该规划提出的总体目标是："到2020年，集中连片特殊困难地区儿童发展整体水平基本达到或接近全国平均水平。""规划"在以下方面提出了具体任务指标：

（1）保障母婴安全。孕产妇死亡率下降到30/10万，婴儿和5岁以下儿童死亡率分别下降到12‰和15‰。出生人口素质显著提高。

（2）保障儿童健康。5岁以下儿童生长迟缓率降低到10%以下，低体重率降低到5%以下，贫血患病率降低到12%以下。以乡镇为单位适龄儿童国家免疫规划疫苗接种率达到并保持在90%以上。中小学生体质基本达到《国家学生体质健康标准》。特殊困难儿童的福利、关爱体系更加健全。

（3）保障儿童教育。学前三年毛入园率达到75%，义务教育巩固率达到93%，教育总体质量、均衡发展水平显著提高。视力、听力、智力残疾儿童少年义务教育入学率达到90%。

此外，该规划还在新生儿出生健康、儿童营养改善、儿童医疗卫生保健、儿童教育保障、特殊困难儿童教育和关爱等方面提出了一系列任务要求。

（二）专项性青少年社会保障服务

1. 困境儿童社会保障服务

困境儿童包括因家庭贫困导致生活、就医、就学等困难的儿童，因自身残疾导致康复、照料、护理和社会融入等困难的儿童，以及因家庭监护缺失或监护不当遭受虐待、遗弃、意外伤害、不法侵害等导致人身安全受到威胁或侵害的儿童。为困境儿童营造安全无虞、生活无忧、充满关爱、健康发展的成长环境，是家庭、政府和社会的共同责任。做好困境儿童保障工作，关系儿童切身利益和健康成长，关系千家万户安居乐业、和谐幸福，关系社会稳定和文明进步，关系全面建成小康社会大局。为加强困境儿童保障工作，确保困境儿童生存、发展、安全权益得到有效保障，2016年我国还专门发布了《国务院关于加强困境儿童保障工作的意见》。

该意见的指导思想是：全面落实党的十八大和十八届三中、四中、五中全会精神，深入贯彻习近平总书记系列重要讲话精神，按照党中央、国务院决策部署，以促进儿童全面发展为出发点和落脚点，坚持问题导向，优化顶层设计，强化家庭履行抚养义务和监护职责的意识和能力，综合运用社会救助、社会福利和安全保障等政策措施，分类施策，精准帮扶，为困境儿童健康成长营造良好环境。

该意见的基本原则是：（1）坚持家庭尽责。强化家庭是抚养、教育、保护儿童，促进儿童发展第一责任主体的意识，大力支持家庭提高抚养监护能力，形成有利于困境儿童健康成长的家庭环境。（2）坚持政府主导。落实政府责任，积极推动完善保障儿童权益、促进儿童发展的相关立法，制定配套政策措施，健全工作机制，统筹各方资源，加快形成困境儿童保障工作合力。（3）坚持社会参与。积极孵化培育相关社会组织，动员引导广大企业和志愿服务力量参与困境儿童保障工作，营造全社会关心关爱困境儿童的良好氛围。（4）坚持分类保障。针对困境儿童监护、生活、教育、医疗、康复、服务和安全保护等方面的突出问题，根据困境儿童自身、家庭情况分类施策，促进困境儿童健康成长。

该意见的总体目标是：加快形成家庭尽责、政府主导、社会参与的困境儿童保障工作格局，建立健全与我国经济社会发展水平相适应的困境儿童分类保障制度，困境儿童服务体系更加完善，全社会关爱保护儿童的意识明显增强，困境儿童成长环境更为改善、安全更有保障。

2. 孤儿社会保障服务

孤儿是指失去父母、查找不到生父母的未满18周岁的未成年人。在我国，孤儿一般由地方县级以上民政部门依据有关规定和条件认定。孤儿的安置一般由地方各级政府按照有利于孤儿身心健康成长的原则，采取多种方式妥善安置孤儿。

党和政府历来关心孤儿的健康成长。中华人民共和国成立以来，我国孤儿福利事业取得了长足进展，孤儿生活状况得到了明显改善，但总体看，孤儿保障体系还不够健全，保障水平有待提高。为建立与我国经济社会发展水平相适应的孤儿保障制度，使孤儿生活得更加幸福、更有尊严，近年来，我国建立了一系列保障孤儿基本生活的社会保障服务政策，包括《国务院办公厅关于加强孤儿保障工作的意见》《民政部 财政部关于发放孤儿基本生活费的通知》《民政部 财政部关于发放艾滋病病毒感染儿童基本生活费的通知》《财政部 民政部关于印发〈孤儿基本生活费专项补助资金管理办法〉的通知》等。孤儿社会保障服务政策旨在拓展孤儿的安置渠道，建立健全孤儿保障体系，维护孤儿的基本权益，加强儿童福利机构建设，提高专业保障水平，促进孤儿福利事业的健康发展。

3. 留守儿童社会保障服务

留守儿童是农村留守儿童的简称，一般是指父母双方外出务工或一方外出务工另一方无监护能力的、不满十六周岁的未成年人。近年来，随着我国工业化、城镇化深入发展，进城务工人员不断增多，一些夫妻同时外出务工，把孩子留在家乡，因此出现了大量留守儿童。应该认识到，农村留守儿童问题是我国经济社会发展中的阶段性问题，是现阶段我国城乡发展不均衡、公共服务不均等、社会保障不完善等问题的深刻反映。

党中央、国务院十分关心留守儿童，要求从民族未来、经济发展、社会和谐的高度认真做好留守儿童工作。各地教育部门大力发展农村教育事业，改善农村寄宿制学校办学条件，充分发挥了学校在留守儿童服务工作中的重要作用。妇联组织发挥自身优势，积极推动出台相关措施，加强关爱服务载体建设，强化家庭教育指导，优化了留守儿童的成长氛围。综治组织创新社会管理，统筹各方力量，为留守儿童创造了成长的良好社会环境。共青团组织实施并长期坚持开展志愿服务行动，促进了留守儿童的品德培养。关工委组织悉心关爱留守儿童成长，注重结对帮扶，为促进留守儿童身心健康作出了贡献。社会各界共同协作，奉献爱心，初步形成了关爱留守儿童的良好社会氛围。

但是，由于留守儿童数量多，分布在广大农村，有的与父母长期分离，在亲情关怀、生活照顾、家庭教育和安全保护等方面出现一些突出问题，在留守儿童关爱保护工作中还存在一些薄弱环节，这主要表现在家庭监护缺乏监督指导、关爱服务体系不完善、救助保护机制不健全等方面。因此，农村留守儿童关爱保护工作制度化、规范化、机制化建设亟待加强。

做好农村留守儿童关爱保护工作，关系到未成年人健康成长，关系到家庭幸福与社会和谐，关系到全面建成小康社会大局。党中央、国务院对做好农村留守儿童关爱保护工作高度重视，近年来出台了专门针对留守儿童的社会保障服务政策。2013 年，教育部等五部门联合发布了《关于加强义务教育阶段农村留守儿童关爱和教育工作的意见》。2016 年，国务院专门发布了《国务院关于加强农村留守儿童关爱保护工作的意见》，更是为留守儿童的生活与发展提供了有力保障。

《国务院关于加强农村留守儿童关爱保护工作的意见》的指导思想是：全面落实党的十八大和十八届二中、三中、四中、五中全会精神，深入贯彻习近平总书记系列重要讲话精神，按照国务院决策部署，以促进未成年人健康成长为出发点和落脚点，坚持依法保护，不断健全法律法规和制度机制，坚持问题导向，强化家庭监护主体责任，加大关爱保护力度，逐步减少儿童留守现象，确保农村留守儿童安全、健康、受教育等权益得到有效保障。

《国务院关于加强农村留守儿童关爱保护工作的意见》的基本原则是：

（1）坚持家庭尽责。落实家庭监护主体责任，监护人要依法尽责，在家庭发展中首先考虑儿童利益；加强对家庭监护和委托监护的督促指导，确保农村留守儿童得到妥善监护照料、亲情关爱和家庭温暖。

（2）坚持政府主导。把农村留守儿童关爱保护工作作为各级政府重要工作内容，落实县、乡镇人民政府属地责任，强化民政等有关部门的监督指导责任，健全农村留守儿童关爱服务体系和救助保护机制，切实保障农村留守儿童合法权益。

（3）坚持全民关爱。充分发挥村（居）民委员会、共青团组织、社会组织、专业社会工作者、志愿者等各方面积极作用，着力解决农村留守儿童在生活、监护、成长过程中遇到的困难和问题，形成全社会关爱农村留守儿童的良好氛围。

（4）坚持标本兼治。既立足当前，完善政策措施，健全工作机制，着力解决农村留守儿童监护缺失等突出问题；又着眼长远，统筹城乡发展，从根本上解决儿童留守问题。

《国务院关于加强农村留守儿童关爱保护工作的意见》的总体目标是：家庭、政府、学校尽职尽责，社会力量积极参与的农村留守儿童关爱保护工作体系全面建立，强制报告、应急处置、评估帮扶、监护干预等农村留守儿童救助保护机制有效运行，侵害农村留守儿童权益的事件得到有效遏制。到2020年，未成年人保护法律法规和制度体系更加健全，全社会关爱保护儿童的意识普遍增强，儿童成长环境更为改善、安全更有保障，儿童留守现象明显减少。

4. 残疾儿童社会保障服务

党和政府高度重视残疾儿童社会保障服务，制定了一系列法规政策措施，实施了一系列残疾儿童康复项目，使残疾儿童康复状况得到显著改善。同时，也有一些残疾儿童因家庭经济困难未能得到及时康复，还有一些残疾儿童家庭因残致贫、陷入困境，成为全面建成小康社会亟待解决的突出问题。做好残疾儿童康复救助工作，关系残疾儿童切身利益和健康成长，关系千家万户安居乐业和美满幸福，关系社会稳定和文明进步，关系健康中国建设和全面建成小康社会大局。为全面贯彻落实党的十九大关于“发展残疾人事业，加强残疾康复服务”的重要部署，改善残疾儿童康复状况、促进残疾儿童全面发展、减轻残疾儿童家庭负担，完善社会保障体系，根据《残疾预防和残疾人康复条例》，国务院于2018年决定建立残疾儿童康复救助制度。

残疾儿童康复救助制度以习近平新时代中国特色社会主义思想为指导，全面深入贯彻党的十九大和十九届二中、三中全会精神，认真落实党中央、国务院决策部署，统筹推进“五位一体”总体布局和协调推进“四个全面”战略布局，坚持以人民为中心的发展思想，牢固树立新发展理念，按照兜底线、织密网、建机制的要求，着力保障残疾儿童基本康复服务需求，努力实现残疾儿童“人人享有康复服务”，使残疾儿童家庭获得感、幸福感、安全感更加充实、更有保障、更可持续。

残疾儿童康复救助制度的基本原则是：

（1）坚持制度衔接、应救尽救。加强与基本医疗、临时救助等社会保障制度的有效衔接，确保残疾儿童家庭求助有门、救助及时。

（2）坚持尽力而为、量力而行。坚守底线、突出重点、完善制度、引导预期，着力满足残疾儿童基本康复服务需求。

（3）坚持规范有序、公开公正。建立科学规范、便民高效的运行机制，主动接受群众和社会监督，做到公开透明、结果公正。

（4）坚持政府主导、社会参与。更好发挥政府“保基本”作用，不断推进基本康复服务均等化；更好发挥社会力量作用，不断扩大康复服务供给，提高康复服务质量。

残疾儿童康复救助制度的总体目标是：到2020年，建立与全面建成小康社会目标相适应的残疾儿童康复救助制度体系，形成党委领导、政府主导、残联牵头、部门配合、社会参与的残疾儿童康复救助工作格局，基本实现残疾儿童应救尽救。到2025年，残疾儿童康复救助制度体系更加健全完善，残疾儿童康复服务供给能力显著增强，服务质量和保障水平明显提高，残疾儿童普遍享有基本康复服务，健康成长、全面发展权益得到有效保障。

第三节 青少年社会保障服务的主要内容

社会工作服务可分为宏观和微观两个层面。宏观层面的社会工作服务即社会行政，一般指政府行政机构在其职权范围内代表国家在社会事务方面采取的各种行动的总和①。微观层面的社会工作服务即在一定的社会价值观指导下，利用个案工作、小组工作和社区工作等专业方法，统筹社会资源，直接面向服务对象提供社会服务。本节将从宏观和微观两个层面学习青少年社会保障服务的主要内容。

一、宏观层面青少年社会保障服务的主要内容

（一）宏观层面的青年社会保障服务

2017年，国务院制定《中长期青年发展规划（2016—2025年）》，强调社会保障体系的发展目标是充分覆盖青年急需的保障需求，并在各类青年群体之间逐步实现均等化。在青年社会保障服务方面，该规划提出以下发展措施：

（1）加强对残疾青年的关心关爱和扶持保障。健全完善残疾青年教育、医疗、就业等方面的服务保障政策，进一步提高保障水平和服务能力。推动残疾青年平等参与社会生活、共享经济社会发展成果，依法保障残疾青年政治、经济、社会、文化教育权利。大力开展面向残疾青年的专业社会工作和志愿服务，鼓励和引导社会各界参与、支持残疾青年权益维护，培育理解、尊重、关心、帮助残疾青年的社会风尚。

（2）加强青年社会救助工作。完善社会救助制度，健全救助服务管理工作机制。加大对流浪未成年人的救助力度，促使其回归家庭，有针对性地解决流浪未成年人在心理、健康、技能等方面存在的问题。为家庭困难

---

① 关信平．社会政策概论（第三版）［M］．北京：高等教育出版社，2014：18.

的失学、失业、失管青年提供就业、就学、就医、生活等方面的帮助。加大临时救助政策的落实力度，解决包括进城务工青年在内的困难群众突发性、紧迫性、临时性生活困难。切实解决部分农村留守儿童中存在的学业失教、生活失助、亲情失落、心理失衡、安全失保问题。大力推进城镇基本公共服务向常住人口全覆盖，为进城务工青年与其未成年子女共同生活提供生活居住、日间照料、义务教育、医疗卫生等方面的帮助。

此外，为了更好保障青年受教育权利，逐步实现基本公共教育服务均等化，明显提升教育公平程度，科学配置教育资源，该规划在青年教育方面提出以下发展措施：加大公共教育投入向中西部和民族边远贫困地区的倾斜力度，逐步缩小地区间教育资源差距。普及高中阶段教育，逐步分类实现中等职业教育全部免除学杂费，率先对建档立卡的家庭经济困难学生实施普通高中免除学杂费。实施国家贫困地区定向招生专项计划。完善贫困家庭学生、进城务工青年、少数民族青年和残疾青年等特殊青年群体帮扶救助机制，健全资助体系、完善资助方式，实现家庭经济困难学生资助全覆盖。进一步完善和落实进城务工人员随迁子女接受义务教育后在当地参加升学考试政策。

（二）宏观层面的儿童社会保障服务

1. 一般儿童社会保障服务

《中国儿童发展纲要（2011—2020 年）》规定了儿童社会保障服务的总体发展方向。

当前我国儿童社会保障服务的主要目标为：（1）扩大儿童福利范围，推动儿童福利由补缺型向适度普惠型转变。（2）保障儿童享有基本医疗卫生服务，提高儿童基本医疗保障覆盖率和保障水平，为贫困和大病儿童提供医疗救助。（3）基本满足流动和留守儿童基本公共服务需求。（4）满足孤儿生活、教育、医疗和公平就业等基本需求，提高孤儿家庭寄养率和收养率。（5）提高 0—6 岁残疾儿童抢救性康复率。（6）减少流浪儿童数量和反复性流浪。（7）增加孤儿养护、流浪儿童保护和残疾儿童康复的专业服务机构数量。全国地级以上城市和重点县（市）建立 1 所具有养护、医疗康复、教育、技能培训等综合功能的儿童福利机构和 1 所流浪儿童救助保护机构。（8）保障受艾滋病影响儿童和服刑人员未满 18 周岁子女的生活、教育、医疗、公平就业等权利。

为实现以上目标，该纲要提出以下策略措施：

（1）提高面向儿童的公共服务供给能力和水平。完善基本公共服务体系，增加财政对儿童福利的投入，逐步实现儿童基本公共服务均等化。

（2）保障儿童基本医疗。在城镇居民基本医疗保险和新型农村合作医疗制度框架内完善儿童基本医疗保障，逐步提高儿童医疗保障水平，减轻患病儿童家庭医疗费用负担。

（3）提高儿童医疗救助水平。加大对大病儿童和贫困家庭儿童的医疗救助。对贫困家庭儿童、孤儿、残疾儿童参加城镇居民基本医疗保险及新型农村合作医疗个人缴纳部分按规定予以补贴。

（4）扩大儿童福利范围。完善城乡居民最低生活保障制度，通过分类施保提高贫困家庭儿童生活水平。探索对儿童实施营养干预和补助的方法，改善儿童营养状况。逐步提高农村义务教育寄宿制学校家庭经济困难学生生活补助标准，扩大补助范围。

（5）建立健全孤儿保障制度。落实孤儿社会保障政策，满足孤儿生活、教育、医疗康复、住房等方面的需求。帮助有劳动能力的适龄孤儿就业。建立受艾滋病影响儿童和服刑人员未成年子女的替代养护制度，为受艾滋病影响儿童和服刑人员未成年子女的生活、教育、医疗、公平就业提供制度保障。

（6）完善孤儿养育和服务模式。加强儿童福利机构建设，全面提高儿童福利机构的管理服务水平。探索适合孤儿身心发育的养育模式。完善孤儿收养制度，规范家庭寄养，鼓励社会助养。建立和完善家庭寄养和亲属监护养育的监督、支持和评估体系，提高家庭寄养孤儿和亲属监护养育孤儿的养育质量。

（7）建立完善残疾儿童康复救助制度和服务体系。建立0—6岁残疾儿童登记制度，对贫困家庭残疾儿童基本康复需求按规定给予补贴。优先开展残疾儿童抢救性治疗和康复，提高残疾儿童康复机构服务专业化水平。以专业康复机构为骨干、社区为基础、家庭为依托建立残疾儿童康复服务体系，加强残疾儿童康复转介服务，开展多层次职业培训和实用技术培训，增强残疾儿童生活自理能力、社会适应能力和平等参与社会生活的能力。

（8）加强流浪儿童救助保护工作。完善流浪儿童救助保护网络体系，健全流浪儿童生活、教育、管理、返乡保障制度，对流浪儿童开展教育、医疗服务、心理辅导、行为矫治和技能培训。提高流浪儿童救助保护工作专业化和社会化水平，鼓励并支持社会力量保护和救助流浪儿童。探索建立流浪儿童早期预防干预机制。

(9) 建立和完善流动儿童和留守儿童服务机制。积极稳妥推进户籍制度和社会保障制度改革，逐步将流动人口纳入当地经济社会发展规划。建立16周岁以下流动儿童登记制度，为流动儿童享有教育、医疗保健等公共服务提供基础。整合社区资源，完善以社区为依托，面向流动人口家庭的管理和服务网络，增强服务意识，提高服务能力。健全农村留守儿童服务机制，加强对留守儿童心理、情感和行为的指导，提高留守儿童家长的监护意识和责任。

2. 困境儿童社会保障服务

《国务院关于加强困境儿童保障工作的意见》是当前我国关于困境儿童社会保障服务的核心政策。

(1) 该意见指出，要加强困境儿童分类保障，针对困境儿童生存发展面临的突出问题和困难，完善落实社会救助、社会福利等保障政策，合理拓展保障范围和内容，实现制度有效衔接，形成困境儿童保障政策合力。

第一，保障基本生活。对于无法定抚养人的儿童，纳入孤儿保障范围。对于无劳动能力、无生活来源、法定抚养人无抚养能力的未满16周岁儿童，纳入特困人员救助供养范围。对于法定抚养人有抚养能力但家庭经济困难的儿童，符合最低生活保障条件的纳入保障范围并适当提高救助水平。对于遭遇突发性、紧迫性、临时性基本生活困难家庭的儿童，按规定实施临时救助时要适当提高对儿童的救助水平。对于其他困境儿童，各地区也要做好基本生活保障工作。

第二，保障基本医疗。对于困难的重病、重残儿童，城乡居民基本医疗保险和大病保险给予适当倾斜，医疗救助对符合条件的适当提高报销比例和封顶线。落实小儿行为听力测试、儿童听力障碍语言训练等医疗康复项目纳入基本医疗保障范围政策。对于最低生活保障家庭儿童、重度残疾儿童参加城乡居民基本医疗保险的个人缴费部分给予补贴。对于纳入特困人员救助供养范围的儿童参加城乡居民基本医疗保险给予全额资助。加强城乡居民基本医疗保险、大病保险、医疗救助、疾病应急救助和慈善救助的有效衔接，实施好基本公共卫生服务项目，形成困境儿童医疗保障合力。

第三，强化教育保障。对于家庭经济困难儿童，要落实教育资助政策和义务教育阶段“两免一补”政策。对于残疾儿童，要建立随班就读支持保障体系，为其中家庭经济困难的提供包括义务教育、高中阶段教育在内的 12 年免费教育。对于农业转移人口及其他常住人口随迁子女，要将其义务教育纳入各级政府教育发展规划和财政保障范畴，全面落实在流入地参加升学考试政策和接受中等职业教育免学费政策。支持特殊教育学校、取得办园许可的残疾儿童康复机构和有条件的儿童福利机构开展学前教育。支持儿童福利机构特教班在做好机构内残疾儿童特殊教育的同时，为社会残疾儿童提供特殊教育。完善义务教育控辍保学工作机制，确保困境儿童入学和不失学，依法完成义务教育。

第四，落实监护责任。对于失去父母、查找不到生父母的儿童，纳入孤儿安置渠道，采取亲属抚养、机构养育、家庭寄养和依法收养方式妥善安置。对于父母没有监护能力且无其他监护人的儿童，以及人民法院指定由民政部门担任监护人的儿童，由民政部门设立的儿童福利机构收留抚养。对于儿童生父母或收养关系已成立的养父母不履行监护职责且经公安机关教育不改的，由民政部门设立的儿童福利机构、救助保护机构临时监护，并依法追究生父母、养父母的法律责任。对于决定执行行政拘留的被处罚人或采取刑事拘留等限制人身自由刑事强制措施的犯罪嫌疑人，公安机关应当询问其是否有未成年子女需要委托亲属、其他成年人或民政部门设立的儿童福利机构、救助保护机构监护，并协助其联系有关人员或民政部门予以安排。对于服刑人员、强制隔离戒毒人员缺少监护人的未成年子女，执行机关应当为其委托亲属、其他成年人或民政部门设立的儿童福利机构、救助保护机构监护提供帮助。对于依法收养儿童，民政部门要完善和强化监护人抚养监护能力评估制度，落实妥善抚养监护要求。

第五，加强残疾儿童福利服务。对于 0—6 岁视力、听力、言语、智力、肢体残疾儿童和孤独症儿童，加快建立康复救助制度，逐步实现免费得到手术、康复辅助器具配置和康复训练等服务。对于社会散居残疾孤儿，纳入“残疾孤儿手术康复明天计划”对象范围。支持儿童福利机构在做好机构内孤残儿童服务的同时，为社会残疾儿童提供替代照料、养育辅导、康复训练等服务。纳入基本公共服务项目的残疾人康复等服务要优先保障残疾儿童需求。

（2）该意见要求建立健全困境儿童保障工作体系，强化和落实基层政府、部门职责，充实和提升基层工作能力，充分发挥共青团组织优势，广泛动员社会力量参与，建立健全覆盖城乡、上下联动、协同配合的困境儿童保障工作体系。

第一，构建县（市、区、旗）、乡镇（街道）、村（居）三级工作网络。县级人民政府要建立政府领导，民政部门、妇儿工委办公室牵头，教育、卫生计生、人力资源和社会保障等部门及公安机关、残联组织信息共享、协调联动的工作机制，统筹做好困境儿童保障政策落实和指导、协调、督查等工作。要参照农村留守儿童救助保护机制，建立面向城乡困境儿童包括强制报告、应急处置、评估帮扶、监护干预等在内的困境儿童安全保护机制。要依托县级儿童福利机构、救助保护机构、特困人员救助供养机构、残疾人服务机构、城乡社区公共服务设施等，健全困境儿童服务网络，辐射城乡社区，发挥临时庇护、收留抚养、福利服务等功能。

乡镇人民政府（街道办事处）负责民政工作的机构要建立翔实完备的困境儿童信息台账，一人一档案，实行动态管理，为困境儿童保障工作提供信息支持。乡镇人民政府（街道办事处）要畅通与县级人民政府及其民政部门、妇儿工委办公室和教育、卫生计生、人力资源和社会保障等部门以及公安机关、残联组织的联系，并依托上述部门（组织）在乡镇（街道）的办事（派出）机构，及时办理困境儿童及其家庭社会救助、社会福利、安全保护等事务。

村（居）民委员会要设立由村（居）民委员会委员、大学生村官或者专业社会工作者等担（兼）任的儿童福利督导员或儿童权利监察员，负责困境儿童保障政策宣传和日常工作，通过全面排查、定期走访及时掌握困境儿童家庭、监护、就学等基本情况，指导监督家庭依法履行抚养义务和监护职责，并通过村（居）民委员会向乡镇人民政府（街道办事处）报告情况。村（居）民委员会对于发现的困境儿童及其家庭，属于家庭经济贫困、儿童自身残疾等困难情形的，要告知或协助其申请相关社会救助、社会福利等保障；属于家庭监护缺失或监护不当导致儿童人身安全受到威胁或侵害的，要落实强制报告责任；应积极协助乡镇人民政府（街道办事处）、民政部门、妇儿工委办公室和教育、卫生计生、人力资源和社会保障等部门及公安机关、残联组织开展困境儿童保障工作。

第二，建立部门协作联动机制。民政部门、妇儿工委办公室要发挥牵头作用，做好综合协调、指导督促等工作，会同教育、卫生计生、人力资源和社会保障等有关部门及公安机关、残联组织，推动各有关方面共同做好困境儿童保障工作。民政、教育、卫生计生、人力资源和社会保障、住房城乡建设等社会救助管理部门要进一步完善政策措施，健全“一门受理、协同办理”等工作机制，确保符合条件的困境儿童及其家庭及时得到有效帮扶。民政、教育、卫生计生部门和公安机关要督促和指导中小学校、幼儿园、托儿所、医疗卫生机构、社会福利机构、救助保护机构切实履行困境儿童安全保护机制赋予的强制报告、应急处置、评估帮扶、监护干预等职责，保障困境儿童人身安全。

第三，充分发挥共青团组织作用。各级共青团组织要发挥自身优势，广泛开展适合困境儿童特点和需求的关爱、帮扶、维权等服务，发挥示范带动作用。工会、共青团、妇联要广泛动员广大职工、团员青年、妇女等开展多种形式的困境儿童关爱服务，依托职工之家、妇女之家、儿童之家、家长学校、家庭教育指导中心、青少年综合服务平台等，加强对困境儿童及其家庭的教育指导和培训帮扶。残联组织要依托残疾人服务设施加强残疾儿童康复训练、特殊教育等工作，加快建立残疾儿童康复救助制度，加强残疾儿童康复机构建设和康复服务专业技术人员培训培养，组织实施残疾儿童康复救助项目，提高康复保障水平和服务能力。关工委要组织动员广大老干部、老战士、老专家、老教师、老模范等离退休老同志，协同做好困境儿童关爱服务工作。

第四，鼓励支持社会力量参与。建立政府主导与社会参与良性互动机制。加快孵化培育专业社会工作服务机构、慈善组织、志愿服务组织，引导其围绕困境儿童基本生活、教育、医疗、照料、康复等需求，捐赠资金物资、实施慈善项目、提供专业服务。落实国家有关税费优惠政策，通过政府和社会资本合作（PPP）等方式，支持社会力量举办困境儿童托养照料、康复训练等服务机构，并鼓励其参与承接政府购买服务。支持社会工作者、法律工作者等专业人员和志愿者针对困境儿童不同特点提供心理疏导、精神关爱、家庭教育指导、权益维护等服务。鼓励爱心家庭依据相关规定，为有需要的困境儿童提供家庭寄养、委托代养、爱心助养等服务，帮助困境儿童得到妥善照料和家庭亲情。积极倡导企业履行社会责任，通过一对一帮扶、慈善捐赠、实施公益项目等多种方式，为困境儿童及其家庭提供更多帮助。

（3）该意见要求从以下三个方面加强困境儿童社会保障服务的工作保障：

第一，强化组织领导。各地区要将困境儿童保障工作纳入重要议事日程和经济社会发展等规划，完善政策措施，健全工作机制，及时研究解决工作中的重大问题。要完善工作考核，强化激励问责，制定督查考核办法，明确督查指标，建立常态化、经常化的督查考核机制，定期通报工作情况，及时总结推广先进经验。民政部、国务院妇儿工委办公室、教育部、公安部、国家卫生计生委等有关部门和全国妇联、中国残联要积极推动制定完善儿童福利、儿童保护和家庭教育、儿童收养等法律法规，为困境儿童保障工作提供有力法律保障。加强各级各部门困境儿童工作信息共享和动态监测。

第二，强化能力建设。统筹各方资源，充分发挥政府、市场、社会作用，逐步完善儿童福利机构或社会福利机构儿童部、救助保护机构场所设施，健全服务功能，增强服务能力，满足监护照料困境儿童需要。利用现有公共服务设施开辟儿童之家等儿童活动和服务场所，将面向儿童服务功能纳入社区公共服务体系。各级财政部门要优化和调整支出结构，多渠道筹措资金，支持做好困境儿童保障工作。各地区要积极引导社会资金投入，为困境儿童保障工作提供更加有力支撑；要加强困境儿童保障工作队伍建设，制定儿童福利督导员或儿童权利监察员工作规范，明确工作职责，强化责任意识，提高服务困境儿童能力。

第三，强化宣传引导。加强儿童权益保障法律法规和困境儿童保障政策宣传，开展形式多样的宣传教育活动，强化全社会保护儿童权利意识，强化家庭履责的法律意识和政府主导、全民关爱的责任意识。大力弘扬社会主义核心价值观和中华民族恤孤慈幼的传统美德，鼓励、倡导、表彰邻里守望和社区互助行为，宣传报道先进典型，发挥示范带动作用。建立健全舆情监测预警和应对机制，及时妥善回应社会关切。

二、微观层面青少年社会保障服务的主要内容

从社会工作通用过程的角度看，微观层面的青少年社会保障服务从接案和预估开始，经过制订计划和介入，到最后评估和结案。在这一过程中，需要社会工作者根据服务对象的具体情况及其所处的具体情境，灵活运用理论知识和专业方法。

现实生活中，因为服务对象的情况错综复杂，所以对社会工作者提出了较高的能力要求。社会工作者要从微观层面开展青少年社会保障服务，除了持续加强专业能力建设以外，一方面，应当全面了解既有的制度安排有哪些可资利用的政策资源，充分发挥社会保障政策的托底效应；另一方面，当既有的政策不能有效满足服务对象的基本需要时，社会工作者应当主动发掘、链接其他资源，积极协调各有关部门切实满足服务对象的合理需要，积极倡导社会保障政策的进一步完善。下面，结合广东省佛山市里水镇“事实孤儿”保护项目中的典型个案，介绍微观层面青少年社会保障服务的主要内容①。

案 例

一、个案简况

小雨（化名），女，9岁，由村居妇女主任转介给项目社会工作者（以下简称项目社工），从未上过学。其母疑似有情绪问题，其父下落不明。母女俩租住在村里的出租屋，每天游荡于社区，乞讨为生，过着食不果腹的生活。此外，其母还对小雨有身体和精神虐待行为，例如经常在大街上打骂小雨，曾强迫小雨一次喝下6瓶牛奶，还用钥匙戳小雨头部、用鞋子打她的脸，致使小雨身上有明显伤痕。

二、预估分析

（一）发展需求

（1）基本生活：母亲无法保证小雨的一日三餐，甚至小雨曾经长达一周没吃过其母做的饭。小雨身体发育情况滞后于同龄儿童，并且有被其母虐待的伤口。卫生情况不佳，头上长有虱子。

（2）教育：因小雨属于“黑人黑户”，即没有出生证明和户口，以至于无法就读任何学校。

（3）自我照顾能力：小雨具有自己穿衣、洗漱的能力，但不会做饭以及保持身体卫生。

---

① 雷杰，邓云．“社区为本”的儿童保护服务本土化模式创新——以佛山市里水镇“事实孤儿”保护项目为例［J］．青年探索，2016（3）．

（二）原因分析

1. 父母能力

一方面，缺乏基本照顾能力。小雨母亲每周大约只做两三顿饭，这些就成为小雨一周的食物。其母经常带着小雨向路人乞讨，但只把很少一部分钱或食物留给小雨。在其母看来，这些已经叫“照顾”了。另一方面，无法保证安全。其母会对小雨施加暴力，最严重的一次是用木棍将小雨的头打到流血不止、眼角青肿。其母还经常独自在街上游荡，甚至很晚才回家，这使得小雨进不去家门，出现过半夜十二点还在公园游荡的情况。

2. 家庭/环境因素

一方面，小雨家庭收入和住房状况不佳。其母无任何工作和收入，只靠乞讨生活，但要到的钱和物通常都一次性用完。由于其母已经拖欠多月的房租，房东曾两度断水断电；在社工介入期间，房东甚至将母女俩赶出了出租屋，将她们的行李扔在街边。另一方面，小雨家庭社会融合度低，且缺乏社会资源支持。其母因长期在社区内乞讨、游荡，受到附近居民的排斥，多数居民反映其母“不正常”。由于母女俩都没有当地户口，不符合申领当地社会保障的条件。

3. 案主优势

从社会工作的优势视角看，案主仍然具备几方面优势：第一，小雨具备简单的自我照顾能力，面对不能妥善照顾自己的母亲，小雨很少抱怨。当与项目社工或小朋友在一起的时候，她心情都很愉悦，表现开朗；尤其当母亲愿意陪伴她在社工站时，她会更加开心。另外，小雨有强烈的上学动机。第二，母亲内心对女儿还是关爱的，对项目社工的大多数建议也能够接受。第三，社区居民对小雨的情况较为关心，尤其是当小雨没有食物时，邻居经常提供食物。当看到小雨被母亲殴打的时候，其他居民也会出面制止。

三、服务内容

通过以上接案和预估，项目社工从以下方面提供服务：

1. 从收入、住所入手进行紧急救助

当得知小雨和母亲被房东赶出以后，项目社工立即联系曾承诺捐款捐物的公益组织，当天即获得资金为母女交上房租，避免她们流落街头。第二天，该公益组织还为小雨提供了日常生活用品，保障小雨的正常生活需要。

2. 提高母亲照顾能力，确保小雨基本安全

在将各种捐赠转交给小雨母亲之前，项目社工与其母订立契约，说明获得捐赠的条件是其母必须立刻停止打骂小雨的行为，而且要为小雨提供稳定的饮食和卫生照顾。同时，社工对其母进行情绪辅导，避免她将自己的压力发泄在小雨身上。目前，其母已经能确保每天为小雨准备食物，保障基本的温饱。据小雨和邻居反映，在社工介入后，母亲没再出现打骂小雨的现象。

3. 加强小雨自我照顾能力，满足其受教育需要

项目社工的个案助理会每周一次到访小雨的出租屋，一方面是为了陪伴小雨，监察她是否安全；另一方面是提高小雨的自我照顾技能。在个案助理的帮助下，小雨学会了使用电饭煲，即使母亲不在家，自己也能煮白粥，不至于一直挨饿。同时，在个案助理的引导下，小雨也意识到卫生保健的重要性，现在可以做到每天自己洗头、洗脸和洗澡。当母亲无视家中脏乱时，小雨甚至会自己打扫卫生和收拾衣物。另外，社工教会小雨开门开锁，并说服母亲把钥匙留给她。即使母亲晚上不在家的时候，小雨也能自己进门而不在外面游荡。小雨也答应若实在没有食物的话，会主动告知社工而不再乞讨。

项目社工还注意引导小雨形成到社工站活动的习惯，一方面是便于让社工了解其健康、安全等情况；另一方面是可以请个案助理教她写字、计算，为日后入学做准备。目前，小雨已从最初连笔都不会拿，到现在能写自己的名字、做简单的加减法，甚至会背古诗等。

4. 增强社会网络，争取政策支持

通过社工的工作，邻居承诺当知道小雨出现特殊情况的时候，会及时通知社工，必要时还会为小雨提供食物。社工每次到小雨家探访时，邻居也会主动向社工反映母女近期的情况。在教育方面，虽然有公益组织成员愿意资助小雨上民办学校，但仍然因为户口问题而搁浅。项目社工联动镇社工委、妇联、教育局、小学、公安等部门召开个案会议，寻求解决方法。会后，镇妇联答应会向区教育局反映情况，小学校长也表示愿意开通绿色通道。

四、小结

小结该个案，项目社工通过妇女主任的转介接触到小雨，然后通过预估判断小雨在基本生活等方面的基本需要得不到有效满足，而且监护人照

顾能力严重不足，使得小雨在社工介入前处于高危状态，小雨是典型的困境儿童。但是由于小雨是“黑人黑户”，直接获取政策资源有较大难度，面对这种情况，社工一方面积极从社会渠道寻求支援，另一方面积极促进正式制度发挥作用。

第十章　青少年事务社会工作项目管理

情境

小武目前是一名资深的青少年事务社会工作者、项目管理者，但是成为“资深”的过程经过了数年的时间。

小武是社会工作专业的毕业生，最初是作为一线社会工作者参与到项目服务中的，主要协助项目主管完成项目专业活动，如个案、小组或社区活动，工作内容包括活动策划、物资准备、活动开展、活动记录等，也协助主管向项目的相关方进行汇报，但是对于项目和项目管理的概念还是模糊的。之后，小武开始协助项目主管申报项目，对于项目申报的要求、项目内容的策划和项目预算等内容有了初步的了解，也进一步地了解了项目活动与项目整体、项目目标之间的关系。通过对一个个项目的完整跟进，小武逐步学习到了项目管理的实际操作，如项目进度安排、项目活动的执行、项目的相关沟通与汇报、项目档案整理、项目评估等内容。

在参与过几个项目之后，小武对社会工作项目的运作已经非常熟悉了，也可以独立执行一个项目，但是对于项目管理仍然需要经过系统的学习方能真正成为一个资深的项目管理者。

项目管理对于任何领域都有普适价值。那么，青少年事务社会工作这一领域的项目管理，都包括哪些内容呢？

项目前期，该如何评估需求？如何把需求转化成可执行的项目策划书？如何合理地制定项目资金预算？如何制定项目的进度表？这些都是项目管理前期要考虑的问题。

项目获得立项，之后该如何推动？如何在每一个执行细节中获得与项目相关的各个方面的认可？这些都是要用心去思考的。

项目如何获得更大的社会影响力？如何评估？如何将项目品牌传承下来？这是对项目管理者提出的更高要求。

而这些问题，都将在本章中获得答案。

第一节 青少年事务社会工作项目管理概述

一、项目管理

（一）项目

1. 项目的定义

关于项目的定义，比较具有代表性的包括以下几种：

德国国家标准为项目作的定义为：“项目是指在具有唯一性任务并且总体上符合一定条件的，设立有预定的目标，在人力、财力、时间及其他一些条件中有一定的限制，并且具有专门的组织。”①

美国项目管理协会（Project Management Institute，PMI）认为，“项目是为创造独特的产品、服务或成果而进行的临时性工作。”②“独特的产品、服务或者成果”是项目的可交付成果，通过可交付成果达成项目目标，具体包括项目工作所指向的结果、要达到的战略地位、要达到的目的、要取得的成果、要生存的产品，或者准备提供的服务等。实现项目目标可能会阐释一个或者多个、有形或者无形的可交付成果③。“临时性”是指项目有明确的时间起点和终点，并不意味着项目的持续时间短④。

《项目评估：循证方法导论》一书中提出，“项目是为了达到特定目标而进行的一系列的活动。”⑤ 项目是有组织的系列活动，是为了解决某些问

---

① 杨林．社会工作服务项目化管理研究［D］．郑州大学硕士学位论文，2012：6.

② 美国项目管理协会．项目管理知识体系指南（PMBOK®指南）（第6版）［M］．北京：电子工业出版社，2018：4.

③ 美国项目管理协会．项目管理知识体系指南（PMBOK®指南）（第6版）［M］．北京：电子工业出版社，2018：4.

④ 美国项目管理协会．项目管理知识体系指南（PMBOK®指南）（第6版）［M］．北京：电子工业出版社，2018：5.

⑤ 戴维·罗伊斯，布鲁斯·A. 赛义，德博拉·K. 帕吉特．项目评估：循证方法导论（第六版）［M］．王海霞，等，译．北京：中国人民大学出版社，2018：7.

题；项目是为了对参与者产生某种影响而进行的干预或服务[①]。

2. 项目的基本要素

杰弗里·K. 宾图在《项目管理》一书中分析了项目的基本要素[②]：

（1）项目具有一次性。项目是为特定或既定的目标而服务的，一旦目标实现，项目便终止，项目具有一次性。

（2）项目具有资源约束性。所有项目活动都受到预算、时间、可获取资源的限制。

（3）项目具有目标性。项目是为了实现一个或一系列特定的目标，目标必须是明确的，项目工作必须是为了实现这个既定的明确目标而开展的。

（4）项目是以客户为中心的。任何项目的根本目标都是为了满足客户的需求。

3. 项目的生命周期与阶段

项目的生命周期是指项目开始到结束所经历的一系列阶段，它为项目管理提供了基本框架。项目阶段是一组有逻辑关系的项目活动的集合，通常以一个或多个可交付成果的完成为结束，一般分为启动、规划、执行、监控和收尾等阶段[③]。

（二）项目管理

现代项目管理始于20世纪50年代末60年代初，美国出现了关键路线法（Critical Path Method，CPM）和计划评审技术（Program/Project Evaluation and Review Technique，PERT）。1969年，美国成立了一个国际性组织美国项目管理学会（Project Management Institute，PMI），并于1987年推出了项目管理知识体系指南（Project Management Body of Knowledge，PMBOK）。目前，项目管理已经被广泛应用到工程、教育、商业、军事、公益等领域。

---

① 戴维·罗伊斯，布鲁斯·A. 赛义，德博拉·K. 帕吉特. 项目评估：循证方法导论（第六版）［M］. 王海霞，等，译. 北京：中国人民大学出版社，2018：7.

② 杰弗里·K. 宾图. 项目管理［M］. 鲁耀斌，董圆圆，赵玲，等，译. 北京：机械工业出版社，2007：3－4.

③ 美国项目管理协会. 项目管理知识体系指南（PMBOK ®指南）（第6版）［M］. 北京：电子工业出版社，2018：18－19.

1. 项目管理的定义

项目管理是指“将知识、技能、工具与技术应用于项目活动，以满足项目的要求”①。

2. 项目管理的特点

项目管理是一个动态的、整体的过程管理，一般而言，具有以下特点②：一是目标性，明确目标有利于项目人员提高效率，也便于项目的验收评估；二是一次性，一个项目最大的特点是有明确的时间周期；三是独特性，不同的项目都有特定的对象，其项目组织和实施范围也不尽相同；四是整体性，项目是一个有机整体，要通过整体规划来实现优化；五是阶段性，项目需要根据不同阶段按目标来分步实施。

3. 项目管理过程

“项目生命周期是通过一系列项目管理活动进行的，即项目管理过程。”③ 每个项目管理过程通过合适的项目管理工具和技术将一个或多个输入转化成一个或多个输出，输出可以是可交付的成果或者结果。

项目管理过程的分类有很多种④：

按照项目需求导致的过程迭代的次数和过程间的相互作用，过程可以分为三类：仅开展一次或仅在项目预定义点开展的过程、根据需要定期开展的过程和在整个项目期间持续开展的过程。

按照项目管理过程进行逻辑分组，可以分为五大项目管理过程组：启动过程组、规划过程组、执行过程组、监控过程组和收尾过程组。

按照项目管理所需知识可以划分十个知识领域，如项目整合管理、项目范围管理、项目进度管理、项目成本管理、项目质量管理、项目资源管理、项目沟通管理、项目风险管理、项目采购管理、项目相关方管理。

---

① 美国项目管理协会．项目管理知识体系指南（PMBOK ®指南）（第6版）［M］．北京：电子工业出版社，2018：10.

② 黄丽华．南宁市青少年社会工作项目化管理研究［D］．广西大学硕士学位论文，2016：15.

③ 美国项目管理协会．项目管理知识体系指南（PMBOK ®指南）（第6版）［M］．北京：电子工业出版社，2018：22.

④ 美国项目管理协会．项目管理知识体系指南（PMBOK ®指南）（第6版）［M］．北京：电子工业出版社，2018：22－24.

下面重点介绍项目管理过程组和项目管理知识领域。

(1) 项目管理过程组

项目管理过程组是对项目管理过程进行逻辑分组，以达成项目的特定目标。五个项目管理过程组具体解释如下[①②]。

①启动过程组：定义一个新项目或现有项目的一个新阶段，授权开始该项目或阶段的一组过程；作用是设定项目目标，让项目团队“有事可做”。

②规划过程组：明确项目范围，优化目标，为实现目标而制订行动方案的一组过程；作用是制定工作路线，让项目团队“有法可依”。

③执行过程组：完成项目管理计划中确定的工作，以实现项目目标的一组过程；作用是“按图索骥”，让项目团队“有法必依”。

④监控过程组：跟踪、审查和调整项目进展与绩效，识别必要的计划变更并启动相应变更的一组过程；作用是测量项目绩效，让项目团队“违法必究”，并且尽量做到“防患于未然”。

⑤收尾过程组：正式完成或结束项目、阶段或合同所执行的过程；作用是结束项目或项目阶段，让一切圆满。

项目管理过程组不同于项目阶段，一个项目阶段中不同的项目管理过程组可能存在交叉、重叠；一个项目管理过程组存在于不同的项目阶段甚至整个项目周期，如监控过程组贯穿整个项目周期，每个项目阶段都要通过监控对项目进行整体把控。

(2) 项目管理知识领域

知识领域指按所需知识内容来定义项目管理领域，并用其所含过程、实践、输入、输出、工具和技术进行描述。虽然知识领域相互联系，但从项目管理的角度，它们是分别定义的[③④]：

---

① 美国项目管理协会．项目管理知识体系指南（PMBOK ®指南）（第 6 版）[M]．北京：电子工业出版社，2018：23.

② 《项目管理系列篇——五大过程组和十大知识领域》，https：//mp. weixin. qq. com/s/XnfFpoRiB5094Y62eTXfjA，2018.

③ 美国项目管理协会．项目管理知识体系指南（PMBOK ®指南）（第 6 版）[M]．北京：电子工业出版社，2018：23－24.

④ 《项目管理系列篇——五大过程组和十大知识领域》，https：//mp. weixin. qq. com/s/XnfFpoRiB5094Y62eTXfjA，2018.

①项目整合管理：包括识别、定义、组合、统一和协调各项目管理过程组的各个过程和活动而开展的过程与活动，作用犹如项链中的那根线。

②项目范围管理：包括确保项目做且只做所需的全部工作以成功完成项目的各个过程，简单来说就是“做且只做该做的事”。

③项目进度管理：包括为管理项目按时完成所需的各个过程，即让一切按既定的进度进行。

④项目成本管理：包括为使项目在批准的预算内完成而对成本进行规划、估算、预算、融资、筹资、管理和控制的各个过程，既要“算准钱”，又要“花好钱”。

⑤项目质量管理：包括把组织的质量政策应用于规划、管理、控制项目和产品质量要求，以满足相关方的期望的各个过程，核心目的是满足需求。

⑥项目资源管理：包括识别、获取和管理资源以成功完成项目的各个过程。

⑦项目沟通管理：包括为确保项目信息及时且恰当地规划、收集、生成、发布、存储、检索、管理、控制、监督和最终处置所需的各个过程，即“在合适的时间让合适的人通过合适的方式把合适的信息传达给合适的人”。

⑧项目风险管理：包括规划风险管理、识别风险、开展风险分析、规划风险应对、实施风险应对和监督风险的各个过程，通俗地说就是“无事找事”从而让项目“无险事”。

⑨项目采购管理：包括从项目团队外部采购或获取所需产品、服务或成果的各个过程，就是要当好甲方。

⑩项目相关方管理：包括用于开展下列工作的各个过程，识别影响或受项目影响的人员、团队和组织，分析相关方对项目的期望和影响，制定合适的管理策略，以有效调动相关方参与项目决策和执行。说得直白一些，就是与项目相关方搞好关系并令其满意。

表 10－1 项目管理过程组与知识领域①

知识领域	项目管理过程组				
	启动过程组	规划过程组	执行过程组	监控过程组	收尾过程组
项目整合管理	制定项目章程	制订项目管理计划	指导与管理项目工作 管理项目知识	监控项目工作 实施整体变更控制	结束项目或阶段
项目范围管理		规划范围管理 收集需求 定义范围 创建 WBS		确认范围 控制范围	
项目进度管理		规划进度管理 定义活动 排列活动顺序 估算活动持续时间 制订进度计划		控制进度	
项目成本管理		规划成本管理 估算成本 制定预算		控制成本	
项目质量管理		规划质量管理	管理沟通	控制质量	
项目资源管理		规划资源管理 估算活动资源	获取资源 建设团队 管理团队	控制资源	
项目沟通管理		规划沟通管理	管理沟通	监督沟通	

① 美国项目管理协会．项目管理知识体系指南（PMBOK ®指南）（第 6 版）［M］．北京：电子工业出版社，2018：25.

续表

知识领域	项目管理过程组				
	启动过程组	规划过程组	执行过程组	监控过程组	收尾过程组
项目风险管理		规划风险管理 识别风险 实施定性风险分析 实施定量风险分析 规划风险应对	实施风险应对	监督风险	
项目采购管理		规划采购管理	实施采购	控制采购	
项目相关方管理	识别相关方	规划相关方参与	管理相关方参与	监督相关方参与	

表 10－1 列出了项目的基本管理过程（49 个）、不同项目管理过程组包含的基本管理过程、不同项目管理知识领域包含的基本管理过程以及过程组与知识领域交叉的基本管理过程，可以清晰地看到项目管理过程的全貌。

（3）项目管理过程的应用

项目管理过程适用于各个行业的各个项目，但是在具体应用中须注意[①]：

①不同项目选用不同的管理过程。

②不同项目的管理过程有不同的内容。

③不同项目的管理过程会有不同的工作顺序。

④有些项目管理过程中的活动需要有既定前提条件。

⑤大型项目的管理过程需要更加集成和深入。

⑥小型项目或子项目的管理过程相对简单。

⑦项目发生变动，则项目管理过程也会发生变动。

⑧某些项目可能需要一个或多个其他的知识领域。

① 《项目管理过程》，https：//www. douban. com/note/88323354/，2010.

二、社会工作项目管理

政府购买社会工作服务是推动社会工作职业化、专业化和本土化的主要力量和模式。“政府购买社会工作服务，是政府利用财政资金，采取市场化、契约化方式，面向具有专业资质的社会组织和企事业单位购买社会工作服务的一项重要制度安排。”①

政府购买社会工作服务最早在2004年，从经济比较发达的城市如上海、深圳、北京等地发展起来。随着民政部、财政部《关于政府购买社会工作服务的指导意见》和国务院办公厅《关于政府向社会力量购买服务的指导意见》等文件的发布，进一步规范了政府购买社会工作服务的制度，又促进了政府购买社会工作服务在全国范围内的发展。

政府购买社会工作服务分为社会工作岗位购买和社会工作项目购买。社会工作岗位购买是由民办社会工作机构在公开招投标中标后，派遣专业社会工作人员到政府相关部门及其所属单位工作，运用其专业知识，给岗位所属部门的工作带来一些新的思路、视角和方法。社会工作项目购买包括两类：一类是单个社会工作服务项目，为特殊人群或者区域人群提供专业服务；另一类是综合服务项目，现阶段主要是社区服务中心综合服务项目②。现阶段是岗位购买与项目购买并存，以项目购买为主。

在社会工作服务项目中推行项目管理的理论和方法并标准化，是社会工作服务发展的必然要求③。

(一) 社会工作项目

1. 社会工作项目的定义

《公共服务项目导论》一书中指明了社会工作项目与一般意义上的项目的不同，“社会工作项目是旨在通过一系列有组织的行动，有望对项目

---

① 民政部、财政部：《关于政府购买社会工作服务的指导意见》（民发〔2012〕196号），2012.

② 卢磊，何辉．政府购买社工服务的方式：岗位购买与项目购买［N］．公益时报，2018-8-21.

③ 李慧刚．基于项目管理的社会工作服务项目标准化研究［J］．项目管理技术，2016（3）．

参与者（即服务对象）产生某些类型影响的干预或者服务”①。

国内更多地使用“社会工作服务项目”，“是为满足特定服务对象的需求，在一定时间内，运用一定的资源，按照预定的服务目标、服务内容和服务要求所设计、实施的社会工作服务任务”②。

2. 社会工作服务项目的特征

社会工作服务项目具有项目的基本特征，如目标性、一次性等，同时又有其独特之处。

（1）专业服务是社会工作服务项目的核心。社会工作服务项目以专业服务为主要内容，并以此达成项目目标。

（2）注重需求/问题的分析。社会工作因问题而产生，因需求而存在。

（3）强调利益相关群体的参与。

（4）注重社会效益的体现。

（二）社会工作项目管理

社会工作项目管理是社会工作和项目管理两个专业的结合。社会工作项目引入项目管理的理念和方法，有助于提升社会工作的服务效率和成效并促进社会工作的发展。

1. 社会工作项目管理的定义

关于社会工作项目管理，目前并没有成熟的定义。

“社会工作”之下的“项目管理”，指的是“相关社会组织机构的具体管理人员通过全方位综合考虑，规划社会组织未来的发展前景，从而开展全局性的发展方向和服务策略谋查，立足于项目化管理相关的技巧和思路，引入对应的工具，例如 WBS 等，对社会工作相关活动以及服务中可通过项目化开展运作管理的一系列服务项目进行比较分析和全方位评估”③。

本书认为的社会工作项目管理是将合适的项目管理模式、知识和工具应用到社会工作项目中，根据项目服务目标，科学、合理地提供专业服务，以提升项目服务成效，使得服务流程更加规范、服务方式更加科学化、系统化和专业化，使得项目相关的需求和期望得到满足的过程。

---

① 戴维·罗伊斯，等．公共项目评估导论［M］．王军霞，等，译．北京：中国人民大学出版社，2007.

② 民政部：《社会工作服务项目绩效评估指南》，MZ/T059－2014，2014。

③ 吴琪．社会工作项目管理模式研究综述［J］．东方企业文化，2015（15）.

2. 社会工作项目管理过程

由于社会工作项目以政府购买项目为主，所以其管理过程具有自己的特点。社会工作项目管理过程可以分为项目申报、评审与立项、项目实施、中期评估、项目推进和终期评估等。

（1）项目申报。根据项目购买主体的服务对象、服务内容、申报流程等具体内容进行项目策划，提出项目申请。

（2）评审与立项。项目购买主体对项目申请书进行评审，确定购买的项目。

（3）项目实施。根据项目策划的内容制订具体计划，整合相关资源开展项目服务活动，以完成项目指标。

（4）中期评估。项目中期对服务计划的执行情况进行评估，判断是否按照计划执行、是否有不确定的突发情况，以确定是否对服务计划和服务流程进行调整。

（5）项目推进。根据项目计划和中期评估结果继续开展服务。

（6）终期评估。评估项目服务成效。

三、项目管理在青少年事务社会工作中的应用

（一）项目是青少年事务社会工作的主要载体

1. 政策层面

2007 年，团中央联合中央综治办、民政部、人事部、中央综治委预防青少年违法犯罪工作领导小组下发了《关于开展青少年事务社会工作者试点工作的意见》，确定了 13 个城市（城区）作为全国首批青少年事务社会工作者试点城市（城区）。各试点城市（城区）紧密结合自身实际，可在成立机构、投入经费、购买服务、建设队伍、构建机制等方面开展实践探索。

2014 年，共青团中央、中央综治办、民政部等六部门印发《关于加强青少年事务社会工作专业人才队伍建设的意见》，明确提出“梳理青少年事务领域的社会服务工作，以政府购买服务等方式交由社会力量承担”，“拓展政府购买服务项目等方式，鼓励民办社会工作服务机构介入青少年事务领域工作”。这些规定为青少年事务社会工作的政府购买服务提供了方向性指导。

中共中央、国务院印发的《中长期青年发展规划（2016—2025 年）》提出，要把青少年社会工作服务纳入政府购买服务指导性目录，组织实施涵盖重点群体、重点领域、重点环节的青少年事务社会工作项目。

2017 年，团中央联合民政部、财政部制定下发了《关于做好政府购买青少年社会工作服务的意见》，列出了政府要购买的青少年社会工作服务清单，同时明确了这项工作的指导思想、基本原则、主要目标和主要内容。

上述政策均支持青少年事务社会工作的发展，政府购买服务主要是以项目的形式进行。

2. *实践层面*

在实务领域，青少年事务社会工作主要以项目为载体。

北京、广州等城市率先进行了青少年事务社会工作项目的尝试。共青团北京市委从 2010 年开始使用社会建设专项资金购买社会组织服务项目，北京的社区青年汇便是其中之一。2018 年，团北京市委参与政府购买服务项目主要包括以下四个方面：一是社区青年汇购买专业社会工作服务 5755.47 万元；二是购买团的基层组织建设和基层工作督导服务 2114.49 万元；三是购买青少年权益维护项目服务 591.36 万元；四是购买社会组织服务 310 万元，政府购买金额总计达到 8771.32 万元[①]。广州市海珠区“青年地带”从 2008 年开始在 5 个站点进行试点，每年投入 200 万元；2012 年开始在全区推广；2015 年开始在全市推广。截至 2018 年，海珠区共有 22 个站点，包括 9 个社区站和 13 个驻校站，每年财政投入增长至 750 万元[②]。

项目是青少年事务社会工作的主要载体，在青少年事务社会工作中应用项目管理是必然的。

（二）青少年事务社会工作的项目管理

青少年事务社会工作项目管理是指社会工作者运用项目管理的思路与技巧，结合青少年事务社会工作项目特点，在项目策划、项目立项、项目

---

① 《形成政府购买青少年社会工作服务的基本框架》，《中国共青团》，2018 年 9 月 14 日。

② 卫静雯．海珠 22 个“青年地带”服务青少年［N］．信息时报，2018 - 09 - 03.

实施、项目评估等过程中发挥积极作用，可以使“人－财－物”等多方面资源达到最优化配置，完成项目目标、满足服务对象需求和促进社会问题解决。

第二节　青少年事务社会工作项目策划

项目策划是对项目进行必要性和可行性分析，并形成项目策划书的过程。必要性分析解决的是“为什么应该要做或必须做”的问题；可行性分析解决的是“怎么做好”的问题；项目策划的成果是策划书。

项目策划相关的理论有程序逻辑模式（Program Logical Model，PLM），该模式以解决问题或满足需求为基础，以逻辑分析项目的资源投入与成效是否平衡，是以成效为导向的，即“以终为始”。程序逻辑模式的步骤包括：第一，问题界定与需求分析；第二，目标及目的的设定；第三，服务方案设计，包括资源的投入、运作过程和服务产出等；第四，服务方案和成效评估。

社会工作项目策划书多数以项目申请书的形式呈现，由项目购买方提供格式。尽管不同的项目购买方的项目申报书格式和要求会有所差异，但关于项目的关键要素是一致的。项目申请书通常都包括项目背景、项目目标、项目方案、项目实施计划、预期效果、风险分析及应对预案、项目的创新性和推广性、项目团队、项目预算等。部分项目购买方在项目申报书中要求提供项目管理、项目沟通计划、宣传方案等内容。

根据青少年事务社会工作的特点，在程序逻辑模式的指导下，以社会工作实务为导向进行青少年事务社会工作项目策划，具有很强的针对性和应用性。

一、项目背景

项目背景通常包括环境分析、问题分析与需求评估、已有基础等内容，论述项目实施的必要性。

（一）环境分析

1. 政策环境

青少年事务社会工作项目应主要对与项目主题或潜在服务对象最相

关、最权威的政策文件进行分析。

青少年事务社会工作者应多关注与“青少年”“青少年事务”“社会工作”等关键词相关的政策。在项目策划前，青少年事务社会工作者需要认真分析与项目主题、潜在服务对象直接或间接相关的政策，并提炼出简洁、有力的语言呈现政策内容，为项目策划提供强有力的政策依据。

2. 社会环境

对潜在服务对象所处的社会环境进行宏观、中观或微观的分析，包括目标人群的构成与特点、所处社区或区域的历史、现状、事件、人口、经济、社会文化、社会服务机构情况等方面。

（二）问题分析与需求评估

《关于做好政府购买青少年社会工作服务的意见》中提出要根据地域等实际情况，从最基本、最紧要的需求出发进行项目购买。问题分析与需求预估做得准确、深入，使得项目具有很强的针对性，同时也是制订项目方案的基础。

1. 问题分析

分析问题通常采用问题树分析法。问题树可以帮助我们明确问题、探寻原因、了解问题造成的影响、制定行动战略和明确期望的目标。问题分析包含以下内容：明确问题，即清晰地阐述要解决的问题，问题描述一般都是负面的；分解问题，问题分解的原则是相互独立和穷尽（Mutually Exclusive，Collectively Exhaustive，MECE），即将问题细分为各不相同、互不重叠的子问题；因果分析，排列出各问题之间的因果关系，确定前因后果；确定核心问题，有些问题可能是核心问题的原因，而有些问题是核心问题的结果或表象；寻找问题的解决策略，为项目方案的设计提供参考。根据上述分析，绘制问题树，可以直观地看到问题的全貌。

问题树转化为目标树可以为目标的设定提供参考，但是不能直接作为青少年事务社会工作项目目标，项目目标还需要结合需求评估设定。

2. 需求评估

需求评估作为一种手段，能够帮助项目优化人力、物力等资源的使用和分配。

（1）需求评估可以为项目策划提供十分有价值的信息①。潜在服务对象所面临问题的严重程度，通过判断是否已经有足够多的受助者开始反映这一问题来证明新项目开发的合理性。同时需要了解：是否存在可用来解决问题的其他方法和资源；现有介入方法是否已为潜在服务对象所熟知和接受；是否存在阻碍受助者接受社会服务的干扰因素；确定项目的具体目标服务人群等。

（2）需求评估的步骤②。第一步是确定需求评估参数，包括需求评估目标，关注范围是宽泛还是相对狭窄；需求评估等级是国家级、省市级还是街道级；所涉及的利益相关者，即受助者或潜在受助者、项目购买方、项目实施地域等；需求评估大的预算和资源；分配给需求评估的时间。第二步是确定项目策划所需要的必要信息。第三步是判断哪些信息是已有信息，避免做重复的工作和无用功，个人或团队已经掌握的信息或政府公开的数据等都是已知信息。第四步是制订需求评估计划，主要是信息收集方法。第五步是收集数据。第六步是需求预估报告或者内容呈现。

（3）需求评估的方法。需求评估的方法很多，如问卷调查法、访谈法、焦点小组、二手资料分析法等，但是有很多问题和因素会影响评估方法的选择，如预算、时间和资源。

不同的青少年事务社会工作项目的需求评估方法视项目规模、实施区域、时间、人力等相关因素而定。下面介绍项目策划常用的需求评估方法：

一是二手资料分析法。二手资料的来源包括政府部门的数据资料、与需求相关的文献资料和社会工作机构或项目团队已有的服务对象资料等。二手资料分析法的优点是省钱、省时、省力，样本比较大，便于说明问题；缺点是资料的可得性可能较差，资料与需求评估的相关性和准确性可能较差。

二是问卷调查法。根据问题分析和需求评估的需要设计调查问卷，并向潜在服务对象发放调查问卷、收集数据，分析数据，得出需求评估信

① 戴维·罗伊斯，布鲁斯·A. 赛义，德博拉·K. 帕吉特．项目评估：循证方法导论（第六版）［M］．王海霞，等，译．北京：中国人民大学出版社，2018：60.

② 戴维·罗伊斯，布鲁斯·A. 赛义，德博拉·K. 帕吉特．项目评估：循证方法导论（第六版）［M］．王海霞，等，译．北京：中国人民大学出版社，2018：65－67.

息。问卷调查法的优点是样本量大，准确性和代表性强；缺点是费时费力。

三是访谈法。根据问题分析和需求评估的需要设计访谈提纲，向项目涉及的利益相关方收集资料。访谈对象可以是潜在服务对象，也可以是项目潜在合作方、关键知情人等。访谈方式可以有很多种，如面访、话访、一对一、一对多、深度访谈等。青少年事务社会工作者可根据实际需要选择访谈对象和访谈方式。访谈法的优点是信息丰富、全面、深入；缺点是样本量小，资料呈现难以数据化，代表性不够强。

在青少年社会工作中，一般通过各种需求评估方法加以整合，以便准确、真实地反映青少年需求。

（三）已有基础

已有基础主要阐述青少年事务社会工作者的类似项目经验、既有项目与现申请项目的关系以及人财物等资源方面的准备等。

二、项目目标的设定

项目目标从内容上可以分为项目总目标和具体目标，从时间上可以分为项目总目标和阶段性目标。

（一）项目总目标和具体目标

项目总目标是对项目基本方向的陈述，通过项目希望达到什么样的效果、对目标人群带来什么样的影响，描述得较为笼统。总目标的设定是从青少年所面临的问题和存在的需求出发的，陈述的主体也是青少年而非社会工作者。

案 例

“社工黔行”的项目目标：综合铜仁市自身的城市特点，以社会工作者与志愿者的成长陪伴、正向引导为核心，突出社会工作的增能理念，通过提升个人、家庭、学校能力，实现青少年全人正向成长。提升社会对于青少年成长的关注与重视，培养青少年成为有文化、有素养、有爱心的“三有”青少年。探索出一套符合本社区情况并且有效的社会工作介入青少年成长服务模式。

优点：该目标结合当地特点，指明了项目的基本方向，并且以青少年为陈述主体。

缺点：项目目标在回应问题和需求方面较弱，项目申报书里的问题分析与需求评估的针对性和准确性不强。

项目具体目标是项目实施过程中需要完成的可衡量的具体工作任务，具体目标必须标明要实现什么、何时可以实现。具体目标遵循 SMART 原则，即：Specific（明确），具体目标是具体的；Measurable（可衡量），具体目标必须是通过某种方式可以衡量的；Achievable（可实现），具体目标是通过项目实施可以实现的；Relevant（关联性），具体目标与总目标直接相关、有逻辑关系；Time－bound（时限性），具体目标是在某个时期或时点要实现的。

具体目标的表述里需要具备时间、动词和明确的目标等要素，比如：2019 年 5 月 30 日之前，青少年增加 3 个社会交往技巧。时间和明确的目标可以根据青少年事务社会工作项目的具体内容而定，动词可能用到的有：增加、发展、提高、提升、扩展、扩大、减少、下降、缩小、创造、建立等。

设定具体目标在项目策划时容易犯的错误有：目标陈述笼统，不具备时限性，目标不可测量，将项目目标与机构目标混为一谈等。

案 例

“社工黔行”的具体目标——针对服务对象：青少年对于铜仁本土传统文化的了解得到有效提高；青少年对于地方精神文化的认知得到有效提高；青少年安全意识得到有效提高；青少年更加积极地参与活动；社区关注青少年成长氛围得到有效提高。针对服务机构：青少年服务内容设计更为客观合理，贴近变化中的具体需求；服务手法更为系统专业；服务评估更为专业有效；项目运作更高效有序。

该项目的具体目标缺少时间，同时，“有效”是不可测量的，机构目标也放进了具体目标中。

青少年事务社会工作者在具体目标设定时犯错，并不仅仅是因为不了解目标设定的理论，还有两种原因是经常见到的：一是项目策划的时间较短或者策划团队经验不足，未能对问题和需求进行分析；二是目标具体的后果不够明确，具体目标“低”不足以吸引人，具体目标“高”不容易实现。

（二）项目总目标与阶段性目标

阶段性目标是在项目实施的每一个阶段所要完成的事项或达成的期待，不仅与项目总目标有逻辑关系，还要与项目实施的阶段性安排紧密相连。

（三）检视目标设计

（1）项目总目标是否明确表明项目服务对象，以及改变服务对象的哪些问题。

（2）具体目标是否遵循 SMART 原则，是否涵盖了总目标的所有内容。

（3）阶段性目标是否遵循 SMART 原则，是否涵盖了总目标的所有内容，是否与项目的阶段性安排匹配。

三、项目方案

（一）理论基础

与青少年事务社会工作相关的理论众多，可根据项目需要选择合适的理论作为指导。

项目的理论基础是在分析服务对象及其问题和需求之后产生的，并指导项目具体的社会工作介入方法和途径的选择。理论与项目应具有高度的相关性，与项目服务对象、项目理念或项目内容等高度相关；理论在应用于项目时应作具体分析，尤其是在使用“生态系统理论”“生命周期理论”“埃里克森人格发展理论”等应用广泛的理论时。

（二）服务对象

服务对象是项目直接或间接服务的对象，是项目的受益人群。项目策划书中须写明服务对象的资格，如年龄、特点、问题类别等，以及服务对象的规模，规模直接关系到项目的投入与产出。

（三）服务内容

项目服务内容是为满足服务对象的需求、实现项目目标而设计的社会工作专业服务活动。服务内容需要满足服务对象的需求，并根据服务对象的特点和规模策划服务活动，内容与需求具有逻辑关系。服务内容的安排是为了实现项目总目标、具体目标或者阶段性目标，内容与目标具有逻辑关系。服务内容是由一系列的社会工作专业服务活动组成的。社会工作专业服务活动的设计受到多种因素（如人员、预算、场地）的影响，每种因素对最终服务活动的影响程度会有所差异，专业活动的设计会根据各种因素的影响进行多次的调整。

1. 选择合适的社会工作专业方法

社会工作专业方法有很多种，如通用的个案工作、小组工作、社区工作等，也包括青少年事务社会工作特有的方法。

社会工作方法的选择需要考虑多方面的因素：一是项目主题和项目目标，二是服务对象的特点和问题类型，三是项目团队人员的能力和项目可整合的资源等。一个项目可使用多种社会工作方法，不管选择哪种方法，都要充分说明所选择的方法具有科学性、有效性和经济性，同时也要说明采用这种方法可能存在一定的风险与挑战。

2. 围绕项目主题和目标设计项目服务模块

对于同一个项目，细化项目主题和目标，设计不同的项目模块，可能用到不同的社会工作方法。项目服务模块的设计要具有创新性和实效性，模块之间存在一定的联系。

3. 服务模块内设计系列活动

在每一个服务模块内设计系列活动，活动的要素包括具体服务对象及规模、活动主题、活动次数、所需人员和物资等，这些与项目目标、绩效指标和项目预算直接相关。

（四）项目实施计划

项目实施计划即项目进度表，是项目过程管理中进度管理的基础。应根据项目服务活动的类型、数量、先后顺序、逻辑关系制订项目实施计划。项目实施计划可以按照活动类型进行时间安排，也可以按照时间安排具体活动。

（五）预期效果

预期效果包含绩效指标和社会效益等。绩效指标可以将项目活动与对应的目标进行量化的陈述，也可以包括项目成果（如案例集、服务模式、满意度）的量化表述，与项目评估指标具有相关性；社会效益是项目对社会的影响。

在项目结项时，绩效指标是衡量项目目标达成的重要指标之一。

案例

“社工黔行”的绩效指标是以服务指标呈现的：

	服务内容		评估指标	量化标准
服务指标量细化	社区青少年社会工作服务	成长档案	成长档案服务人数	≥30 人
			建立成长档案	≥30 份
		个案服务	个案数量	≥5 个
			服务人次	≥40 人次（个案服务≥8 次）
		青少年父母亲职辅导	培训场数	≥3 场
			培训人次	≥100 人次
	豆芽（四点半）课堂服务	社区活动	活动次数	≥8 场
			服务人次	≥300 人次
		小组活动	小组个数	≥8 个（小组≥6 节）
			服务人次	≥720 人次
	铜城文化服务	本土传统文化体验活动	活动次数	≥2 次
			服务人次	≥80 人次
		红色文化感恩活动	活动次数	≥3 次
			服务人次	≥100 人次
		地方精神文化传承	活动次数	≥5 次
			服务人次	≥200 人次
	社区关爱服务	家长志愿服务	组建家长志愿者服务队	≥20 人
		志愿者团队建设	志愿者培训	≥10 次
			培训人次	≥200 人次
		志愿服务	开展志愿服务次数	≥15 次
			服务人次	≥400 人次

（六）风险分析及应对预案

对项目可能存在的风险，例如经费管理风险、服务群体风险、服务内容风险等进行预估描述，并针对这些风险规划应对措施，这是项目过程管理中风险管理的基础。

（七）项目的创新性和可推广性

创新性是指针对同一服务对象、同一问题，项目可提供的具有创新性的解决方式。项目的创新性可以从项目的服务方式、社会工作方法的多元、与其他专业的整合、项目团队多元构成等方面进行阐述。

可推广性是指针对同一服务对象、同一问题，项目服务方式可提炼出一套模式或者体系进行复制和推广。

（八）项目团队

项目团队通常包括项目督导、项目主管、项目社工、项目财务等人员，还可能包括项目专家、其他专业人士、项目志愿者等。根据项目需要配备相应的人员，如“社工黔行”的项目团队是“具有社工资质的社工2名，项目助理1名，项目督导1名，兼职项目会计1名，社区/高校志愿者若干的专业化服务团队”。

（九）项目资金

项目资金是项目过程管理中奖金管理的基础，包括项目所需要的所有费用，可以分为人员费用、活动费用、设备设施费用和行政管理费用等。人员费用包括工作人员劳务或者工资、督导劳务、专家劳务、交通补贴、通话补贴、志愿者补贴等。活动费用包括场地费、活动物资、交通费等。设备设施费用是为项目服务所需的设备费用；行政管理费用包括办公费用、税费和项目管理费等。

不同的项目购买方有不同的要求，一般包括以下几个方面：一是项目预算总额的规定；二是支出明细，包括科目、单位、数量、单价、金额等信息；三是单价标准，如工作人员劳务150元/天、志愿者补贴50元/天、专家讲课费和咨询费参照《中央和国家机关会议费管理办法》；四是特殊要求，如以专业服务为主的项目工作人员劳务不超过项目经费的70%，如必须有配套经费。

项目策划时，必须严格遵照项目购买方的预算要求，反复核对项目预算对应的项目活动或者绩效指标。在实践操作中，青少年事务社会工作者不懂财务、财务不懂项目的情况颇为多见，由于项目资金需要满足多方的要求，因此最好社会工作者与项目财务一同完成项目资金的部分。

项目资金的常见格式：

表 10－2　北京市 2016 年使用市级社会建设专项资金购买社会组织服务项目预算格式

经费预算						
序号	开支科目	具体开支内容	单价（万元）	数量	金额（万元）	备注
1						
2						

表 10－3　2018 年委托青年社会组织开展青少年禁毒防艾宣传教育项目预算格式

项目预算明细 （资助金额为 10000 元，不足部分申报单位自筹）

表 10－4　2016 年中央财政支持社会组织参与社会服务项目预算格式

<table>
<tr><td colspan="6">资金预算支出明细</td></tr>
<tr><td colspan="2">项　　目</td><td>单位</td><td>数量</td><td>标准
单价（元）</td><td>金额
（万元）</td></tr>
<tr><td rowspan="9">申报资金

支出计划</td><td>一、社会服务支出</td><td></td><td></td><td></td><td></td></tr>
<tr><td>（一）开展服务支出</td><td></td><td></td><td></td><td></td></tr>
<tr><td>（二）发放款物支出</td><td></td><td></td><td></td><td></td></tr>
<tr><td>二、固定资产购置支出</td><td></td><td></td><td></td><td></td></tr>
<tr><td>三、项目执行费用</td><td>——</td><td>——</td><td>——</td><td></td></tr>
<tr><td>1. 交通费（若有该项费用需手工在金额列填写，单位万元）</td><td>——</td><td>——</td><td>——</td><td></td></tr>
<tr><td>2. 会议费（若有该项费用需手工在金额列填写，单位万元）</td><td>——</td><td>——</td><td>——</td><td></td></tr>
<tr><td>3. 印刷宣传费（若有该项费用需手工在金额列填写，单位万元）</td><td>——</td><td>——</td><td>——</td><td></td></tr>
<tr><td colspan="4">中央财政资金支出合计</td><td></td></tr>
</table>

续表

<table>
<tr><td colspan="6">资金预算支出明细</td></tr>
<tr><td colspan="2">项　　目</td><td>单位</td><td>数量</td><td>标准
单价（元）</td><td>金额
（万元）</td></tr>
<tr><td rowspan="10">配套资金
支出计划</td><td>一、社会服务支出</td><td></td><td></td><td></td><td></td></tr>
<tr><td>（一）开展服务支出</td><td></td><td></td><td></td><td></td></tr>
<tr><td>（二）发放款物支出</td><td></td><td></td><td></td><td></td></tr>
<tr><td>二、服务设施购置支出</td><td></td><td></td><td></td><td></td></tr>
<tr><td>三、项目执行费用</td><td>——</td><td>——</td><td>——</td><td></td></tr>
<tr><td>1. 交通费（若有该项费用需手工在金额列填写，单位万元）</td><td>——</td><td>——</td><td>——</td><td></td></tr>
<tr><td>2. 会议费（若有该项费用需手工在金额列填写，单位万元）</td><td>——</td><td>——</td><td>——</td><td></td></tr>
<tr><td>3. 印刷宣传费（若有该项费用需手工在金额列填写，单位万元）</td><td>——</td><td>——</td><td>——</td><td></td></tr>
<tr><td>4. 其他费用（若有该项费用需手工在金额列填写，单位万元）</td><td>——</td><td>——</td><td>——</td><td></td></tr>
<tr><td colspan="4">配套资金支出合计</td><td></td></tr>
<tr><td colspan="5">资金支出合计</td><td></td></tr>
</table>

（十）项目监控与评估

项目监控是项目需要实时监测、及时发现问题并纠错。

项目评估是项目团队自评，如服务对象的满意度、服务目标的达成等。

四、项目策划的其他问题

（一）准备工作

撰写项目策划书之前，一是组建项目策划团队，项目策划包括的内容很多，通常情况下需要多人共同完成，因此需组建策划团队进行分工合作；二是解读项目申报的相关文件，尤其是项目购买方发布的公告涉及的相关文件；三是研究项目申报书提纲，根据提纲的要求撰写相关内容。

（二）项目名称

项目名称是对项目主题、目标和内容的高度概括，简明扼要地让他人知晓项目的属性和领域。项目名称须紧扣项目主题、易记、醒目，切忌偏题、凑合、过长或照搬。

（三）项目概述

项目概述是对项目背景、项目目标、服务理念、服务方式等内容的呈现，通常要求200字或者300字。

案例

"青年地带"是共青团参与社会治理创新的品牌项目，是共青团服务青少年的专属阵地，由广州市和海珠区两级财政共同出资，委托共青团海珠区委员会进行监管，通过"政府购买公共服务"的方式，由专业的社会工作机构承接，为海珠区6—30岁的青少年及其家庭提供无偿服务，充分发挥共青团组织、引导、服务青少年和维护青少年合法权益的职能①。

（四）立项评审

立项评审主要是两个方面的评审：一是对项目申请主体的评审，是否具备承接项目的资质和人员；二是对项目申报书的内容进行评审，需求评估的准确性、项目策划的专业性、服务内容的逻辑性和可操作性、项目预算的经济合理性和公益导向性等皆是评审对象。

立项评审主要有专家内部评审和现场答辩两种形式，第一种是专家根据项目申报书的内容进行评分；第二种除了项目申报书外，项目团队需要将申报书的核心内容展示（通常采用PPT的方式）给专家，并对项目专家提出的问题进行解答，评审专家提出建议并给出评分。第一种方式，项目申报书是唯一评审对象，并且缺少项目购买方、项目评审专家和项目团队的沟通；第二种方式，项目申报书、PPT和项目团队的答辩均是评审对象，项目的展示更为立体化，并且可以现场互动。

---

① 青年地带，https：//baike. so. com/doc/25733201 - 26864674. html.

第三节 青少年事务社会工作项目过程管理

关于项目过程管理，《PMBOK ®指南（第六版）》总结了十大知识领域，包括项目整合管理、项目范围管理、项目进度管理、项目成本管理、项目质量管理、项目资源管理、项目沟通管理、项目风险管理、项目采购管理和项目相关方管理；《社会工作服务项目绩效评估指南》提出了项目行政管理、专业规范性管理、项目进度管理、服务质量体系与督导、风险管理与应急预案、项目资金管理六个方面。

青少年事务社会工作项目的过程管理根据《PMBOK ®指南（第六版）》和《社会工作服务项目绩效评估指南》，结合青少年事务社会工作项目的特点，将重点阐述项目行政管理、专业规范性管理、项目进度管理、项目质量管理与督导、项目资金管理、项目资源管理、项目品牌管理、项目沟通管理、项目风险管理和项目相关方管理十个方面。

一、项目行政管理

项目行政管理是制定、执行和监控相关制度，包括但不限于项目管理制度、人事管理制度、财务管理制度、物资管理制度、沟通管理制度、相关方管理制度以及保密制度等。

二、专业规范性管理

专业规范性管理是制定和监控社会工作专业性相关的管理制度，具体包括以下三个方面。

（一）社会工作专业服务规范和程序

社会工作专业服务规范包括专业服务价值理念、专业理论、专业方法和技巧的运用。

程序规范是指服务流程规范，包括服务的申请及审批、接案、预估、转介和结案等流程规范，并有完整的档案记录。

（二）项目档案管理

档案管理的工作程序一般包括建档、归档、保管和借阅等相关流程。在青少年事务社会工作项目档案管理中，需要对档案范围、归档要求、归档主体、归档时间、档案交接、档案利用等作出具体的规定，并出具相关的档案模板。

青少年事务社会工作项目的档案按类别可分为：项目管理文件、专业服务档案、项目沟通档案、项目财务档案等，档案有纸质版也有电子版。项目评估须以档案为原始资料，这要求项目档案须全面、原始、真实。

除此之外，社会工作项目档案还需要注重保密工作，尤其是涉及专业服务的档案资料。

（三）服务对象权益保障

青少年事务社会工作涉及服务对象的权益主要包括知情权、安全权、参与权、隐私权等。

三、项目进度管理

项目进度管理包括定义活动、排列活动顺序、估算活动持续时间、制订进度计划、控制进度等过程。青少年事务社会工作项目在立项时便已确定服务活动及其周期，在项目进度管理中需要根据服务方案制订详细的工作计划，合理安排工作进度。

（一）定义活动

定义活动是识别和记录项目所有要完成的活动或工作任务。

1. 活动清单

活动清单包含项目工作所有必须完成的活动，并描述工作细节，以便相关人员能够充分理解必须完成的需求，并且正确地执行任务。活动清单包括活动标识（即编号，要求唯一性）、活动名称（记录活动的简要总结）和工作描述[①]。

表 10－5　活动清单示例

项目名称：____________　　准备日期：____________

编号	活动名称	工作描述

① 辛西娅·斯塔克波尔·斯奈德．活用 PMBOK ®指南：项目管理实战工具（第 2 版）［M］．赵弘，刘露明，译．北京：电子工业出版社，2014：46.

2. 工作分解结构

工作分解结构（Work Breakdown Structure，WBS）用于分解项目所有的工作，它开始于项目分层，把项目工作细分成更小的层次。当青少年事务社会工作项目较为复杂且存在层次的情况下，可以选择 WBS，对项目工作进行分解，建立层次结构。

（二）排列活动顺序

排列活动顺序可以识别和记录项目活动之间的关系，从而梳理出项目活动的逻辑关系以便作出合理安排。

青少年事务社会工作项目活动的排序除了逻辑关系，还需要考虑项目购买方的要求、项目合作方的工作安排、服务对象的特点、节假日等情况。

（三）估算活动持续时间

估算活动持续时间需要确定完成每个活动的时间量。一般情况下，青少年事务社会工作项目活动时间估算是依据项目方案、经验类推等方式。也可将时间估算为一个区间，在此期间完成项目即可。

（四）制订进度计划

项目进度计划一般包括每个活动的开始与完成日期、所需资源、人员安排等信息。项目计划可以以计划书的文本形式呈现，也可以以图表形式呈现。

1. 甘特图

甘特图（Gantt chart）又称横道图、条形图，以提出者亨利·L. 甘特先生的名字命名，即以图示的方式通过活动列表和时间刻度形象地表示出任何特定项目活动的顺序与持续时间。甘特图是线条图，横轴表示时间，纵轴表示项目活动，线条表示在整个期间上计划和实际的活动完成情况。甘特图直观地表明项目活动在什么时候进行，及实际进展与计划要求的对比。项目管理者由此可便利地弄清一项项目任务还剩下哪些工作要做，并可评估工作进度。

甘特图具有图形化、易于理解和便于编制等优点，适用于不超过 30 项活动的中小型项目，目前也有专业软件支持，不需要复杂计算和分析。制作工具包括 Gantt View for WinForms、Fine Report、Microsoft Office Project、Gantt Project 等。

折叠绘制步骤：（1）明确项目涉及的各项活动；（2）创建甘特图草图，将所有的项目按照开始时间、周期标注到甘特图上；（3）确定项目活动依赖关系及时序进度，使用草图，按照项目的类型将项目联系起来，并安排项目进度；（4）计算单项活动任务的工时量；（5）确定活动任务的执行人员及适时按需调整时间；（6）计算整个项目时间。

2. 里程碑清单

里程碑清单，定义项目所有的里程碑，并描述它们的特性，可以根据可选择的或强制性的、内部的或外部的、临时的或最终的性质，对里程碑进行分类，或者以其他任何方式支持项目的需求。里程碑清单要素包括：

（1）里程碑名称。唯一的描述里程碑的名字。

（2）里程碑描述。里程碑描述要足够详细，以使人理解需要什么来完成里程碑。

（3）类型。描述里程碑的类型，例如内部或者外部、暂时的还是永久的、可选择的还是强制的。

表 10－6　里程碑清单

项目名称：____________　　准备日期：____________

里程碑名称	里程碑描述	类型

（五）控制进度

控制进度主要是监控进度计划的执行情况，并对执行中的变化及时进行讨论和协商，并进行相应调整与修改，以确保项目工作的完成、项目目标的实现。

四、项目质量管理与督导

质量管理应用到青少年事务社会工作项目，延展为项目质量管理与督导，具体包括建立服务质量评估指标体系、专业督导和培训机制、意见反馈与投诉处理机制和提出持续改进机制。

（一）服务质量评估指标体系

项目申报时，便已设定项目绩效指标和评估指标，这些都是项目服务质量评估指标的重要参考。

（二）专业督导和培训机制

专业督导是督导者定期或不定期以个体或团体的方式对项目主管、项目社工进行专业指导。专业督导可根据项目的需要安排具体的人员、数量、督导频次与督导方式。

项目团队可参加与项目相关的培训，以提高社会工作专业水平和服务能力。

（三）意见反馈与投诉处理机制

服务对象对项目服务进行意见反馈或投诉是维护自身权益的方式，项目团队须建立相关的机制，并及时处理。

（四）持续改进机制

社会工作专业服务过程中，须对项目服务持续改进，以满足服务对象的需求，促成目标的达成。

五、项目资金管理

项目团队应按照相关制度要求，建立健全项目资金专项财务管理和会计核算制度，项目资金单独核算，便于追踪和监督。

项目资金使用过程中应按照项目预算方案及其明细开支，并尊重财务相关制度和项目购买方的财务要求。为实现这一规定，项目的专业人员与财务人员需要密切配合，专业人员应积极、主动地学习相关财务知识以便符合要求，财务人员也需要了解项目要求，以便更好地配合项目资金的管理。

项目资金支出须按要求留存项目档案资料，如项目会议应当列出会议天数、人数，保留会议通知、议程、照片、签到表、发票和消费明细等资料；如发专家劳务费，应留存身份信息、专业资质、劳务签收单或银行转账凭证，并向税务部门申报个税。

六、项目资源管理

资源包括项目所需的团队、设备设施、材料和其他资源，其中团队是最重要的资源。

（一）团队管理

按照项目申报书的设计组建项目团队，并且能够做到分工明确、优势互补、团队协作。

1. 团队成员与职责

青少年事务社会工作项目团队一般包括项目督导、项目主管、项目社工、项目行政、项目财务和志愿者等，每个岗位都有不同的职责。项目团队的规模视项目需要而定。

职责分工的有效工具是责任分配矩阵（Responsibility Assignment Matrix，RAM），矩阵的横向是工作任务，纵向为团队成员，纵横交叉处表示团队成员在某个工作任务中的职责，矩阵中的符号表示项目工作人员在每个工作单元中的参与角色（如决策者、执行者）或责任（如主要责任、次要责任）。

2. 建设团队

建设团队是“提高工作能力、促进团队成员互动、改善团体整体氛围，以提高项目绩效的过程”①。团队协作是项目成功的关键因素，建设高效的项目团队是项目主管的主要职责之一。建设高效运行的团队行为包括：使用开放与有效的沟通、创造团队建设机遇、建立团队成员间的信任、以建设性的方式管理冲突、鼓励合作型的问题解决方法、鼓励合作型的决策方法等②。

3. 管理团队

管理团队需要借助管理和领导力技能，以避免项目团队成员流失，促进团队协作、整合团队工作，从而创建高效团队。

在社会工作实务中曾经出现过一年期的项目，项目社工换了好几拨，仅项目对接和交接的工作便重复了几次。人员的变更不仅仅影响项目的进度、项目合作单位的印象，更重要的是影响服务对象专业关系和项目目标的达成。

人才流失是任何行业都会面临的问题，社会工作行业也不能幸免，完全杜绝人才流失是不可能的，但降低人才流失率却是可以做到的。项目管理者可以通过管理和领导力技能，避免团队成员流失，即便存在流失也需

---

① 美国项目管理协会．项目管理知识体系指南（PMBOK ®指南）（第 6 版）[M]．北京：电子工业出版社，2018：336.

② 美国项目管理协会．项目管理知识体系指南（PMBOK ®指南）（第 6 版）[M]．北京：电子工业出版社，2018：337.

要做好项目工作的交接，将人员变动对项目的影响尽可能地降低。

（二）项目资源整合

在项目实施中，项目团队需要整合所需的其他专业人士、活动场地、服务设施以及其他资源，以满足项目运行的需求。

七、项目品牌管理

（一）项目品牌内涵

品牌本是市场营销领域的一个概念，指的是商品的名称、LOGO、广告语等元素的集合，是商品烙在消费者心中的印，是商品留给消费者的第一印象。

对于青少年事务社会工作项目而言，品牌意味着一个项目在社会和行业中的综合形象。构成这些形象的要素除了项目名称、使命、领域、服务对象群体、专业方法等内容外，还包括项目管理水平、项目效果和影响、信誉等在行业中的形象。

（二）项目品牌建设

要想做好项目品牌，需要做好以下工作：

（1）项目名称。已在项目策划时讲述。

（2）项目品牌的视觉设计。项目品牌的视觉传达，包含项目 LOGO、服装设计、办公用品设计，甚至项目的场地装饰都要传达与项目相关的元素。总之，项目的视觉设计是全局要考虑的工作。

（3）项目品牌的广告语。广告语是项目品牌文化的浓缩，一句好的广告语是对项目品牌的进一步解读，如北京的社区青年汇“一个好玩的俱乐部，一个靠谱的朋友圈”。

（4）项目团队的价值观。价值观是项目品牌团队成员涌现出的精神风貌。

（三）项目品牌传播

在项目品牌传播方面，应充分利用各种媒体平台和互联网的传播优势，向业界和社会发出自己的声音，介绍项目，不要让自己的“好酒”默默无闻。

（1）要有专人负责项目品牌的建设和传播。

（2）要深度挖掘项目的社会意义，挖掘项目的新闻价值。

（3）要建立、健全与项目品牌相关的媒体关系，最大化地传播项目品牌的社会意义，让更多的人知道项目、了解项目，参与到项目中来。

（4）要运用好新媒体的力量。当下，在新旧媒体格局变换之际，新媒体成为大家接收信息的第一渠道，所以要多运用新媒体平台来传播项目品牌，比如：微信公众号、头条号等，完全可以采用多种新媒体渠道，对项目内容进行不间断的发声。

八、项目沟通管理

在青少年事务社会工作项目管理过程中，沟通管理十分重要，因为及时有效的沟通可以提升项目的效率。项目沟通包括项目团队内部沟通、与服务对象的沟通、与项目购买方的沟通、与项目评估方的沟通等。针对不同的沟通对象，项目团队需选择不同的沟通方式。

（一）规划沟通管理

沟通管理计划是规划、结构化，执行与监督项目沟通，以提高项目沟通的有效性。该计划包括以下信息①：相关方的沟通需求；需沟通的信息，包括语言、形式、内容和详细程度；上报步骤，发布信息的原因，发布所需信息、确认已收到，作出回应的时限和频率；负责沟通相关信息的人员；负责授权保密信息发布的人员；接收信息的人员或群体，包括他们的需要、需求和期望；用于传递信息的方法或技术，如备忘录、电子邮件、新闻稿，或社交媒体；为沟通活动分配的资源，包括时间和预算；随着项目进展，更新与优化沟通管理计划的方法；项目信息流向图、工作流程、报告清单、会议计划等；来自法律法规、组织政策、专业规范等因素的制约。

另外，沟通管理计划还包括项目状态会议、项目团队会议、网络会议和电子邮件等的指南和模板。

（二）管理沟通

管理沟通是确保项目信息及时且恰当地收集、生成、发布、存储、检索、管理、监督和最终处理的过程，促成项目团队与相关方之间的有效信息流动。

---

① 美国项目管理协会．项目管理知识体系指南（PMBOK ®指南）（第6版）[M]．北京：电子工业出版社，2018：377.

1. 项目团队内部沟通

项目团队内部沟通的目的是使信息在团队内部传递流畅，以便及时处理项目的相关事宜。团队内部沟通按照信息流动方向可分为向上、向下和平行沟通，向上沟通的信息包括项目进展情况、项目遇到的问题、需要获得的帮助和资源等内容；向下沟通更多的是布置项目任务、监控项目进展并开展相应指导；平行沟通更多的是团队成员的相互支持。团队内部沟通可根据需要采取例会、面谈、邮件、微信、电话等方式进行。

2. 与服务对象的沟通

与服务对象沟通的目的是让服务对象了解项目、增强参与项目的主动性与积极性、促进服务对象问题的解决和需求的满足。沟通方式可以选择面谈、电话、邮件等，社会工作者须遵守社会工作职业守则和伦理道德，避免在沟通中牵涉私人化的沟通方式和信息，保持与服务对象的专业关系。

3. 与项目购买方、评估方的沟通

首先，按照项目购买方和评估方的要求，按时、保质地上交项目资料，参加项目相关的会议和培训；其次，及时与购买方和评估方沟通他们希望知晓的信息。一般而言，与项目购买方和评估方的沟通较为正式。

项目沟通需要留存相应的沟通记录，如会议记录、邮件信息、服务记录等。

（三）监督沟通

监督沟通是确保满足项目及其相关方的信息需求的过程，按沟通管理计划和相关方参与计划的要求优化信息传递流程。

九、项目风险管理

项目策划是风险预估与应对方案必备内容之一。在项目管理过程中，项目团队须对项目实施过程中的风险进行再次、深度预估，并制定相应的风险应对措施。

青少年事务社会工作项目的风险既可能是来自项目团队内部的风险，也可能是来自项目服务对象、项目合作方等方面的风险。

1. 项目团队内部的风险

项目团队最大、最可能发生的挑战和风险是项目团队的稳定性，项目团队成员的流失会或多或少地影响项目的实施。

2. 项目服务对象的风险

由于社会工作的知名度和认可度不高，项目在招募服务对象时便存在困难，服务对象参与项目活动亦存在难度和挑战。

3. 项目合作方的风险

项目合作方如社区、学校等的同志均有自己的工作安排和内容，而项目的实施需要他们的配合，当他们的工作安排多且重要时，便会影响项目的进度。如果项目合作方发生重大变动，项目就存在中断的可能。

十、项目相关方管理

（一）识别相关方

青少年事务社会工作项目的相关方一般包括项目购买方、项目承接方、项目服务对象、项目评估方等主体。

（二）相关方参与

根据相关方的需求、期望、利益和对项目的潜在影响，制定相关方参与项目的方法和方式，并与相关方进行沟通与协作以满足其需求与期望。

项目服务对象可以深度参与项目活动，发挥其主动性与积极性，这不仅可以满足服务对象的需求，也可以促进项目的顺利进行以实现项目目标。

项目购买方和评估方可以参与或者旁观项目活动，对项目活动形成直观的印象，以便对项目进行监测和评估。

第四节　青少年事务社会工作项目成效评估

项目评估是用来判断项目服务是有效还是无效抑或是有害的方式，评估结果是项目延续、完善或中断的重要依据。项目评估可以衡量项目目标实现的程度，并对项目相关方交代项目资金的使用效果，也可以问责项目执行方和树立项目的社会公信度。

项目评估有成本－效益评估、过程评估、成效评估等不同的类型，本书关于青少年事务社会工作项目评估侧重于成效评估。

一、项目评估概述

（一）项目评估的定义

项目评估是一种形式，采用有效而可靠的研究方法，探索为满足某些社会需要而存在的过程或结果①。

（二）项目评估的必要性

项目评估是“衡量器”，衡量的内容有项目投入是否值得、目标达成程度、服务对象是否得到帮助、服务对象满意度如何、投入资源是否适当、项目执行方是否称职、项目是否值得延续、如何改进项目等。

第一，项目购买方要作出行政决策，必须要了解项目的好坏，问题总是有不同的解决方法，或者有时有更好的方法。

第二，项目资金的竞争，目前在政府购买服务的资金规模不大、竞争激烈的环境下，往往是最有效且高效的项目才能够得到资金支持。

第三，评估问责制，项目执行需要对项目的评估结果承担相应的责任和后果。

（三）项目评估的原则②

1. 客观性原则

项目评估以客观事实为依据，准确反映社会工作服务项目在投入、运作、产出以及成效方面的实际情况。

2. 专业性原则

社会工作服务项目评估注重考察社会工作的专业价值、理论、方法和技巧在服务项目中的运用。

3. 系统性原则

通过层次化结构对指标体系进行结构化分类，确定各类评估指标的权重，全面、综合地反映服务项目的整体情况。

4. 可操作性原则

评估方法符合项目实际，采取定量与定性相结合，易于操作。

---

① 戴维·罗伊斯，布鲁斯·A. 赛义，德博拉·K. 帕吉特. 项目评估：循证方法导论（第六版）[M]. 王海霞，等，译. 北京：中国人民大学出版社，2018：16.

② 民政部：《社会工作服务项目绩效评估指南》，MZ/T059－2014，2014。

（四）项目评估的主体

项目评估主要涉及三方主体：评估组织者、评估执行方和项目执行方。

评估组织者通常为项目购买方，负责组织评估并提供经费支持。

评估执行方是由评估组织者直接组建的专业评估团队或者受委托的专业评估机构组建的专业评估团队。评估团队的条件："不少于5人的单数组成；取得中、高级社会工作者职业水平证书或受过硕士研究生及以上社会工作专业教育，且具有3年以上相关社会工作实务经验的人员不低于30%；不少于1名熟悉社会组织财务工作、具有中级及以上专业技术职务的财会人员。"① 专业评估机构的条件："具有独立法人资格，能够独立承担民事责任；具有固定办公场所和开展评估工作必需的办公设施；组织机构健全，内部治理规范，社会信誉良好；有与评估工作相适应、相对稳定的专业评估人才队伍，至少由5人以上组成，其中应包括2名以上具有评估工作经验、熟悉社会组织建设与管理的副高级及以上专业技术职称的专家，1名熟悉《民间非营利组织会计制度》的会计师，2名专职工作人员；近3年内无违法违规等不良信用记录；成立不满3年的，自成立之日起，无违法违规等不良信用记录。"②

项目执行方需要接受其承接项目的评估，并根据需要提供相应的评估资料。

（五）项目评估的形式

项目评估有项目执行方自评和第三方评估两种形式。自评是项目执行方进行的项目评估，可贯穿整个项目周期，目的在于明确服务需求，制定和选择合适的服务方法，检查服务工作的进度，对服务进行总结，提炼服务经验等。项目执行方会形成项目结项的自评报告。而第三方评估的基本目标是检测服务项目的实施或完成情况，对服务进行评价，并提出改进服务的建议。第三方评估是政府购买服务普遍使用的形式，项目执行方的自评也是第三方评估参考的内容之一。

---

① 民政部：《社会工作服务项目绩效评估指南》，MZ/T059－2014，2014。

② 北京市民政局：《北京市民政局关于开展2018年度社会组织评估机构承接条件审核的通知》（京民社发〔2018〕122号），2018。

（六）项目评估的功能

社会工作服务项目的评估除了完成项目目标的实现程度、专业服务效果、项目资金的使用情况之外，还可以总结社会工作服务经验、提升服务技巧和服务水平，促进社会工作学科的发展；促进项目执行方的自我发展和专业提升；促进社会工作服务项目的拓展和深化；提高社会工作项目的专业性和有效性，向社会公众交代并获得认可与支持。

（七）项目评估结果的使用

对于项目购买方，项目评估结果是项目继续或者中断的决策依据；是与项目执行方协商后续项目方案、项目实施、项目管理、项目投入等方面改善的参考依据；也可以作为优秀项目评比、资金投入的重要依据。

对于评估执行方，项目评估结果的信度和效度是其专业性的体现，项目结果存在重大偏差将严重影响其后续评估项目的承接。

对于项目执行方，评估结果首先是其工作的“成绩”，好的“成绩”将有助于新项目的申请和现有项目的延续，成绩不好则影响后续项目申请；评估结果是项目管理和专业服务的经验总结，是项目执行方进一步改进的参考依据。

在社会工作实务领域，项目执行方有开展相关项目的经验且具有良好信誉，是项目购买方立项的考虑因素之一。实务领域也曾提出建立项目执行方“黑名单”，即将严重违规执行项目（如挪用项目资金、伪造项目资料等行为）的项目执行方列入黑名单，并在一定范围内公示，其他项目购买方也会因此停止购买此项目执行方的项目。

二、青少年事务社会工作项目成效评估

（一）成效评估的概念

青少年事务社会工作项目的成效评估（Outcome measurement）是通过信息收集对青少年事务社会工作服务的成果进行评估，成果包括服务产出（Output）和服务成效（Outcome）[①]。服务产出是项目所产生的直接结果，呈现的是项目做了什么；服务成效是项目预期目标的具体达成程度，以及

① 郑怡世．成效导向的方案规划与评估［M］．台北：巨流图书股份有限公司，2015：121.

可观察与可测量的改变或服务对象的受益状况，呈现的是产生了哪些改变。

成效评估的焦点是结果，特别是项目是否会产生预期的成效、项目的成果目标达成程度、服务对象的改变等。

（二）青少年事务社会工作项目成效评估的内容

1. 项目目标实现程度

青少年事务社会工作项目的实施，是否完成了项目目标、服务对象的改善情况、服务内容的完成情况等。

2. 项目相关方的满意度

（1）服务对象满意度。服务对象对参与的活动满意度和项目整体的满意度情况，均可成为项目评估的内容。

（2）项目购买方满意度。项目购买方对项目的满意度状况，在项目实施过程中，项目执行方与购买方的沟通起着关键的作用。

（3）项目执行方自评。项目执行方对项目的实施过程、目标实现、成果完成等情况进行自评。

3. 项目的社会效益

社会效益是项目的影响力、可持续性和可推广性等方面的内容，具体包括：项目的社会影响力，项目奖惩情况、项目的公众影响力（一般是通过媒体报道体现）和项目相关研究成果（需求调研报告、案例报告、项目报告等成果形式）；决策影响力，项目对社会问题的解决方式以及项目的可持续发展的思考与建议是否被相关部门采纳；资源整合方面，项目得到的社会捐赠、公众参与情况等；项目解决社会问题和满足服务对象需求的模式是否具有可推广性。

（三）项目执行方自评的过程

项目执行方开展项目自评更多的是为了完善项目管理、提高项目服务质量、提高项目团队的专业能力等。服务成效评估需要青少年事务社会工作者在项目策划时确定评估方案，在项目服务过程中对相关资料进行收集，在项目接受后对资料进行分析并形成项目评估报告。项目自评报告更具有个性化、更深入，同时也是第三方评估的材料之一。

1. 成效评估的程序逻辑模式

程序逻辑模式（Program Outcome Model）不仅适用于项目策划，而且适用于项目的成效评估。通过对项目投入的资源（Input）、为实现目标所开展的服务活动（Activities）、项目的直接成果即产出（Output）、项目进行中或结项后服务对象及相关方受益的情况（Outcome）等综合评估成效。项目投入资源包括项目资金、社会工作者人数与时数、经费、场地、设备设施、资料等；服务活动即项目服务内容；项目成效细分为初期成效、中期成效和长期成效。

2. 选择成效评估方法和资料收集方法

成效评估方法一般是定量与定性的结合，除了在第三方评估讲述的内容之外，项目执行方还可以使用量表法和实验法。量表法是对服务对象进行前后测，以评估项目的服务成效。实验法包括对单一群组的前后测设计、比较组设计、随机实验设计等。量表法主要是选择与项目主题、青少年问题相关的，经过权威认证的量表进行测量，可以是行为层面的，也可以是心理层面的。实验法经常使用的是单一群组前后测设计，项目执行方自行设计行为层面的测量问卷，服务对象参加服务前进行测评并留存结果，在参加服务后再次使用前测问卷进行测量，通过比较前后测量数据的变化反映服务对象的变化。

3. 收集资料

项目执行方自评资料的收集比第三方评估收集的资料更为全面、深入。资料来源包括以下几个方面：一是青少年事务社会工作者的观察资料。在服务过程中，对服务对象进行观察，对其参与项目服务的情况、改变的情况保持高度的敏感性，在服务结束时通过服务对象态度、行为、知识、能力等多方面的改变来评估服务对象的收益情况。二是服务对象的直接反馈。服务对象在参与服务过程中将项目服务、自身感受直接反馈给社会工作者，也可以称为项目评估资料。三是服务对象的重要他人如家长、同辈群体、老师等人的信息反馈。服务对象在接受服务后回到日常生活的状态与情况也是反映项目成效的重要参考。四是青少年事务社会工作者的专业服务与反思。能够总结专业理论、方法与技巧的应用经验，发现自身的优势与不足，为后续专业培训提供依据。

4. 资料分析与评估报告

项目执行方对收集的资料进行全面、客观、深入的分析，形成项目成效评估报告。项目成效评估报告的内容包括：

（1）项目服务情况介绍。主要包括项目执行情况、资源投入情况、专业理论与方法的应用情况。

（2）评估方法与资料收集方法的介绍。

（3）项目绩效指标的完成情况，如服务对象次数、各类服务活动次数与人次统计等。

（4）服务对象的改变情况。从短期、中期、长期对服务对象的变化进行总结。

（5）项目的社会影响力。项目对社区、公众等方面的影响，反映项目的社会效益。

（6）评估结论与专业反思。与第三方评估不同，自评不一定评分，可以充分说明项目的优点与不足，并对项目服务和专业介入进行反思，提出建设性的建议，以便在之后的项目服务中使用。

（四）第三方评估的过程

第三方评估是评估执行方对项目购买方的同一时间的所有项目进行评估，项目数量众多，按照标准流程进行评估。

1. 制订项目评估方案

项目评估方案是评估执行方根据评估组织方的要求，制订详细的评估方案。评估方案的内容应包括评估目标、评估方案、时间安排、评估团队、所需资金等具体内容。评估方案经项目购买方确认之后方可成立。

成效评估的评估方案需要界定对服务产出与服务成效的评估内容、评估方法、资料收集方法等内容。评估内容可以按照产出与成效来划分，产出是项目工作内容的完成情况，项目工作量如服务人数、服务人次、活动次数、服务对象满意度等均是资料来源，服务产出主要是量的评估；服务成效是项目目标实现情况以及对项目相关方的影响，通过一些可观察或可测量的改变来呈现，如服务对象的问题解决情况、项目的社会影响力等，项目的专业服务记录如个案记录、小组活动报告、媒体报道、项目购买方的意见均是资料来源，项目成效主要是质的评估。

成效评估是定量与定性评估的结合，也称为“混合评估法”。但是，设计混合评估并成功实施并不是一件容易的事情，高质量的混合法会利用定量和定性的特点以达到协同作用的目的。混合评估法最基本的实施方法，是并列两种方法对评估进行证实或者补充，项目方案需要设定两种方法是同时进行还是顺序进行。

成效评估方法采用混合式的，那么资料收集的方法也会多样性。包括：一是问卷法。评估团队利用问卷向服务对象收集对项目活动的参与情况、满意程度和获益情况等信息；评估团队可根据项目目标、项目内容、服务对象的实际情况，设计调查问卷、抽取样本、实施调查，并将问卷分析作为项目评估报告的内容。二是观察法。评估团队根据项目进度安排对项目的日常服务或特定活动进行现场观察，观察的内容包括但不限于项目的服务内容、专业方法的使用、服务环境状况、服务对象状态、社会工作者与服务对象的互动情况等，并做详细的观察记录进行分析。三是访谈法。设计访谈提纲向项目相关方收集资料，与服务对象的访谈内容涵盖服务满意度、获益情况、对项目团体及服务内容的意见或建议；与项目执行方的访谈内容包括项目运作过程的项目进展情况、资源整合、资金管理、社会工作理论与方法的应用、项目完成情况以及遇到的困难等；与项目购买方就对项目服务的满意情况进行访谈。四是二手资料分析法。项目评估的二手资料主要是项目执行方提供的项目相关资料，包括项目管理相关制度、项目服务资料（如项目申报书、项目方案、专业服务档案、项目活动资料、项目财务资料、项目服务统计资料、项目中期和结项报告等）。

2. 项目评估实施

项目评估根据进度安排进行，涉及的三方主体各司其职。评估执行方的工作内容包括：根据项目评估方案设计的评估方法进行资料收集、资料分析；并与项目执行方、项目购买方沟通项目评估的相关信息。项目执行方的工作内容是配合评估执行方的资料收集，协助安排项目评估问卷调查、访谈、观察、提供项目相关资料等。项目购买方监管评估的进行，并提供指导。

在社会工作实务领域，项目评估实施有两个重要的时间点及事项：项目中期评估和结项评估。项目中期评估是在项目周期的中间集中收集项目资料、撰写项目中期报告、开展项目中期汇报、专家评审。中期评估的主要目的是监控项目执行的情况、发现项目执行中的问题并提供改进建议。中期评估更多是指导性的。项目结项评估是项目执行结束后集中收集项目资料、撰写项目结项报告、开展项目结项汇报、专家评审等，结项评估结果是项目评估结果。

3. 项目评估报告

项目评估执行方根据收集的资料、项目执行方的汇报、专家评审等多种资料进行综合分析，形成项目评估报告，内容包括项目执行情况、项目成效、评估开展情况、评估结论及建议。

项目评估报告须反馈给项目执行方和项目购买方。

后 记

《青少年事务社会工作》一书由涂敏霞担任主编，杨慧、赵学慧担任副主编，我们邀请和组织了长期从事青少年社会工作教学、研究的老师及从事服务的实务工作者组成编写团队。各章作者如下：第一章，杨慧（中央民族大学）；第二章，赵学慧（北京社会管理职业学院、民政部培训中心）；第三章，陶书毅（中国人民大学在读博士生）；第四、五章，陈元元（上海团校）；第六章，闵韵霖（云南红河学院）；第七章，赵明思（中国社会工作学会）；第八章，李林子（北京社会管理职业学院、民政部培训中心）；第九章，张凯（天津师范大学）；第十章，许永霞（中国老龄事业发展基金会）。

《青少年事务社会工作》一书的编写经过了多次研究、讨论和修改，希望能够将理论和实践相结合，将本土实践经验进行提升和推广。在本书的撰写中，深圳市龙岗区至诚社会工作服务中心等组织机构提供了丰富鲜活的案例，在此表示衷心感谢。由于本书的编辑出版时间比较仓促，疏漏在所难免，恳请读者批评指正。

《青少年事务社会工作》编写组